Schlette · Der moderne Agnostizismus

Patmos Paperback

Der moderne Agnostizismus

Herausgegeben von Heinz Robert Schlette

Mit Beiträgen von Birgit Heiderich, Michael Lauble, Reinhard Leuze,
Werner Müller, Rupert Neudeck, Werner Post, Friedo Ricken,
Heinz Robert Schlette, Lucia Sziborsky und Karl-Dieter Ulke

Patmos Verlag Düsseldorf

CIP-Kurztitelaufnahme der Deutschen Bibliothek

Der moderne Agnostizismus /
hrsg. von Heinz Robert Schlette.
Mit Beitr. von Birgit Heiderich ... –
1. Aufl. – Düsseldorf: Patmos Verlag, 1979.
   (Patmos Paperbacks)
   ISBN 3-491-77307-5
NE: Schlette, Heinz Robert [Hrsg.] ; Heiderich, Birgit [Mitarb.]

© Patmos Verlag Düsseldorf
Alle Rechte vorbehalten. 1. Auflage 1979
Umschlaggestaltung Rüdiger Eschert
Gesamtherstellung Clausen & Bosse, Leck
ISBN 3-491-77307-5

Hegels Dialektik (These - Antithese · Synth.)

Inhalt

Zur Einführung

Die in diesem Band vorgelegten Abhandlungen, die unabhängig voneinander geschrieben wurden, untersuchen je auf ihre Weise, was der Titel ‚Agnostizismus' zunächst nur vage und umrißhaft anzeigt. Bewußt wird somit eine Denkweise in den Vordergrund gerückt, die uns heute weithin zu eigen ist, auch wenn wir es nicht eingestehen, eine Denkweise, die über die Alternative ‚Theismus – Atheismus' weit hinausreicht und im Grunde unsere gesamte Lebensform betrifft.

Von ‚modernem' Agnostizismus wird hier deswegen gesprochen, weil die Thematik, um die es geht, seit der europäischen Aufklärung zu philosophischer Plausibilität und öffentlicher Anerkennung, Verbreitung und Wirkung gelangte, die ihr in den vorangehenden Epochen, aus welchen Gründen auch immer, noch nicht zukamen. Da die Ansicht, ein Gedanke, ein Entwurf, eine Konzeption träten dort erstmalig auf, wo die Bezeichnung, unter der sie fortan gewöhnlich verhandelt werden, erstmalig anzutreffen ist, nicht überzeugen kann, darf man annehmen, daß Agnostizismus auch in Antike und Mittelalter sich finden läßt; von diesem Agnostizismus, der in der Regel unter dem Titel ‚Skepsis' erörtert wird, ist also in diesem Buch *nicht* die Rede.

Der moderne Agnostizismus jedoch, der in entschiedener Abgrenzung von (modernem) Atheismus thematisiert wird, kann hier nicht in der möglichen, denkbaren und wünschbaren Vollständigkeit dargestellt werden. So fehlen zum Beispiel Abhandlungen über Montaigne, Charron, Bayle, Voltaire; Nietzsche, Freud, Jung, Nicolai Hartmann, Heidegger, Lévi-Strauss und andere. Nicht eine enzyklopädische Präsentation des Agnostizismus ist der Zweck dieser Veröffentlichung, sondern etwas anderes, weit Brisanteres: Es soll eine energische Anstrengung unternommen werden, dem Begriff und der Sache des Agnostizismus zu jener ausdrücklichen Präsenz im gegenwärtigen Bewußtsein und im philosophischen ‚Diskurs' zu verhelfen, die ihnen gebührt. Es ist in der Tat nicht länger hinzunehmen, daß eine Verwirrung herrscht, die durch den Gebrauch der Wörter Theismus und Atheismus, Glaube und Unglaube, Religiosität und Säkularität usw. eher gefördert als geklärt wird.

Die Bemühung, den Titel Agnostizismus pointiert in die Diskussion einzubringen und dessen Nuancen und Varianten sichtbar zu machen, stellt also ein wichtiges Stück Aufklärung dar. Näherhin kann die sorgfältige Analyse des Begriffs ‚Agnostizismus' zur Entwirrung der heute zumeist erschreckend verwahrlosten Fundamentalprobleme der sogenannten *Religionsphilosophie* dienen, und auf diesem Gebiet insbesondere zu einer qualifizierteren Erforschung der *Religionskritik*, mit der man sich erst allmählich ‚historisch und systematisch' intensiver zu befassen beginnt. Nicht zuletzt könnten die frustrierenden Diskussionen zwischen (Natur-) Wissenschaft und Philosophie (sowie auch Theologie) durch die Hinwendung der Aufmerksamkeit auf den Agnostizismus – statt auf den Atheismus – neue Anstöße erhalten.

In den Artikeln dieses Bandes wird dargelegt, daß es sehr verschiedenartige Versionen von Agnostizismus gibt. Während von Hume und Kant starke Impulse erkenntniskritischer Art zugunsten des Agnostizismus ausgehen, gelten Hegel und Marx eher als die Antipoden agnostischen Denkens; diesen Hintergründen des Agnostizismus in unserem Jahrhundert mußte in eigenen Beiträgen nachgegangen werden. An wesentlichen Stationen des französischen, angelsächsischen und deutschen Philosophierens sollte sodann die Agnostizismus-Problematik in ihrer verschiedenartigen Ausprägung vorgestellt werden. Dabei ist deutlich sichtbar geworden, daß man sträflich vereinfacht und folglich die ‚geistige Situation der Zeit' verfehlt, wenn man Agnostizismus lediglich unterhalb des zum Oberbegriff erhobenen Titels ‚Atheismus' diskutiert.

Es werden in diesem Band jedoch nicht nur divergierende Formen von Agnostizismus dargestellt, vielmehr auch durchaus unterschiedliche Beurteilungen und Bewertungen vorgetragen, so daß man vor eine radikale Frage gerät, die sich, polarisierend gesprochen, so formulieren läßt: Ist Agnostizismus jenseits der Alternative Theismus/Atheismus und angesichts vergleichbarer ‚letzter' Fragen ähnlicher Valenz ein unüberwindbares Endstadium, oder ist er der Erweis eines konstitutionellen Dilemmas, das uns Entscheidungen abverlangt? Freilich ist diese Frage wiederum nicht aus dem geschichtlichen und gesellschaftlichen Rahmen herauszulösen, in dem sich jedes Philosophieren vollzieht, doch vermag andererseits die Beachtung dieser generellen Bedingtheit die Frage der Reichweite menschlicher Erkenntnis noch einmal zu verschärfen, so daß man von vornherein weder die Konstanz einer agnostizistischen Denkstruktur behaupten noch deren geschichtliche Überwindung prognostizieren darf, was zu einem Agnostizismus gegenüber Agnostizismus führt und damit zu einer äußersten theoretischen Unsicherheit, die durch logisch-erkenntnistheoretische Fertigkeiten nicht aufzulösen sein wird, da sie offenbar zur Konstitution des Menschseins gehört – sofern man von einer solchen noch reden kann . . .

Im übrigen soll nicht der Eindruck erweckt werden, jedwede Theismus-Kritik sei entweder atheistisch oder agnostisch. Daß es Möglichkeiten solcher Kritik gibt, die sich den uns geläufigen Kategorisierungen entziehen (und also auch mit dem Wort ‚Antitheismus' nicht hinreichend zu charakterisieren sind), sei hier lediglich an zwei Beispielen gezeigt.

Nietzsche schreibt in ‚Jenseits von Gut und Böse', Nr. 53 (Werke II, hrsg. v. K. Schlechta, Darmstadt 1963, 615): „Warum heute Atheismus? – ‚Der Vater' in Gott ist gründlich widerlegt; ebenso ‚der Richter', ‚der Belohner'. Insgleichen sein ‚freier Wille': er hört nicht – wenn er hörte, wüßte er trotzdem nicht zu helfen. Das Schlimmste ist: er scheint unfähig, sich deutlich mitzuteilen: ist er unklar? – Dies ist es, was ich, als Ursachen für den Niedergang des europäischen Theismus, aus vielerlei Gesprächen, fragend, hinhorchend, ausfindig gemacht habe; es scheint mir, daß zwar der religiöse Instinkt mächtig im Wachsen ist – daß er aber gerade die theistische Befriedigung mit tiefem Mißtrauen ablehnt."

Und bei dem nicht minder streng als Nietzsche formulierenden E. M. Cioran (der größere Beachtung verdient, als ihm bislang zuteil wurde) liest man Sätze wie diese: „Um die dem Dualismus innewohnenden Schwierigkeiten zu vermeiden, könnte man ein und denselben Gott konzipieren, dessen Geschichte in zwei Phasen abliefe: in der ersten ist er weise, blutlos, in sich gesammelt, ohne irgendeine Begierde, sich zu manifestieren: ein *eingeschlafener* Gott, erschöpft von seiner Ewigkeit; – in der zweiten Phase finden wir ihn unternehmungslustig, frenetisch, Irrtum über Irrtum begehend, eine im höchsten Maß verdammenswerte Aktivität entfaltend. Bei genauerer Überlegung erscheint diese Hypothese weniger klar und vorteilhaft als jene von zwei deutlich unterschiedenen Göttern. Meint man jedoch, daß weder die eine noch die andere Hypothese Rechenschaft darüber gibt, was die Welt taugt, dann bleibt immer noch die Möglichkeit, mit manchen Gnostikern zu denken, daß sie unter den Engeln ausgelost wurde.

(Es ist erbärmlich, es ist entwürdigend, die Gottheit mit einer Person zu vergleichen. Niemals wird sie andrerseits für einen, der mit dem Alten und Neuen Testament vertraut ist, eine Idee, noch ein namenloses Prinzip sein. Zwanzig Jahrhunderte Schelte lassen sich nicht von einem Tag zum andern vergessen. Ob sich unser religiöses Leben auf Hiob oder Paulus bezieht, es ist jedenfalls Streit, Exzeß, Zügellosigkeit. Die Atheisten, die so gerne Invektiven gebrauchen, beweisen damit, daß sie *jemanden* zur Zielscheibe nehmen. Sie sollten weniger hochmütig sein. Ihre Emanzipation ist nicht so vollkommen, wie sie meinen: sie machen sich von Gott genau die gleiche

Vorstellung wie die Gläubigen.)" (E. M. Cioran, Die verfehlte Schöpfung, übers. v. F. Bondy, Wien 1973, 10f.)
Derartige Zeugnisse bestätigen nur erneut die Abgründigkeit, zu der menschliches Räsonieren und Fragen fähig ist. Angesichts der Radikalität solcher ‚Gedanken' wird man sich philosophisch gegen all die Versuche zu wehren haben, mit (neo-)gnostischer Attitüde und kurzschlüssigen Berufungen auf durch Meditation erworbene Erfahrungen einen neuen religiösen Fundamentalismus zu propagieren. Demgegenüber ist der Titel ‚Agnostizismus' wegen der Dramatik und Tragik, die er bewußtmacht, vorzüglich geeignet, die menschliche Lage zu kennzeichnen, vor Ideologien und vor Schwärmerei zu warnen, das Gemeinsame anzusprechen und zugleich Raum zu gewähren für unterschiedliche, von jedem einzelnen zu vertretende Interpretationen und Konsequenzen.

Bonn, im März 1979   Heinz Robert Schlette

Karl-Dieter Ulke

Ausprägungen des Agnostizismus bei Hume, Kant und im Viktorianischen England

Die Bezeichnung ‚Agnostizismus' wurde und wird so bedeutungsverschieden gebraucht, daß der Eindruck entstehen kann, es gebe ebenso viele Agnostizismen, wie es Agnostiker gibt. Der willkürlich anmutende Sprachgebrauch verweist auf die sachliche Schwierigkeit, die unverwechselbare Eigenart dieser Erkenntnishaltung eindeutig zu bestimmen. Wenn es beispielsweise erlaubt ist, so überaus verschiedene Autoren wie Jean Améry, Karlheinz Deschner, Karl Raimund Popper, Bertrand Russell und Wilhelm Weischedel als Agnostiker anzusprechen, worin besteht dann die spezifische Bedeutung ‚des' Agnostizismus? Besteht sie vielleicht in einer – sei es auch noch so geringfügigen – Gemeinsamkeit ihrer differierenden Ansätze? Aber sind es nicht gerade die Differenzen, denen jede Philosophie ihre Eigenart verdankt? Oder hat Hegels Differenzschrift recht, nach der sich das „Wesen der Philosophie" keineswegs in „eigentümlichen Ansichten" ausdrückt?[1]

„The chameleon darkens in the shade of him who bends over it to ascertain its colours", notiert S. T. Coleridge.[2] Wie nicht jeder ein Agnostiker ist, der nach fremdem oder eigenem Dafürhalten als solcher gilt, so kann mancher andere, dem das von außen zugesprochene oder selbstgewählte Prädikat abgeht, durchaus ein Agnostiker sein. Dem gleichermaßen sprachlich und sachlich schwer durchschaubaren Befund ist wohl am ehesten dadurch beizukommen, daß man – statt ‚den' Agnostizismus zu definieren – ganz bestimmten Ausprägungen jenes Philosophierens auf den Grund geht, das zu Recht oder Unrecht, implizit oder ausdrücklich als agnostisch gilt.

Die Erfindung des Terminus und damit die Festschreibung dessen, was „Agnostizismus" besagen soll, ist relativ jung; sie wurde erst im Jahre 1869 von Th. H. Huxley vorgenommen.[3] Die agnostische Erkenntnishaltung

---

1 *G. W. F. Hegel*, Werke in zwanzig Bänden, Theorie-Werkausgabe (Redaktion E. Moldenhauer u. K. M. Michel), Frankfurt a. M. 1971, Bd. II, 17–19.
2 Zit. n. *G. Shaw*, Das Problem des Dinges an sich in der englischen Kantinterpretation (Kantstudien, Ergänzungsheft 97), Bonn 1969, 7.
3 S. u. S. 26 f.

selbst hingegen weist zurück auf die griechisch-römische Antike; schon Pyrrhon von Elis erhob die Forderung, angesichts der Unerkennbarkeit der Dinge das Urteil auszusetzen.[4] Der hier zu gebende Überblick berücksichtigt freilich weder den Zeitraum, in dem die ‚Sache' des agnostischen Denkens bereits anzutreffen ist, noch setzt er erst mit dem Aufkommen des Terminus ein. Die Darstellungs- und Interpretationsskizzen dieses Beitrags beginnen mit einer Vorbemerkung zu David Hume und Immanuel Kant, ohne deren Metaphysik-Kritik das Denken der Folgezeit nicht zu verstehen ist. Den Mittelpunkt bilden drei britische Autoren des neunzehnten Jahrhunderts, die sich in jeweils unterschiedlicher Weise auf Hume und Kant beziehen: William Hamilton, Henry Longueville Mansel und der schon genannte Thomas Henry Huxley.[5] Obwohl sie nicht die einzigen Agnostiker der Viktorianischen Ära sind,[6] scheint mir, daß ihr Denken einige Grundzüge aufweist, die in wechselnden Versionen bis zur Gegenwart immer wieder zum Durchbruch kommen. Darum versuche ich zum Schluß, anhand einer vergleichenden Gegenüberstellung dieser disparaten Agnostizismen die teils verbrauchte, teils unausgeschöpfte ‚Sache' agnostischen Denkens anzudeuten.

Grenzen der Erkenntnis
Zum agnostischen Denken bei Hume und Kant

Obwohl Hume und Kant nicht mit ein paar Zeilen abzufertigen sind, wird es gut sein, zunächst an Bekanntes zu erinnern und dann erst auf weniger Bekanntes zu verweisen. Dieses Verfahren empfiehlt sich insbesondere, wenn von Hume die Rede ist, der zu Unrecht als Vater des neuzeitlichen Empirismus und Positivismus gilt, nicht aber als Agnostiker.[7]
Hume will nach dem Vorbild der Newtonschen Physik die „experimentelle

---

4 In der Geschichte des Denkens ist die enge Nachbarschaft des Skeptizismus zum Agnostizismus unverkennbar, und es gibt kontinuierliche Unterströme mehr oder weniger latent skeptischen und agnostischen Denkens, die von der Antike über das späte Mittelalter bis zum 19. Jahrhundert und bis zur Gegenwart führen. Skeptizismus und Agnostizismus voneinander abzugrenzen, wäre jedoch eine Aufgabe, der man sich eigens zuwenden müßte. – Zum Überschritt *Humes* vom Skeptizismus zum Agnostizismus s. u. S. 14–16.

5 Die hier gedrängt und skizzenhaft vorgestellten Agnostizismen dieser Autoren werden ausführlich und differenziert erörtert in meinem Buch: Agnostisches Denken im Viktorianischen England, Freiburg–München 1980.

6 John Stuart Mill, Herbert Spencer und Leslie Stephen müssen hier unerwähnt bleiben. Im übrigen treten die charakteristischen Züge der ‚Viktorianischen Ära' nicht erst 1837, mit dem ersten Regierungsjahr von Königin Victoria, in Erscheinung (vgl. *J. H. Buckley*, The Victorian Temper. A Study in Literary Culture, New York 1964, 1–13).

7 Es ist an der Zeit, dieses jedenfalls in Deutschland vorherrschende undifferenzierte Hume-

Methode" auf den Geist des Menschen anwenden. In seiner ‚Untersuchung über den menschlichen Verstand' erklärt er, Denken bestehe nur in dem Vermögen, „. . . das durch Sinne und Erfahrung gegebene Material zu verbinden, zu transponieren, zu vermehren oder zu verringern".[8] So komme die Annahme eines Zusammenhangs zwischen Ursache und Wirkung ausschließlich durch die Erfahrung zustande, „daß gewisse Gegenstände immerdar miteinander verbunden sind".[9] Die angebliche Erkenntnis eines ursächlichen Zusammenhangs zwischen einer rollenden Billardkugel, die eine zweite anstößt und in Bewegung setzt, stammt nach Hume nur aus unserer Gewohnheit. Wir haben so und so oft *gesehen*, daß die zweite Kugel *nach* der ersten rollt; die angenommene Kraftübertragung jedoch – das „Band" zwischen beiden – hat kein Mensch je zu Gesicht bekommen: „Die Wirkung ist nämlich von der Ursache gänzlich verschieden und kann folglich niemals in ihr entdeckt werden".[10] Da wir nur das Nach- und Nebeneinander, niemals aber die seinsmäßige „Verknüpfung" beobachten können, entspringt die metaphysische Annahme eines Kausalnexus lediglich der Erfahrung, mag sie auch noch so häufig bestätigt werden. Jeder kann sich an diese Erfahrungsregel halten und hält sich auch daran. Keiner aber kann nachweisen, daß – und wenn ja, was – ihr jenseits der „Eindrücke", die der menschliche Geist zu „Vorstellungen" verarbeitet, an Wirklichkeit entspricht.

Humes Vorhaben, die „Leistungsfähigkeit des menschlichen Erkenntnisvermögens"[11] zu erforschen, gelangt zu der Überzeugung, daß das deduzierende Begriffsdenken der rationalistischen Metaphysik von falschen Voraussetzungen ausgeht und uneinlösbare Behauptungen erhebt. Nichtempirische Gegebenheiten sind Hume zufolge weder auf seiten der zu erkennenden Gegenstände (als „Substanzen") noch auf seiten des erkennenden Geistes (als „apriorische Ideen") nachweisbar. Damit verflüchtigen sich Aussagen, die bisher aſs unumstößliche Prinzipien galten, zu bloßen „Hypothesen" und „Fiktionen". Was über die unmittelbaren und mittelbaren „Perzeptionen" des menschlichen Geistes hinausgeht, erklärt Hume für schlechterdings unerkennbar. Er läßt allerdings die Möglichkeit offen, daß dem, was beobachtbar und analysierbar ist, eine „andere Art der Existenz"[12] zugrunde liegt. Das heißt: Diese Möglichkeit wird ebenso wenig befürwortet wie bestritten. Sie wird in Frage gezogen und bezweifelt. Es kommt ent-

Verständnis zu korrigieren. Das kann hier nur andeutungsweise geschehen, soll aber in einem Aufsatz über Hume näher ausgeführt werden.

8 *D. Hume*, Eine Untersuchung über den menschlichen Verstand, Hamburg 1967, 33.

9 Ebd. 43.   10 Ebd. 46.

11 *D. Hume*, Ein Traktat über die menschliche Natur, Hamburg 1973, 3.   12 Ebd. 92.

scheidend darauf an, diese Art des Bezweifelns, die schon zu Lebzeiten Humes mißverstanden wurde,[13] richtig zu verstehen.

Hume unterscheidet zwischen drei Arten des Bezweifelns, die, philosophisch reflektiert, zu drei verschiedenen skeptischen Ansätzen führen. Der von ihm so genannte „vorangehende Skeptizismus" Descartes' und der Cartesianer empfehle, unseren eigenen Erkenntnisfähigkeiten so lange zu mißtrauen, bis ein selbstevidentes erstes Gewißheitsprinzip gefunden sei. Hume hält diesem Skeptizismus entgegen: Selbst wenn es ein solches ursprüngliches Prinzip gäbe, könnten wir keinen Schritt darüber hinausgelangen ohne den Gebrauch eben jener Fähigkeiten, deren Zuverlässigkeit wir bezweifeln. Der „nachfolgende Skeptizismus" hingegen erwächst nach Hume aus der Entdeckung, daß die Erkenntnisfähigkeiten des Menschen zu der Art von Irrtümern verleiten, die er selbst anhand seiner „experimentellen Methode" als „Fiktionen" aufgedeckt hat. Wird dieser nachfolgende, zur Aufdeckung metaphysischer Irrtümer unverzichtbare Skeptizismus allerdings beherrschend, das heißt, bestimmt er ausschließlich das Verhältnis des Menschen zu seiner Welt, so führt er nach Hume zur Ablehnung jeglicher Erkenntnisgewißheit und zur völligen Orientierungslosigkeit im konkreten, praktischen Leben. Er gerate zum „Pyrrhonismus" oder „extremen Skeptizismus", der trotz seiner logischen Unwiderlegbarkeit der tatsächlichen Verfassung der menschlichen Natur so vollständig widerspreche, daß er als nicht praktikabel abzulehnen sei. Im klaren Bewußtsein des ungelösten Konflikts zwischen dem reflexiv vermittelten Anspruch auf „Wissen" und dem unmittelbaren „Glauben" des common sense optiert Hume deshalb für einen – wie er ihn nennt – „gemäßigten Skeptizismus".[14]

Wenn sich Hume als „Skeptiker" und seine Philosophie als „sehr skeptisch" bezeichnet,[15] so meint er ausschließlich diese Art des Bezweifelns. Sie läßt nur eine „geringe Dosis Pyrrhonismus" zu, um sich den Gegenständen zuwenden zu können, „die der begrenzten Fähigkeit des mensch-

---

13 Dies gilt vor allem, aber nicht nur für Thomas Reid und seine Schule. *Hume* hat sich in einer anonym erschienenen Schrift aus dem Jahre 1745 gegen Mißdeutungen seines ‚Traktats' verwahrt: A Letter from a Gentleman to his friend in Edinburgh, hrsg. v. E. C. Mossner u. J. V. Price, Edinburgh 1967.

14 *Hume*, Untersuchung, 196–203. – Daß Hume der Skepsis des Pyrrhon von Elis nicht gerecht geworden ist, muß hier außer Betracht bleiben; vgl. dazu *Sextus Empiricus*, Grundriß der pyrrhonischen Skepsis, Einleitung und Übersetzung v. M. Hossenfelder, Frankfurt a. M. 1968.

15 *D. Hume*, A Treatise of Human Nature, hrsg. v. L. A. Selby-Bigge, Oxford 1975, 636; *ders.*, An Abstract of a Treatise of Human Nature. A Pamphlet hitherto unknown by David Hume, Reprinted with an Introduction by J. K. Keynes and P. Sraffa, Hamden/Connecticut 1965, 24.

lichen Verstandes am angemessensten sind".[16] Eindeutig erklärt Hume in einem Abschnitt, der „Vom Skeptizismus in bezug auf die Vernunft" handelt: „Sollte mich nun aber jemand fragen, . . . ob ich also wirklich einer jener Skeptiker sei, welche dafür halten, alles sei ungewiß, . . . so würde ich antworten, diese Frage sei vollkommen überflüssig; weder ich noch irgend sonst jemand sei jemals aufrichtig und konsequent dieser Meinung gewesen. Die Natur nötigt uns mit absoluter und unabwendbarer Notwendigkeit, Urteile zu fällen, ebenso wie sie uns nötigt, zu atmen und zu empfinden."[17]

Hume hat die Gegenstrebigkeit von philosophischer Reflexion und Alltagsverstand klar durchschaut. Er will das ein für allemal offenkundig gewordene Auseinanderklaffen von radikaler Skepsis und bedenkenlosem common sense jedoch nicht verheimlichen oder gar versöhnen. Im Gegenteil: Statt eine der beiden Seiten zu ignorieren und der anderen ausschließliche Geltung zuzusprechen, anerkennt und betont er jenen Zwiespalt, den sein „gemäßigter Skeptizismus" nicht etwa schließt, sondern einsichtig macht. Statt entweder die skeptizistische Selbstzerstörung aller Gewißheit[18] oder aber das überstürzte Urteil der Menge[19] zur Position zu erheben, beharrt Hume auf ihrem Antagonismus. Seiner Weigerung, sich diesem „Kampf und Gegensatz"[20] zu entziehen, entspringt die Weigerung, der Frage nach dem Wahrheitsgehalt metaphysischer Aussagen zustimmend oder ablehnend ein Ende zu machen. Er enthält sich der Antwort, suspendiert das Urteil. Falls der menschlichen und außermenschlichen Natur eine Wirklichkeit zukommt, die über Sinneswahrnehmungen und Vorstellungen hinausgeht, so ist und bleibt sie unerkennbar. Es ist gerade der Verzicht auf den einseitigen Standpunkt sowohl eines extremen Skeptizismus als auch eines platten Common-sense-Konformismus, der Hume zum Agnostiker werden läßt.

Sein „gemäßigter Skeptizismus" berücksichtigt einerseits die praktischen Denkgewohnheiten des common sense und bezweifelt andererseits die spekulativen Aussagen der Metaphysik. Hume läßt sich jedoch weder von den Bedürfnissen des Alltagsverstandes noch von der Unbeweisbarkeit metaphysischer Behauptungen zum Denkverzicht verleiten. Statt die Ansprüche philosophischer Reflexion preiszugeben, erkennt und anerkennt er ihre Grenzen. Insofern wird Humes „gemäßigter Skeptizismus", wie mir scheint, zur Quelle seines Agnostizismus. Seine Urteilsenthaltung entspringt dem Zweifel, ohne mit diesem identisch zu sein. Das heißt

16 *Hume*, Untersuchung, 203. 17 *Hume*, Traktat, 245. 18 Vgl. ebd. 345 f.
19 Vgl. *D. Hume*, Dialoge über natürliche Religion, Hamburg 1968, 11 f. 23. 35.
20 *Hume*, Traktat, 283.

nicht etwa, der Agnostiker Hume habe den Skeptiker Hume verleugnet. Es handelt sich vielmehr um ein und denselben, konsequent vorangetriebenen Reflexionsprozeß, so daß man sagen könnte: Humes „gemäßigter Skeptizismus" kulminiert in seinem Agnostizismus.

Was damit gemeint ist, muß möglichst klar zum Ausdruck kommen, selbst auf die Gefahr hin, dabei zu vereinfachen und zu überspitzen. Hume bezweifelt eine „Art der Existenz", die über das empirisch Feststellbare hinausginge – insofern ist er Skeptiker. Diese „Art der Existenz" wird von ihm ausdrücklich weder befürwortet noch bestritten – insofern ist er Agnostiker. Anders gesagt: Sein Skeptizismus ist relativ und vorläufig, sein Agnostizismus hingegen grundsätzlich und total. Sein Skeptizismus ist relativ, insofern er sich auf die Behauptungen der rationalistischen Metaphysik bezieht; er ist vorläufig, insofern seine nüchterne Einschätzung des gewöhnlichen Lebens eine (wenn auch unreflektierte) Gewißheit bestehen läßt. Sein Agnostizismus hingegen ist grundsätzlich, insofern seine Urteilsenthaltung gegenüber metempirischen Wirklichkeiten auf einer unrevidierbaren Einsicht beruht; er ist total, insofern er alles umgreift, was jenseits der Perzeptionen existieren könnte.

Humes Hinwendung zum Agnostizismus vollzog sich, noch einmal anders gesagt, in einem dreifachen Schritt. Der empirische Beobachter und Analytiker Hume widerstand dem puren Begriffsdenken der rationalistischen Metaphysik, indem er die Zweifel seines „nachfolgenden Skeptizismus" darauf richtete. Der Skeptiker und zugleich der gewöhnliche Mensch Hume[21] widerstand dem „extremen Skeptizismus", indem er die praktischen Denk- und Verhaltensregeln des common sense in Anrechnung brachte. Der zum Agnostiker gewordene kritische Philosoph Hume widerstand einem naiven Common-sense-Konformismus, indem er auf der Unerkennbarkeit aller metempirischen Wirklichkeiten beharrte.[22] Die hier so genannten Schritte bilden freilich eher so etwas wie ein ‚Spannungsfeld', obwohl auch dieser Vergleich zu wünschen übrig läßt. Bleiben wir bei der anfänglichen Metapher, so kann man sagen: Hume hat sich mit jedem Schritt – und entscheidend mit dem dritten – dagegen verwahrt, einen begrenzten Standpunkt einzunehmen. Insofern erwächst aus seinem „gemäßigten Skeptizismus" der radikalste neuzeitliche Agnostizismus avant la lettre. Kant hat dies allerdings nicht gesehen – derselbe Kant, der seinerseits in einem strengen Sinne als agnostischer Philosoph anzu-

---

21 „Sei ein Philosoph, doch bleibe, bei all deiner Philosophie, stets Mensch", schreibt Hume selbst (Untersuchung, 21).
22 Die bekannte Schlußpassage seiner ‚Untersuchung' (a. a. O. 207) widerspricht dem nicht; man muß sich hüten, diese Sätze für den *ganzen* Hume zu nehmen.

sprechen ist, „was in Deutschland wahrscheinlich ein bißchen verwegen und ungewohnt klingt".[23]

Es ist bekannt, daß Kant bis über sein vierzigstes Lebensjahr hinaus der rationalistischen Metaphysik von Leibniz und Wolff folgte, bis er „durch die Erinnerung des David Hume" aus dem „dogmatischen Schlummer" geweckt wurde.[24] Kant sah, daß Humes Zweifel nicht nur auf die Gültigkeit des Kausalsatzes zutreffen, sondern „daß der Begriff der Verknüpfung von Ursache und Wirkung bei weitem nicht der einzige sei, durch den der Verstand a priori sich Verknüpfungen der Dinge denkt, vielmehr, daß Metaphysik ganz und gar daraus bestehe".[25] Es war also der Skeptiker Hume, dem Kant den „ersten Funken dieses Lichts zu verdanken hatte"[26] – einen Funken, der ihn erstmals jenen „kritischen Weg" sehen ließ, von dem es auf der letzten Seite der ‚Kritik der reinen Vernunft' heißt, er sei „allein noch offen".[27]

Gleichsam am Beginn des Weges – umschreibende Andeutungen müssen auch hier genügen – stand die aus dem Zweifel Humes geborene Einsicht, daß der Mensch ohne Sinneserfahrung zu keinerlei Erkenntnis gelangt. Damit es jedoch zu einer nicht bloß rezeptiven Aufnahme beliebiger Sinneseindrücke und Vorstellungen kommt, ist es notwendig, „den rohen Stoff sinnlicher Eindrücke zu einer Erkenntnis der Gegenstände zu verarbeiten".[28] Dies geschieht, indem der von den Sinnen eingebrachte „Stoff" durch die apriorischen (jeder Erfahrung notwendig vorausliegenden) „Anschauungsformen" von Raum und Zeit und die gleichfalls apriorischen Denkformen des Verstandes zu Gegenstandserkenntnissen geformt wird: „Alle unsere Erkenntnis hebt bei den Sinnen an, geht von da zum Verstand und endet bei der Vernunft."[29] Man könnte auch sagen, sie endet ‚vor' der Vernunft, weil diese ohne Sinnesanschauungen ist und darum nichts mehr erkennen kann.

Damit ist das Erkennbare eingeschränkt und begrenzt auf die Welt der sinnlich bedingten „Erscheinungen", das heißt auf jene Wirklichkeit, die dem Zugriff des Menschen durch Sinneswahrnehmungen und Verstandeskategorien faßbar wird. Eine Erkenntnis der vom Menschen unabhängigen, weil übersinnlichen und insofern unbedingten Realität der „Dinge an sich" ist aus reiner theoretischer Vernunft unmöglich. Bei dem Versuch, das Unbedingte vergegenständlichend, das heißt mit bedingten Verstandeskatego-

---

23 *Th. W. Adorno*, Philosophische Terminologie. Zur Einleitung, Bd. I, Frankfurt a. M. 1973, 110.

24 *I. Kant*, Gesammelte Schriften, hrsg. v. d. Königlich Preußischen Akademie der Wissenschaften, Berlin 1900–1955, Bd. IV, 260.

25 Ebd.   26 Ebd.   27 Kritik der reinen Vernunft, B 884.   28 Ebd. B 1.

29 Ebd. B 355.

rien, zu denken, verwickelt sich die Vernunft mit Notwendigkeit in Widersprüche, von Kant „Antinomien" genannt. Für den Agnostiker Kant sind freilich die Grenzen, die mit den Ermöglichungsbedingungen menschlicher Erkenntnis gegeben sind, nicht identisch mit den Seinsmöglichkeiten der Dinge selbst. Darum erklärt er die bedingte Erscheinungswelt weder zur unbedingten Wirklichkeit, noch verneint er die Existenz einer solchen Wirklichkeit. Wenngleich unerkennbar, *ist* das Unbedingte. „Denn sonst würde der ungereimte Satz daraus folgen, daß Erscheinung ohne etwas wäre, was da erscheint."[30]

Obwohl dieses Unbedingte und Absolute niemals Inhalt gegenständlicher Erfahrung werden kann, muß es sich denken lassen. Die Vernunft bleibt gleichsam aufgrund einer unausrottbaren Tendenz darauf angewiesen, „Ideen" vom Unbedingten zu bilden. Diese Vernunftideen (von Seele, Welt und Gott) sind jedoch, wie Kant mit äußerstem Nachdruck betont, keine Gegenstände der Erkenntnis, sondern „regulative Prinzipien" und „heuristische Fiktionen". Sie verweisen den Menschen auf jene unbedingte Wirklichkeit, die seinem theoretischen Zugriff grundsätzlich entzogen bleibt und nur in der absoluten sittlichen Forderung praktischer Vernunft zugänglich wird. Allein im „Sittengesetz" praktischer Vernunft, das jedem Menschen innewohnt und ihm mit seinen „Postulaten" (Gott, Freiheit, Unsterblichkeit) die Gesetze verantwortbaren Handelns vorschreibt, wird als „Faktum der Vernunft" jenes Unbedingte bedeutsam, auf das die Ideen nur hinzielen konnten, ohne es zu erreichen.

So hat der von der reinen theoretischen Vernunft eingesetzte „Gerichtshof", der „kein anderer als die Kritik der reinen Vernunft selbst ist",[31] zwar die „Anmaßungen" und „Überschwenglichkeiten" der rationalistischen Begriffsverknüpfungen verurteilt und der Sinneserfahrung ihr Recht eingeräumt. Dieselbe Vernunft aber hat den Prozeß ihrer kritischen Selbstprüfung mit der Einsicht in ihre konstitutive, unabänderliche Begrenztheit abgeschlossen – das heißt mit der Einsicht in ihre Unfähigkeit, aus eigenem Vermögen zu reiner, von Sinneserfahrungen unabhängiger Erkenntnis zu gelangen. Denn sie vermag die Welt der Erfahrungen niemals zu übersteigen. „Es ist demütigend für die menschliche Vernunft, daß sie in ihrem reinen Gebrauche nichts ausrichtet ... Der größte und vielleicht einzige Nutzen aller Philosophie der reinen Vernunft ist also wohl nur negativ; da sie nämlich nicht, als Organon, zur Erweiterung, sondern, als Disziplin, zur Grenzbestimmung dient, und, anstatt Wahrheit zu entdecken, nur das stille Verdienst hat, Irrtümer zu verhüten ..."[32]

30 Ebd. B XXVIf.   31 Ebd. A XIf.   32 Ebd. B 823.

Von diesem Eingeständnis der Ersten Kritik wird der Agnostiker Kant niemals abrücken. Da es hier unmöglich ist, seine intensive und differenzierte Auseinandersetzung mit Hume wiederzugeben, sei nur soviel angefügt: Es ist derselbe Kant, der seinem ‚Erwecker' Hume einerseits bescheinigte, dieser habe durch sein „skeptische(s) Polemisieren"[33] die selbstgewissen Spekulationen der Metaphysik aufgedeckt, und der ihm andererseits vorhielt, er habe „sein Schiff, um es in Sicherheit zu bringen, auf den Strand (den Skepticism)" gesetzt, „da es denn liegen und verfaulen mag, statt dessen es bei mir darauf ankommt, ihm einen Piloten zu geben, der . . . das Schiff sicher führen könne . . ."[34] Wenn aber Kant seinerseits von der erkennen wollenden Vernunft sagt, ihr „Nutzen" sei nur negativ – hat er damit dem „Schiff" einen sicheren „Piloten" gegeben? Ist es ihm gelungen, Reichweite und Grenzen der Erkenntnis verläßlich zu bestimmen? Mit dieser Frage beschäftigten sich alle Viktorianischen Agnostiker, obwohl nur einer von ihnen Kant gründlich gelesen hatte: William Hamilton.

Spannung zwischen Bedingtem und Unbedingtem
Zum agnostischen Denken bei William Hamilton

William Hamilton (1788–1856) entstammte der schottischen Aristokratie und war zunächst Rechtsanwalt. 1836 erhielt er den Lehrstuhl für ‚Metaphysik und Logik' in Edinburgh. Sein Denken hat die englische Philosophie im gesamten mittleren Drittel des neunzehnten Jahrhunderts bestimmt. Es erwuchs aus der kritischen Rezeption der Common-sense-Philosophie Thomas Reids und der Transzendentalphilosophie Immanuel Kants, die beide, wenn auch aus unterschiedlichen Motiven, gegen den „Skeptizismus" Humes gerichtet waren. Hamilton hat die Schriften Reids ediert, und er hat Kant, den er – für damalige Verhältnisse außergewöhnlich – deutsch las, besser als jeder Brite vor ihm verstanden.[35] Seine Auseinandersetzung mit diesen höchst unterschiedlichen erkenntnistheoretischen Ansätzen ist hier

---

33 Ebd. B 791.   34 Akademie-Ausgabe, Bd. IV, 262.

35 Im folgenden werden die hier zugrundeliegenden Veröffentlichungen Hamiltons bibliographisch vollständig aufgeführt. Die beim Zitieren verwendeten Abkürzungen werden jedem Titel (in Klammern) nachgestellt; dasselbe Verfahren kommt für die Schriften Mansels und Huxleys zur Anwendung.
W. Hamilton, Discussions on Philosophy and Literature, Education and University Reform. Chiefly from the Edinburgh Review, corrected, vindicated, enlarged in Notes and Appendices, London – Edinburgh ²1853 (= D); ders., Lectures on Metaphysics and Logic, Vol. I–IV, ed. by H. L. Mansel and J. Veitch, Edinburgh – London ²1861–1866 (= L); ders. (Ed.), Thomas Reid, Philosophical Works. With Notes and Supplementary Dissertations by William Hamilton, Vol. I–II, Edinburgh ⁸1858 (= R).

nicht im einzelnen auszuführen. Es kommt vielmehr darauf an, Hamiltons „Philosophie des Bedingten" möglichst knapp und klar zu umreißen.

Nach Hamilton ist das „Bewußtsein" die einzige Erkenntnisquelle des Menschen, so daß Philosophie nichts anderes darstellt als eine wissenschaftliche Erarbeitung und Entfaltung der Realität, die das Bewußtsein vermittelt. Die Wahrheit und Wahrhaftigkeit des Bewußtseins ist für ihn die Bedingung der Möglichkeit allen Wissens. Er fordert daher zu der erkenntnismetaphysischen Grundentscheidung auf, die Glaubwürdigkeit des Bewußtseins entweder anzuerkennen und auf diesem Fundament wahre Philosophie zu entfalten – oder sie zu verwerfen und damit einem skeptizistischen „Nihilismus" zu verfallen, der, wie er sagt, den Tod jeder Philosophie bedeutet. Nach Hamilton zeigt sich, daß die Wahrhaftigkeit des Bewußtseins zwar evident und insofern begründet, nicht aber mit den Mitteln begrifflicher Analyse beweisbar ist. Im Gegensatz zum Erkenntnis-Optimismus der rationalistischen Metaphysik wird sein Denken vorangetrieben durch die Einsicht, daß das Bewußtsein als einziges Wahrheitskriterium unerkennbar ist – anders gesagt: daß die Gründe des Denkens dem Denken unerreichbar bleiben.[36]

In seiner oft wechselnden Terminologie verwendet Hamilton die Bezeichnung „Bewußtsein" häufig gleichbedeutend mit „common sense" und „Vernunft". Diese Gleichsetzung verweist einerseits auf die enge Verbundenheit seines Denkens mit den Positionen Reids und Kants, impliziert jedoch zugleich seine kritische Distanzierung. Im Gegensatz zu Reid betont Hamilton, daß die Anerkennung des common sense als des einzigen Wahrheitskriteriums nicht blindem Gefühl entspringt, sondern auf begründeter Einsicht basiert; denn dem common sense des sogenannten gesunden Menschenverstandes fehlt die Reflexion auf die uneinholbaren Voraussetzungen aller Erkenntnis. Im Gegensatz zu Kant erklärt Hamilton, es sei äußerst inkonsequent, zunächst das theoretische Unvermögen der Vernunft herauszuarbeiten und sodann dieselbe Vernunft in ihrem praktischen Gebrauch als Autorität einzusetzen. Darüber hinaus zeigt sich meines Erachtens, daß Kant es unterließ, sein „Faktum" der (praktischen) Vernunft so eindeutig und ausdrücklich als unerkennbar auszuweisen, wie Hamilton dies getan hat, als er die Glaubwürdigkeit des Bewußtseins als reflexiv nicht mehr einholbares, irreduzibles „erstes Faktum" artikulierte.[37]

Das Bewußtsein ist nach Hamilton so geartet, daß es nur die Erscheinungen

---

36 An Belegen zu diesem Abschnitt vgl. etwa L I 270f.; L II 138; D 64; R II 743. 750–752; L I 155.

37 Vgl. R. II 747a. 550 b (Fußnote Hamiltons); L II 15–17; R II 752; R I 127a (Fußnote Hamiltons); L II 543; D 93. 623.

der Dinge zu erkennen vermag. Die ihm zugängliche Welt gliedert sich in die Phänomenbereiche von Innen- und Außenwelt. Den so konzipierten Sachverhalt kennzeichnet Hamilton als „Natürlichen Dualismus" und „Natürlichen Realismus", um damit anzudeuten, daß die *Wirklichkeit* dieser *beiden* Phänomenbereiche dem Bewußtsein von *Natur* aus unmittelbar einleuchtet. Beweise zur Erhärtung dieser Evidenz sind ihm zufolge weder möglich noch nötig. Das Bewußtsein bildet die identische Einheit und konzentrische Bezugsinstanz für alle inneren und äußeren Erkenntnisgegenstände. Zwar läßt sich nicht erkennen, wie es als Bewußtsein von Ich und Nicht-Ich möglich ist. Erklärungen dieser Art zu fordern wäre unphilosophisch, weil sie die Gegebenheit eines Kriteriums unterstellen würden, das unabhängig von diesem Bewußtsein dessen Tätigkeiten beurteilen könnte.[38] Doch obwohl wir nur das als tatsächlich existent behaupten dürfen, von dem wir wissen, daß es existiert, können wir nicht leugnen, daß etwas existiert, von dem wir nichts wissen.[39]

Alle Erkenntnis wird ermöglicht und begrenzt durch zwei Bedingungen: durch das erkenntniskonstituierende Bewußtsein und durch die (innere und äußere) Welt der Erscheinungen. Weil aber alle mögliche menschliche Erkenntnis in ihrer Angewiesenheit auf diese Bedingungen bedingt ist, bleibt sie auf den Bereich des Bedingten reduziert und vermag darum das Unbedingte niemals zu erkennen. Das Bewußtsein erkennt untrüglich das Gegebensein von Ich und Nicht-Ich als ursprüngliche „Tatsachen des Bewußtseins", deren nähere inhaltliche Bestimmtheit aus unmittelbarer Wahrnehmung hervorgeht. Doch der Grund der phänomenalen Bewußtseinstatsachen von Innen- und Außenwelt ist nicht zu erkennen; diese unbekannte und unerkennbare Basis aller Erscheinungen des Bewußtseins ist die absolute, unbedingte Bedingung dafür, daß überhaupt etwas erscheinen kann. Bekannt und erkennbar sind also nur die bedingten Erscheinungen. Die Bedingungen, die das Bedingte bedingen, sind unbedingt und als solche unerkennbar.[40]

Wenn wir von einem äußeren *Ding* sprechen, so benennen wir mit dieser Bezeichnung ein Aggregat von koexistierenden (als Ausdehnung, Festigkeit, Teilbarkeit, Gestalt usw. bekannten) Erscheinungen. Da diese Erscheinungen nur verbunden auftreten, sind wir durch die Konstitution unserer Natur genötigt, sie als in und durch etwas verbunden zu denken. Doch absolut und in sich selbst, unabhängig von seinen Erscheinungen, ist dieses

---

38 Vgl. R II 929 f.
39 Vgl. D 92 f. 193–195; L I 206 f. 278; L II 29–31. 189–196; D 55 f.; L I 145.
40 Es ist hier nur zu konstatieren, daß die für Hamilton zentralen Schlüsselkategorien „bedingt"/ „unbedingt" ebenso auf Kant zurückgehen wie die Unterscheidung zwischen apriorisch-synthetischer Vernunfterkenntnis und aposteriorisch-analytischer Verstandeserkenntnis.

Etwas für uns „gleich Null". Wenn wir vom menschlichen *Geist* sprechen, so benennen wir mit dieser Bezeichnung ebenfalls ein Aggregrat von koexistierenden (als Zustände des Erkennens, Wollens, Fühlens usw. bekannten) Erscheinungen. Doch losgelöst von seinen Erscheinungen, ist auch dieses Etwas für uns absolut unerkennbar.[41]

Hamilton begrüßt die von Kant geleistete Destruktion der rationalistischen Metaphysik. Kant sei jedoch in der „Unterwerfung des Irrtums" erfolgreicher gewesen als in der „Begründung der Wahrheit". Seine Lehre von den Vernunftideen habe ihn in unlösbare Widersprüche verwickelt. Solche Ideen seien schlechterdings dem Unbedingten zugehörig und darum menschlichem Erkennen absolut unzugänglich. Eine Philosophie aber, welche die Erkenntnis auf Bereiche ausweite, die nicht zu erkennen sind, untergrabe mit dem Mißtrauen in die Wahrhaftigkeit des Bewußtseins ihr eigenes Fundament. Kant habe zwar den „Leib" des Rationalismus vernichtet, diesem Leib aber nicht jenes „Gespenst des Absoluten" ausgetrieben, das in den nachfolgenden philosophischen Schulen des Deutschen Idealismus weiterhin sein Unwesen treibe.[42]

Nach Hamiltons „Philosophie des Bedingten" wird dem menschlichen Bewußtsein als einziger Erschließungsinstanz von Wirklichkeit die Welt der Erscheinungen zugänglich, das heißt: nicht Schein, sondern Wirklichkeit – und dennoch nicht die ganze Wirklichkeit. Weil die „Gründe" dieser Erscheinungen verborgen bleiben, erstreckt sich die Welt des Menschen zwischen dem unerkennbaren Grund des Bewußtseins und dem unerkennbaren Grund der Dinge. Das Bewußtsein ist sich der Wahrhaftigkeit seiner Erkenntnisse gewiß und „weiß" kraft dieser nicht zu beweisenden Wahrhaftigkeit, daß die ihm erkennbare Wahrheit zwischen zwei Unerkennbarkeiten liegt, die gleichwohl nicht „Nichtse" sind, sondern jene eigentlichen Wirklichkeiten, deren Sein in den Erscheinungen erscheint. Die Erscheinungen sind erkennbar, weil sie bedingt sind – bedingt vom Unbedingten, das unerkennbar ist. Weil jedoch das erkennbare Bedingte im unerkennbaren Unbedingten gegründet ist, strebt das Bewußtsein nach diesem Unbedingten als dem halt- und einheitgebenden Grund seiner Welt. Der Mensch überschritte die seinem Bewußtsein gesetzten Grenzen, wenn er des unbedingten Grundes seiner Welt habhaft werden wollte. Doch in seinem „Streben nach dem Unbedingten" wird ihm bewußt und vergewissert er sich, daß die Welt der Erscheinungen, die seine einzige Welt bildet und auf die er angewiesen bleibt, nicht die ganze Welt ist.

Hamiltons „Philosophie des Bedingten" erwächst aus einem langen und

41 Vgl. L II 522; L I 138. 156 f. 264–270.
42 Vgl. die beiden ersten Aufsätze der ‚Discussions', insbesondere D 16–19. 56. 86–93; weiterhin L I 373 f. 399–404.

gründlichen Reflexionsprozeß. Das Bewußtsein hat durch Reflexion auf seine eigenen Ermöglichungsbedingungen verstehen gelernt, daß die scheinbar definitiven Grenzen der Welt den Horizont bilden, der alle Erkenntnis zugleich ermöglicht und begrenzt. Dieses einsichtig gewordene Nichtwissen verdankt das Bewußtsein seinem ‚Mut' zur Selbstkritik und seinem ‚Vorstoß' zur kritischen Erkenntnis der Welt. Die so gewonnene agnostische Geisteshaltung bleibt als Ausdruck überwundener vorkritischer Naivität gleich weit entfernt von der Blindheit des Alltagsverstandes und von der Verblendung der Vernunft.

Hamilton hat einerseits, darin eher Hume verpflichtet, die Welt des Bedingten nachdrücklich als einzige Wirklichkeit charakterisiert, die dem erkennenden und handelnden Menschen zugänglich ist. Er hat andererseits, darin eher Kant verpflichtet, die Spannung zum Unbedingten nicht preisgegeben. Seine Philosophie fixiert das Denken auf keine geschlossene Position, sondern läßt es unabgeschlossen und unabschließbar. Hamiltons Agnostizismus tendiert zu einer Offenheit, der alle definitiven Lösungen verdächtig sind. Dieser Tendenz haben sich Mansel und Huxley entzogen, weil sie die Spannung zwischen Bedingtem und Unbedingtem lösen wollten. Doch ihre Lösungen sind Stadien auf dem Wege der Auflösung des Agnostizismus zur Standpunktphilosophie.

Extrapolation des Bedingten
Zum agnostischen Denken bei Henry Longueville Mansel

Henry Longueville Mansel (1820–1871) war anglikanischer Geistlicher und Theologe. Seit 1855 ‚Reader' und seit 1859 Professor für Moraltheologie am Magdalen College, Oxford, erhielt er am selben College 1866 eine Professur für Kirchengeschichte. 1866 wurde er zum Dekan der St. Paul's Cathedral in London berufen. Mansel, der zu Unrecht als treuester Schüler Hamiltons gilt, rezipiert die „Philosophie des Bedingten", um den Geltungsbereich christlichen Glaubens gegen ungerechtfertigte Erkenntnisansprüche zu verteidigen und durch ein agnostisch bestimmtes Erkenntnismodell abzusichern.[43]

Nach Mansel darf nicht die Religion – weder die natürliche noch die geoffenbarte – der Kritik unterworfen werden, sondern nur der menschliche Geist in seiner Beziehung zur Religion. Aus einer sorgfältigen und unvor-

---

43 *H. L. Mansel*, The Limits of Religious Thought, examined in eight Lectures, preached before the University of Oxford, Oxford – London 1858 (= RT); *ders.*, Letters, Lectures and Reviews, including the Phrontisterion, or Oxford in the 19th Century, ed. by H. W. Chandler, London 1873 (= LLR).

eingenommenen Untersuchung der konstitutiven Bedingungen des menschlichen Geistes ergibt sich, daß das Bewußtsein nur das Relative und Endliche zu erkennen vermag, nicht das Absolute und Unendliche. Da die Vernunft also über das Wesen Gottes und die Legitimität der Offenbarung keinerlei Aussagen treffen kann und darf, ist eine Beurteilung der Religion innerhalb der Grenzen der Vernunft, wie Kant sie vornahm, nach Mansel von vornherein abzulehnen. Dennoch drängt sich das Absolute dem menschlichen Geist als „Ergänzung" des Relativen auf.[44]

Während der verborgene Grund Gottes und seiner Offenbarung menschlicher Vernunft nicht zugänglich ist, entsprechen die Äußerungen Gottes in ihren Bedingungen und Artikulationsformen den Bedingungen und Artikulationsformen, deren sich menschliche Vernunft bedient und bedienen muß. Die „Offenbarungslehren" sind nach den Absichten der Vorsehung Gottes relativ zur Konstitution ihrer Adressaten. Gott hat den Menschen nicht spekulative, transzendente Wahrheiten über seine absolute Natur, sondern regulative Wahrheiten mitgeteilt, die den Fähigkeiten des Menschen zugänglich und seinen religiösen Bedürfnissen angepaßt sind. Diese Wahrheiten richten sich an die sittliche Natur des Menschen mit ihrem Gefühl der Abhängigkeit und der sittlichen Verpflichtung. Nach Mansel entspringt Religion nicht dem Bedürfnis, zu erkennen und zu denken, sondern dem Bedürfnis, anzuschauen und zu fühlen. Gott, der Schöpfer, hat darum die sittliche Natur des Menschen nicht mit einer absoluten, sondern mit einer relativen, dem Menschen angemessenen Moralität ausgestattet. Gott, der Offenbarer, stellt sich auf diese relative Moralität mit ihren sittlich-religiösen Bedürfnissen ein, indem er sich nicht in seinem absoluten Sein, sondern anthropomorphistisch äußert. Die biblischen Anthropomorphismen vermitteln die sittlichen Eigenschaften Gottes in einer Form, die dem sittlichen Gefühl des Menschen angepaßt ist und die ihm deshalb die Möglichkeit gibt, danach zu leben und zu handeln.[45]

Mansel zufolge verzichtet der offenbarende Gott auf eine Offenbarung seines absoluten Wesens, weil alle menschliche Erkenntnis relativ ist. Doch auch in ihrer relativen, dem menschlichen Geist zugänglichen Gestalt zielt die Offenbarung nicht darauf, religiöse Erkenntnisse zu vermitteln. Gleich welche „Offenbarungslehren" dem Geist des Menschen zugänglich gemacht wurden, religiöse Erkenntnisse sind nichts anderes als unentbehrliche Vehikel zur Ermöglichung sittlich-religiöser Praxis. Wenn Mansel davon ausgeht, daß menschliche Vernunft im Bereich der Religion als sittliche

44 Vgl. etwa RT 23–26. 65–67. 69f. 105f. 183. 194. 266. 393.
45 Vgl. RT 29. 74. 143–147. 150–154. 166. 195. 208. 362; LLR 116.

Vernunft praktisch werden will, und wenn er dann dazu übergeht, göttliche Offenbarung als Ermöglichung dieser Praxis zu interpretieren, können zwischen menschlicher Vernunft und göttlicher Offenbarung keine Widersprüche mehr auftreten.[46]

Die so erreichte Widerspruchslosigkeit wird allerdings um einen hohen Preis erkauft. Mansels Integrationsmodell gelingt nur auf Kosten einer Trennung: Die ausschließlich auf Moralität fixierte Erkenntnis erzwingt einen ausschließlich auf die Mysterien der Offenbarung fixierten Glauben. Aus der Unerkennbarkeit des Unendlichen leitet Mansel die Forderung ab, unter völligem Denkverzicht zu glauben, die Offenbarungslehren jenseits von Vernunft unbedingt anzunehmen und sich dem ausdrücklichen Wortlaut der biblischen Schriften als einzigem Kriterium zu unterwerfen.[47]

In diesen Appell münden Mansels Argumente. Um die Glaubwürdigkeit christlichen Glaubens zu erhärten und unanfechtbar zu machen, benutzt er die Begrifflichkeit der „Philosophie des Bedingten" als Instrumentar, entzieht sich aber dem Denken, das sie hervorgebracht hat. So entsteht ein erkenntnismetaphysischer Dualismus. Die antagonistisch zerfallenen Bereiche des Erkennbaren und des Unerkennbaren machen das „Streben nach dem Unbedingten" zunichte, von dem das agnostische Denken Hamiltons seine Spannung bezieht. Nach Mansel wird das religiös Unerkennbare, anders als das philosophisch Unerkennbare, im Glauben zugänglich und verfügbar. Wenn philosophische Erkenntnis bereit ist, sich der höheren Autorität Gottes zu unterwerfen, erreicht der wider alle Erkenntnis glaubende Mensch die positiven, inhaltlich gefüllten Wahrheiten der Offenbarung. Mansels fideistischem Glaubensbegriff entspricht also folgerichtig ein positivistisches Offenbarungsverständnis. Sein Agnostizismus identifiziert das Unerkennbare mit den Inhalten jüdisch-christlicher Offenbarung, die nur im religiösen Glaubensgehorsam entgegenzunehmen sind.[48]

Mansels Absicht, die „Philosophie des Bedingten" apologetisch zu applizieren, ist als illegitim anzusehen. Obwohl er Hamilton als „den größten philosophischen Kritiker des Jahrhunderts" bezeichnet,[49] kann sich sein Verfahren nicht auf ihn berufen. Denn ein auf Offenheit angelegtes agnostisches Denken läßt sich nicht zur Stützung von Positionen mit vernunftkritisch ungerechtfertigten Ansprüchen instrumentalisieren. Insofern Mansel die Begrifflichkeit Hamiltons übernommen hat, kann er als dessen ‚Schüler' angesprochen werden. Indem er diese Begrifflichkeit jedoch zur Fundamentierung seiner vernunftkritisch ungerechtfertigten theologischen Position ein-

46 Vgl. RT 166. 210–232. 240f. 47 Vgl. RT 24. 61. 114. 120f. 127. 180; LLR 115.
48 Vgl. RT 223f. 231. 340f.; LLR 184f. 49 LLR 80.

setzt und dabei die vom Denken auszuhaltende Spannung zum Unbedingten preisgibt, mißbraucht er die „Philosophie des Bedingten". Sein Agnostizismus läßt sich daher, abgekürzt und formelhaft, als ein fideistisch mißbrauchter Agnostizismus bezeichnen.

Extrapolation des Unbedingten
Zum agnostischen Denken bei Thomas Henry Huxley

Thomas Henry Huxley (1825–1895) wollte ursprünglich Ingenieur werden,
erwarb jedoch 1845 das medizinische Bakkalaureat (M. B.) und begleitete
als zwanzigjähriger Assistenzarzt der Fregatte ‚Rattlesnake' Kapitän Stan-
ley auf einer vierjährigen Forschungsreise durch die australischen Gewäs-
ser. Während dieser Zeit gelangen ihm zoologische Entdeckungen, die ihm
bald öffentliche Anerkennung eintrugen. Als 1859 Darwins ‚Ursprung der
Arten' erschien, setzte sich Huxley intensiv für die Verteidigung der Evolu-
tionshypothese ein. Im Verlauf der folgenden vier Jahrzehnte festigte sich
sein Ruf als naturwissenschaftliche Kapazität. Er wurde darüber hinaus
durch seinen kulturpolitischen Einfluß, durch seine Kontroversen mit Au-
toritäten der kirchlichen Orthodoxie, die den biblischen Wortlaut gegen das
Evolutionsdenken verteidigten, und insbesondere durch seine umfangreiche Vortragstätigkeit zu einer der führenden geistigen Persönlichkeiten
Englands.[50]
Huxley hat sich mit einem von ihm selbst geprägten Terminus als „Agnostiker" bezeichnet. Er wollte damit zum Ausdruck bringen, daß er die uner-
schütterliche Gewißheit, mit der seine wissenschaftlich gebildeten Zeitgenossen an unbeweisbaren ‚-ismen' festhielten, nicht teilen konnte. In der
Überzeugung, Hume, Kant und Hamilton auf seiner Seite zu haben, versag-
te er sich einer „Gnosis", die nach seinem Dafürhalten sowohl Atheisten als
auch Theisten, Materialisten und Idealisten, Christen und Freidenker zu
Unrecht für sich beanspruchten. Huxley erfand 1869 die Bezeichnung
„Agnostiker" in dem wohl anspruchsvollsten Diskussionszirkel des Vikto-
rianischen England, der ‚Metaphysical Society'.[51] Der Ausdruck wurde in
der Öffentlichkeit sofort aufgegriffen, verbreitet und abweichend von den
Intentionen Huxleys verwendet.[52]
Er selbst bediente sich der Bezeichnungen „Agnostiker", „agnostisch" und
„Agnostizismus" in seinen Vorträgen und Schriften, um ein bestimm-

---

50 *Th. H. Huxley*, Collected Essays, Vol. I–IX, London 1893–1894 (= CE).
51 Vgl. CE V 237–239.
52 Vgl. dazu die instruktive Studie von *S. Budd*, Varieties of Unbelief. Atheists and Agnostics in
    English Society 1850–1960, London 1977.

tes Ziel zu erreichen. Ihm lag daran, seine Zeitgenossen zu aufgeklärtem Denken im Sinne naturwissenschaftlicher Forschung und technischen Fortschritts zu erziehen. Seine vehementen Proteste gegen Aberglauben, religiöse Entmündigung und scheinwissenschaftlichen Dogmatismus wurzeln in der intellektuellen Redlichkeit eines Denkens, das mit dem Zweifel beginnt und im Vertrauen auf die kritische Urteilsfähigkeit der Vernunft jeglichen Autoritätsglauben verwirft.[53]

Die philosophischen Implikationen des Naturwissenschaftlers, Erziehers und Religionskritikers sind allerdings schwer zu durchschauen, weil sie auf Anleihen bei sehr verschiedenen Denktraditionen zurückgehen. Bereits als Fünfzehnjähriger mit den frühen Aufsätzen Hamiltons bekannt geworden, hat Huxley 1879 ein ebenso originelles wie einseitiges Hume-Buch veröffentlicht. Für Huxley ist alle Erkenntnis empirisch erhebbare Phänomenerkenntnis. „Materie" und „Geist" sind lediglich Namen zur Bezeichnung eines unerkennbaren Substrats, das erkennbaren Phänomengruppierungen zugrunde liegt. Das Verhältnis von materiellen und immateriellen Erscheinungen, die Existenz einer menschlichen Seele, die Möglichkeit von Wundern sind zwar nicht a priori zu leugnen, aber auch nicht aus Erfahrung beweisbar und verlangen darum uneingeschränkte Urteilsenthaltung. Der Agnostizismus ist das unausweichliche Ergebnis der Anwendung wissenschaftlicher Methoden; er ist die einzig lautere Haltung für aufgeklärte, fortschrittliche Menschen, die sich weigern, etwas als Wissen zu bezeichnen, was sie nicht wissen und nicht wissen können.[54]

Darum ist es nach Huxley unlauter und unsinnig, den Agnostizismus mit religiös-theologischen oder weltanschaulich-spekulativen Überzeugungen zu identifizieren. Das gilt einerseits für die von Huxley als „infam" bezeichnete und mit Nachdruck abgewiesene Unterstellung, Agnostiker seien zu feige, sich Ungläubige zu nennen, andererseits für die „törichte" Annahme, sie seien Adepten des Comteschen Positivismus. Wie die Naturwissenschaft weder atheistisch noch materialistisch ist, so sind Agnostiker weder Atheisten noch Theisten, Spiritualisten oder Materialisten. Gleich der Philosophie ist die Naturwissenschaft weder christlich noch unchristlich, sondern „säkular".[55]

Die berechtigten Ansprüche der Erkenntnis müssen sich Huxley zufolge zweifach ausweisen: Zum einen legitimiert sich alles Wissen durch Einhaltung der Grenzen, die menschlicher Erkenntnisfähigkeit gesetzt sind; zum

53 Dies erhellt vor allem aus den Beiträgen der Bände IV und V seiner ‚Collected Essays'.
54 Vgl. CE I 160; CE V 40. 54. 141f. 196f. 205–207. 245. 251. 253. 312f. 327f.; CE VI 104f. 166. 171. 176. 178. 304; CE IX 143.
55 Vgl. CE I 150. 193–195; CE V 210f. 230. 233. 248. 309. 317f.; CE VI 284–286; CE IX 44. 128–130. 132–137. 140.

anderen legitimiert sich alles Wissen durch seinen – wissenschaftlich-technisch ermöglichten – Humanisierungseffekt. Pointiert könnte man sagen, daß für Huxley die Abkehr vom Unerreichbaren die Hinkehr zum Erreichbaren erfordert, damit die Menschen individuell und gesellschaftlich autonom und glücklich werden können. Diese Zielvorstellung gibt seinem Agnostizismus eine verhängnisvolle Ambivalenz. Was für einen Hamilton das Unerkennbare war, dem als begrenzendem Horizont allen Wissens bleibende Beachtung zukam, wird für Huxley zu einer überflüssigen Imponderabilie, die es radikal auszusparen und zu isolieren gilt, damit sich die Wissenschaft ausschließlich dem empirisch Erkennbaren als dem Noch-nicht-Bekannten zuwenden kann.[56]

Huxleys gesamtes Denken ist durch eine Haltung bestimmt, die man als ,Faktentreue' bezeichnen kann. Agnostisch denken heißt für ihn aber nicht nur, am schon Erkannten festhalten, sondern das niemals Erkennbare vollständig und entschlossen eliminieren. Seine agnostische Erkenntnispraxis ist auf erreichbare Zukunft ausgerichtet. Sie basiert auf der Überzeugung, daß sich die Welt der Erscheinungen erkennen läßt, auf dem Willen, sie zu erkennen, und auf der sicheren Erwartung, daß sie mit fortschreitendem Wissen vollständig zu erkennen sein wird. Dieser fortschrittsgläubige pragmatische Agnostizismus entläßt das Denken aus der Spannung zum Unerkennbaren, um es an die Erkenntnis der erkennbaren Welt zu binden. Dadurch bricht aber Huxley nicht nur mit dem von ihm hochgeschätzten Hamilton; sein von ihm selbst so genannter „wissenschaftlicher Naturalismus"[57] zerbricht die Kraft eines Denkens, dem Wirklichkeit mehr bedeutet als die Welt der Erscheinungen und das aus diesem Grund auf das Unerkennbare als den begrenzenden Horizont des Erkennbaren verweist. Huxleys Agnostizismus läßt sich, abgekürzt und formelhaft, als ein szientistisch mißbrauchter Agnostizismus bezeichnen.

Erkenntnis der Grenzen
Für einen anarchischen Agnostizismus

Die disparaten Viktorianischen Agnostizismen haben nur ein Ergebnis der von Hume und Kant geleisteten Erkenntniskritik gemeinsam: die Überzeugung, daß alle Erkenntnis auf Phänomenerkenntnis begrenzt ist. Während sich jedoch Hamiltons „Philosophie des Bedingten" aus der dem Denken aufgegebenen Spannung zwischen Erkennbarem und Unerkennbarem konstituiert, werden die Überlegungen Mansels und Huxleys von Zielsetzungen

---

56 Vgl. CE 19f.; CE V 39; CE VI 317–319.   57 CE V 37–39.

geleitet, die solchem Denken äußerlich sind und darum dieser Spannung ausweichen. Sowohl der Apologet christlichen Glaubens als auch der Vorkämpfer wissenschaftlich fundierter Weltbeherrschung entziehen sich jenem „Streben nach dem Unbedingten", das dem Denken Hamiltons philosophische Dignität verleiht. Mansel identifiziert das Unerkennbare mit den Mysterien übernatürlicher Offenbarung und fordert die glaubende Hinnahme dieser Mysterien um den Preis des Denkverzichts. Huxley hingegen identifiziert das Erkennbare mit naturwissenschaftlich erhebbarem Wissen und fordert zur ausschließlichen Anerkennung dieses Wissens die Ausgrenzung des nicht Wißbaren.

Mansel und Huxley instrumentalisieren die in sich eigenständige und unverfügbare Denkhaltung des Agnostizismus. Nicht wenige theologische, philosophische und wissenschaftstheoretische Positionen des 20. Jahrhunderts tun es ihnen darin gleich. Die fideistische Extrapolation des Bedingten durch Mansel und die szientistische Extrapolation des Unbedingten durch Huxley markieren die Hinwendung zu einem Denken, das jene Antriebe verleugnet, denen es sich ursprünglich verdankt. Derartige Erkenntnismodelle sind in einem fatalen Sinne problemlos und problemlos anwendbar, insofern sie das Problem, das ihnen innewohnt, begrifflich auflösen und so den Anschein erwecken, es gelöst zu haben. Auf diese Weise etablieren sich neognostische Positionen, die als legitimer Ausdruck agnostischen Denkens gelten. Wie sich gezeigt hat, war es schon im geistig-sozialen Kontext des 19. Jahrhunderts unmöglich, die Bezeichnungen ‚Agnostiker‘, ‚agnostisch‘ und ‚Agnostizismus‘ unmißverständlich zu verwenden. Die scheinbar eindeutige Sprachregelung ist heute nur noch fragwürdiger geworden.

Ein Denken, das auf total befriedigende Erklärungen verzichten muß, wird von denen unter Druck gesetzt, die auf jede Frage eine Antwort wissen und die daraus das Recht ableiten, für jede Frage eine Antwort zu fordern. Es gerät gleichsam unter Erfolgsdruck und gilt, wenn es ablehnt, sich diesem Anspruch zu unterwerfen, sehr rasch als resignativ und kraftlos. Diese Konsequenz überzeugt jedoch nicht. Ein Denken wie das agnostische – und ob man es so nennt, fällt letztlich weniger ins Gewicht – besitzt nach wie vor eine unausgeschöpfte ideologiekritische Sprengkraft, weil es auf ‚Dimensionen‘ des Wirklichen verweist, die von keiner Ideologie zugelassen werden. Aus der Anerkennung seiner Unfähigkeit, die Welt im ganzen zu erkennen und zu deuten, bezieht es die Kraft, jene geschlossenen Denk- und Verhaltensentwürfe zu kritisieren, die sich nicht Gründen, sondern Interessen verdanken.[58] Ein in diesem Sinne offenes Denken ist ein Movens, kein Quie-

---

58 Der Praxisbezug dieses agnostischen Denkens ist hier nicht auszuführen. Es ließe sich aber

tiv. Es korrigiert alle Theorien, die durch Ausblendung ihres Problemhorizonts zu rundum stimmigen und plausiblen Anweisungen mißraten.

Dieser offene Agnostizismus, der hier wortarm und ungelenk empfohlen wird, ist ein anarchischer Agnostizismus. Er ist anarchisch, weil er sich der Integration in jedes (vorgeblich) lückenlose Erklärungssystem widersetzt.[59] Er ist anarchisch, weil er sich weigert, der Dominanz theoretisch und praktisch (scheinbar) abgesicherter Herrschaftsansprüche als Alibi zu dienen. So verstanden, bildet und ermöglicht der anarchische Agnostizismus mehr als eine Erkenntnistheorie. Selbst machtlos, stimuliert er eine in ihrer Unabhängigkeit schlechthin alternative Geisteshaltung. Diese unabhängige Geisteshaltung oder dieser radikal unabgesicherte Habitus erstrebt die Aufhebung allen Standpunktdenkens. Der anarchische Agnostizismus stellt sich dem Problem, daß Wirklichkeit nicht identisch ist mit dem, was der Mensch erkennend und handelnd von ihr zu fassen bekommt.

zeigen, daß die ‚Sache' von Freiheit und Toleranz nur dann unverfügbar und unverführbar bleibt, wenn sie *nicht* auf eine geschlossene Theorie fixiert wird. Mit diesem Aspekt befaßt sich mein Beitrag ‚Die Freiheit der anderen. Zur Rechtfertigung von Toleranz', der demnächst in der Zeitschrift ‚Neue Rundschau' erscheint.

59 Um den gröbsten Mißverständnissen vorzubeugen, seien zwei kurze Bemerkungen erlaubt. Erstens hat der als offen und anarchisch bezeichnete Agnostizismus mit der Gewalttätigkeit politischer Anarchismen nichts zu schaffen. Zweitens verbinden ihn nur wenige Berührungspunkte mit dem anarchistischen Dadaismus, den *Paul Feyerabend* in seinem Buch ‚Wider den Methodenzwang. Skizze einer anarchistischen Erkenntnistheorie' (Frankfurt a. M. 1976) vertritt. Im Gegensatz zu Feyerabends anarchistischem Theorienpluralismus wendet sich der anarchische Agnostizismus keineswegs gegen „allgemeine Grundsätze, allgemeine Gesetze, allgemeine Ideen wie ‚die Wahrheit', ‚die Vernunft', ‚die Gerechtigkeit', ‚die Liebe'" (a. a. O. 263), sondern gegen deren Festschreibung durch Positionen jeder Provenienz, mögen diese auch aus noch so unkonventionellen, einander befehdenden und zahlreichen Hypothesenbildungen hervorgehen. Der anarchische Agnostizismus erstrebt nicht wissenschaftlich ergiebige Theorienvielfalt (vgl. a. a. O. 53–68), sondern zielt darauf, das Bewußtsein für die Begrenztheit aller Theorien zu wecken und ihre Ideologisierung zu hintertreiben.

Reinhard Leuze

Das Problem des Agnostizismus bei Hegel

Eine Abhandlung über das Problem des Agnostizismus bei Hegel bedarf zunächst einiger Vorbemerkungen, wenn sie sich nicht dem Vorwurf des Anachronismus aussetzen will. Der Begriff ‚Agnostizismus‘ kommt bei Hegel nicht vor. Er wurde 1869 von Th. H. Huxley geprägt „zur Bezeichnung der positivistischen Richtung, die . . . das metaphysische Wahrheitsproblem zwar nicht bestreitet, doch die Möglichkeit seiner Lösung verneint".[1] Wenn wir fragen, welche Richtung bei Hegel diesem Agnostizismus entspricht, so müssen wir auf den Skeptizismus zu sprechen kommen, dessen Geschichte sich bis auf die Antike zurückführen läßt. Mit dem Stichwort ‚Skeptizismus‘ verbinden sich für Hegel vor allem zwei geschichtliche Erscheinungsformen: 1. der Skeptizismus der antiken Philosophie, wie er für ihn im besonderen durch Sextus Empiricus repräsentiert wird, und 2. ein Versuch der neueren Philosophiegeschichte, bewußt an diesen antiken Skeptizismus anzuknüpfen und von ihm aus die Philosophie des deutschen Idealismus einer grundlegenden Kritik zu unterziehen. Gottlob Ernst Schulze hatte 1792 eine aufsehenerregende Kritik an Kants Erkenntnistheorie veröffentlicht, die unter dem bezeichnenden Titel: ‚Aenesidemus oder über die Fundamente der von dem Prof. Reinhold in Jena gelieferten Elementar-Philosophie. Nebst einer Verteidigung des Skeptizismus gegen die Anmaßungen der Vernunftkritik‘ erschienen war. Neun Jahre später ließ er diesem Werk seine ‚Kritik der theoretischen Philosophie‘ folgen, die Hegel zu einer ausführlichen Besprechung im ‚Kritischen Journal der Philosophie‘ veranlaßte.[2] In dieser Besprechung hebt Hegel den Skeptizismus der Antike, der seiner Meinung nach den Namen Skeptizismus wirklich verdient, scharf vom „neuesten Skeptizismus" Schulzes ab, der für ihn ein „dogmatischer Skepti-

---

1 *Ch. Seidel*, in: Historisches Wörterbuch der Philosophie, hrsg. v. J. Ritter, Bd. 1, Darmstadt 1971, Sp. 110.
2 *G. W. F. Hegel*, Werke 2, Frankfurt 1970, 213–272. Die Besprechung erschien unter dem Titel: Verhältnis des Skeptizismus zur Philosophie. Darstellung seiner verschiedenen Modifikationen und Vergleichung des neuesten mit dem alten.

zismus", also im Grunde gar kein Skeptizismus ist.[3] Warum? Schulzes Skeptizismus kann als eine Philosophie beschrieben werden, die nicht über das Bewußtsein hinausgeht, und zwar in dem Sinne, daß „die Existenz desjenigen, was im Umfange unseres Bewußtseins gegeben ist, unleugbare Gewißheit" hat; „denn da es im Bewußtsein gegenwärtig ist, so können wir die Gewißheit desselben ebensowenig bezweifeln als das Bewußtsein selbst".[4] Ein Skeptizismus aber, der den Tatsachen des Bewußtseins eine unleugbare Gewißheit zuschreibt, hat wenig mit dem Skeptizismus der Alten zu tun. Diese haben ja gerade jede Wahrnehmung als bloßen Schein erklärt und behauptet, man könne jedes wahrgenommene Objekt genau mit dem gegenteiligen Attribut prädizieren, auch wenn es der sinnlichen Empfindung diametral entgegengesetzt sei. Zum Beispiel könne man ebensogut den Honig als bitter wie als süß bezeichnen.[5] Daneben gibt es für Hegel einen weiteren Grund, Schulzes Skeptizismus für einen dogmatischen Skeptizismus zu halten: Sowohl die Behauptungen der Physik und der Astronomie als auch das analytische Denken werden bei diesem für unumstößliche Wahrheiten gehalten, während „die edle Seite des späteren alten Skeptizismus" gerade dies ausmacht, daß er sich „gegen das beschränkte Erkennen, gegen das endliche Wissen wendet".[6] Wenn wir uns diese Kritik Hegels an Schulzes neuestem Skeptizismus klargemacht haben, können wir leicht die hypothetische Frage beantworten, wie Hegel sich über den modernen Agnostizismus geäußert hätte. Sofern diese in ihrer Entstehung eng mit dem Positivismus verbundene Richtung die Gewißheit der sinnlichen Wahrnehmung betont und ihre agnostische Haltung nur bei den metaphysischen Fragen zur Geltung gebracht hätte, wäre ihr das Mißfallen Hegels sicher gewesen. Wahrscheinlich hätte er in ihr ebenso wie im neuesten Skeptizismus nicht einmal eine ‚Bauernphilosophie' sehen können; „denn diese wissen, daß alle irdischen Dinge vergänglich sind, daß also ihr Sein ebensogut ist als ihr Nichtsein".[7]

I.

Wenn wir Hegels Verhältnis zum Skeptizismus erörtern wollen, müssen wir uns also an seiner Beurteilung des antiken Skeptizismus orientieren. Die Einordnung, die der Skeptizismus in der ‚Phänomenologie des Geistes' gefunden hat, bestätigt uns die Richtigkeit dieses Vorgehens. Hier bildet er bei der von Hegel dargestellten Entwicklung des Selbstbewußtseins das Mittelglied zwischen Stoizismus und unglücklichem Bewußtsein. Stoizismus

---

3 Vgl. ebd. bes. 251.
4 Ebd. 220.   5 Vgl. ebd. bes. 224f.   6 Ebd. 250.
7 Vorlesungen über die Geschichte der Philosophie II (Werke 19), Frankfurt a. M. 1971, 376.

wird von Hegel als die „Freiheit des Selbstbewußtseins" definiert, die „als ihrer bewußte Erscheinung in der Geschichte des Geistes aufgetreten ist".[8] Es handelt sich um das Bewußtsein, „wie auf dem Throne so in den Fesseln, in aller Abhängigkeit seines einzelnen Daseins frei zu sein und die Leblosigkeit sich zu erhalten, welche sich beständig aus der Bewegung des Daseins, aus dem Wirken wie aus dem Leiden, in die einfache Wesenheit des Gedankens zurückzieht".[9] Aber diese Abstraktion von der Mannigfaltigkeit der Dinge hat keinen Inhalt an sich selbst, diese Sichselbstgleichheit des Denkens ist nur „die reine Form, in welcher sich nichts bestimmt".[10] Das denkende Bewußtsein hat sich „aus dem Dasein nur in sich zurückgezogen"; es hat „sich nicht als absolute Negation desselben an ihm vollbracht".[11] Von dieser Kritik aus wird verständlich, daß der Stoizismus zum Skeptizismus fortschreiten muß: „Der Skeptizismus ist die Realisierung desjenigen, wovon der Stoizismus nur der Begriff,– und die wirkliche Erfahrung, was die Freiheit des Gedankens ist; sie ist an sich das Negative und muß sich so darstellen."[12] Während also für den Stoizismus das Gegenständliche, das außerhalb seiner selbst Befindliche als etwas Fremdes erscheint, vor dem er sich auf sich selbst zurückzieht, konstituiert sich für den Skeptizismus das Selbstbewußtsein gerade in der Negation dieses ‚Fremden'. „Das skeptische Selbstbewußtsein erfährt . . . in dem Wandel alles dessen, was sich für es befestigen will, seine eigene Freiheit als durch es selbst sich gegeben und erhalten; es ist sich diese Ataraxie des sich selbst Denkens, die unwandelbare und wahrhaftige Gewißheit seiner selbst."[13]

Wir müssen hier etwas innehalten: Hat Hegel, wie Werner Becker meint, „unter der Hand" den Skeptizismus in einen Solipsismus umgedeutet und sich damit die Kritik an dieser philosophischen Richtung zu leicht gemacht?[14] Wie ist überhaupt Hegels Beurteilung des Skeptizismus in den größeren Zusammenhang der Kritik einzuordnen, die seit ihrem Entstehen an dieser philosophischen Konzeption geübt wurde? Wollte man versuchen, diese Kritik in einer Formel zusammenzufassen, so könnte man sagen, sie bestehe in dem Vorwurf mangelnder Konsequenz. Der Skeptiker, der alles bezweifelt, müßte auch seine eigene skeptische Aussage bezweifeln. Wenn er hingegen dieselbe als dogmatische Behauptung gelten lassen will, wider-

8 Phänomenologie des Geistes, Hamburg [6]1952, 152.
9 Ebd. 153. Die durch Kursivschrift hervorgehobenen Stellen werden von mir nicht besonders markiert.
10 Ebd. 154.   11 Ebd.   12 Ebd. 154 f.
13 Ebd. 156. – Vgl. zur Ataraxie der Skeptiker die von *M. Hossenfelder* verfaßte Einleitung zu: Sextus Empiricus, Grundriß der pyrrhonischen Skepsis, Frankfurt a. M. 1968, 9–88, bes. 31 f. und 66.
14 Hegels Phänomenologie des Geistes, Stuttgart u. a. 1971, 75.

legt er sich selbst. Die wahren Skeptiker, allen voran Sextus Empiricus, haben es nun allerdings verstanden, ihre ‚Position' so vorzutragen, daß dieser Einwand sie nicht trifft. Sie haben es bewußt vermieden, ihre Skepsis a priori zu begründen – sonst wären sie nicht über einen negativen Dogmatismus hinausgekommen, für den alle gegen den Dogmatismus vorgebrachten Einwände in gleichem Maße gültig sind. Sie begnügen sich also mit dem Nachweis konkreter Isosthenien, das heißt, sie zeigen, daß jeder Behauptung eine gegenteilige Behauptung entgegengesetzt werden kann, für die gleichwertige Gründe angeführt werden können wie für die Behauptung selbst.[15] Die eigene skeptische Haltung resultiert zwar aus diesen Isosthenien, sie kann sich aber nicht als logisch zwingende Folge derselben präsentieren – sonst wäre man wieder beim dogmatischen Skeptizismus angelangt; die Skeptiker können dieselbe nur als eine für den Augenblick gültige subjektive Erfahrung darstellen. Die konsequente Bestreitung jeglicher Form des Dogmatismus schlägt um in einen Subjektivismus, und eben dieser Subjektivismus wird von Hegel kritisiert. Er meint, daß die von Sextus Empiricus propagierte Subjektivität des Wissens im Grunde jede Möglichkeit einer Kommunikation ausschließen muß. Wenn ich jede meiner Behauptungen mit dem Zusatz ‚was mich betrifft' oder ‚wie es mir scheint' versehe,[16] erhalten dieselben einen Status persönlicher Beliebigkeit, so daß sie für niemand anderen von Interesse sein können. „Diese rein negative Haltung, die bloße Subjektivität und Scheinen bleiben will, hört eben damit auf, für das Wissen etwas zu sein; wer fest an der Eitelkeit, daß es *ihm* so scheine, *er* es so meine, hängenbleibt, seine Aussprüche durchaus für kein Objektives des Denkens und des Urteilens ausgegeben wissen will, den muß man dabei belassen, – seine Subjektivität geht keinen anderen Menschen, noch weniger die Philosophie oder die Philosophie sie etwas an."[17] Allerdings muß die Gültigkeit der Hegelschen Kritik insofern eingeschränkt werden, als die philosophische Skepsis sich keineswegs in einer ausschließlich subjektiven Weise darstellt, wie man nach dem oben wiedergegebenen Zitat vermuten

15 Ich verweise hier wieder auf die ausgezeichnete Einführung von *M. Hossenfelder*, a. a. O. bes. 42 ff.
16 Vgl. Grundriß der pyrrhonischen Skepsis I, 198 f.
17 Verhältnis des Skeptizismus zur Philosophie (Werke 2), 249. So wird verständlich, daß *Hegel* in der Logik Schein und Skeptizismus einander zuordnen konnte: „So ist der Schein das Phänomen des Skeptizismus oder auch die Erscheinung des Idealismus eine solche Unmittelbarkeit, die kein Etwas oder kein Ding ist, überhaupt nicht ein gleichgültiges Sein, das außer seiner Bestimmtheit und Beziehung auf das Subjekt wäre. ‚Es ist' erlaubte sich der Skeptizismus nicht zu sagen . . . jener Schein sollte überhaupt keine Grundlage eines Seins haben . . . Zugleich aber ließ der Skeptizismus mannigfaltige Bestimmungen seines Scheins zu, oder vielmehr sein Schein hatte den ganzen mannigfaltigen Reichtum der Welt zum Inhalt" (Wissenschaft der Logik II [Werke 6], Frankfurt a. M. 1969, 20).

könnte. Der Nachweis konkreter Isosthenien bildet durchaus eine objektive Basis für den Skeptizismus, der sich als solcher nur deshalb nicht in der gleichen Objektivität präsentieren will, weil er sonst der Gefahr des Dogmatismus erliegen zu müssen meint. Vielleicht hat Hegel selbst gesehen, daß seine Kritik der philosophischen Skepsis in dieser Hinsicht ungenügend war: In der fünf Jahre nach der Rezension von Schulzes Werk erschienenen ‚Phänomenologie des Geistes' hat er sie jedenfalls erheblich anders akzentuiert. Der Fortschritt, der über diese Stufe der Skepsis hinausführt, wird nun nicht damit begründet, daß die reine Negativität oder Subjektivität höchste Objektivität hervorrufen müsse, wie man es nach Hegels Rezension vermuten könnte [18] – dieser Fortschritt vollzieht sich in der Phänomenologie in einer sehr differenzierten Weise, die wir nun eingehender betrachten müssen.

Um die Kritik des Skeptizismus, die Hegel in der Phänomenologie vorgetragen hat, besser verstehen zu können, müssen wir uns indessen die Aussagen dieser Philosophie noch genauer vergegenwärtigen. Man kann dieselbe nur dann richtig begreifen, wenn man sich darüber im klaren ist, daß für den Pyrrhonismus [19] das Erkenntnisproblem keinen Selbstzweck darstellt, sondern in einem größeren, ethischen Zusammenhang gesehen werden muß. Die Pyrrhoneer erblicken die Glückseligkeit in der Ataraxie, der ‚Seelenruhe', „und die Art, wie sie diese verstanden, ist der eigentliche auslösende und bestimmende Faktor ihrer Skepsis". [20] Dabei entsteht nun ein paralleles Problem, wie wir es im Bereich der Erkenntnistheorie bereits erörtert haben: Diese Ataraxie soll nicht als objektiver Wert verstanden werden, so daß es die Aufgabe der Skeptiker wäre, eine ethische Konzeption zu entwerfen, bei deren Befolgung man dann schließlich und endlich dieses höchste ethische Ziel erreichen könnte. Dann würden ja die Skeptiker in ihrer Ethik ihre skeptische Haltung verlassen, sie würden sich hier in einen Widerspruch zu ihren sonstigen Maximen setzen. Nein, diese Ataraxie, diese Gleichgültigkeit muß sich quasi von selbst ergeben, so wie das Sextus Empiricus in seiner berühmten Definition der Skepsis anzudeuten sucht: „Die Skepsis ist die Kunst, auf alle mögliche Weise erscheinende und gedachte Dinge einander entgegenzusetzen, von der aus wir wegen der Gleichwertigkeit der entgegengesetzten Sachen und Argumente zuerst zur Zurückhaltung, danach zur Seelenruhe gelangen." [21] Die Gleichgültigkeit

---

18 Vgl. Werke 2, 249: „Die reine Negativität oder Subjektivität ist also entweder gar nichts, indem sie sich in ihrem Extrem vernichtet, oder sie müßte zugleich höchst objektiv werden . . ."
19 Pyrrhon von Elis war der Begründer der skeptischen Schule.
20 *Hossenfelder*, a. a. O. 31.   21 Grundriß I, 8.

muß also sich selbst einschließen, sie muß sich zur Gleichgültigkeit gegenüber der Gleichgültigkeit vervollkommnen. Das hat zum Beispiel zur Folge, daß die Unterdrückung der sinnlichen Affekte nicht den Intentionen der skeptischen Ethik entspricht. Es ist ihr nicht möglich, „dem von Hunger oder Durst Gepeinigten oder dem beim Essen und Trinken Lust Empfindenden die Überzeugung einzuimpfen, daß er nicht gepeinigt werde oder keine Lust empfinde".[22] Die Gleichgültigkeit gegenüber der Gleichgültigkeit ermöglicht gerade die Anerkennung der sinnlichen Affekte.[23] Damit ist jedoch die entscheidende Frage noch nicht beantwortet, wie nach dieser Ethik ein Handeln überhaupt möglich sein soll. Hat die Aufhebung aller Werte nicht mit Notwendigkeit zur Folge, daß der Skeptiker nach seiner Lehre gar nicht handeln kann? Da das ganze Leben aus Entscheidungen besteht, muß er, wenn er nicht das eine wählen und das andere meiden will, das Leben generell verneinen. Wenn er sich dennoch für eine Möglichkeit entscheidet, verwickelt er sich in einen Widerspruch: Er ist nämlich davon überzeugt, daß es Dinge gibt, die man erstreben, und solche, die man meiden muß. Die Antwort, die Sextus Empiricus auf diesen Einwand gibt, lautet folgendermaßen: „Wenn sie dieses sagen, verstehen sie nicht, daß der Skeptiker nach der philosophischen Lehre nicht lebt – denn nach deren Bedingungen ist er untätig –, daß er aber, der unphilosophischen Erfahrung folgend, das eine wählen, das andere meiden kann."[24] Was ist aber mit dieser unphilosophischen Erfahrung gemeint? Man wird antworten können: schlicht die Normalität der Lebensweise, wie sie von den jeweils verschiedenen Lebensumständen bestimmt wird. Man kann darunter die Lebensform des jeweiligen Heimatlandes verstehen, deren festen Begriffen von Gut und Übel jedermann als etwas Selbstverständlichem folgt, bevor er mit der philosophischen Reflexion beginnt. Natürlich würde jeder Skeptiker sofort zugeben, daß diese Begriffe zufällig sind, daß sie genausogut anders, ja entgegengesetzt sein könnten. Da aber ohnehin nicht entscheidbar ist, welche Begriffe die wahren sind, empfiehlt es sich, bei den Vorstellungen zu bleiben, an die man sich von Jugend auf gewöhnt hat.

22 *Hossenfelder*, a. a. O. 39. Er bezieht sich hier auf das größere Werk des Sextus Empiricus, das gewöhnlich den Titel ‚Adversus Mathematicos' trägt (XI, 141–149).
23 Vgl. *Hossenfelder*, a. a. O. 40.
24 Vgl. ebd. 69. Mit dieser Stelle, die sich in dem Werk ‚Adversus Mathematicos' XI 165f. findet, hängt eine andere, dem ‚Grundriß der pyrrhonischen Skepsis' entnommene zusammen, die folgendermaßen lautet: „Wir halten uns . . . an die Erscheinungen und leben undogmatisch nach der alltäglichen Lebenserfahrung, da wir gänzlich untätig nicht sein können" (I, 23 – ich zitiere immer nach der Übersetzung von M. Hossenfelder). Für *Hegel* war diese von ihm ausdrücklich zitierte (vgl. Werke 2, 224) These des Sextus Empiricus von großer Bedeutung, da sie die von ihm in der Phänomenologie herausgestellte Diskrepanz von Lehre und Leben beleuchtet, die für die Skeptiker der Antike charakteristisch ist.

Nun wird man schwerlich diese Konzeption der Skeptiker für faszinierend halten, selbst wenn sie aus ihren eigenen Prämissen konsequent entwickelt sein sollte. Im Grunde überläßt sie das Handeln der bloßen Normalität, was auch immer dieser Begriff im einzelnen Fall besagen soll, während sie ihrer eigenen philosophischen Ethik nur in einem abgesonderten Bereich gerecht wird, der mit dem alltäglichen Leben nichts zu tun hat. Eine Lehre vom Handeln aber, die den Begriff der Normalität zu ihrer Maxime erhebt, scheint mir die schlechteste aller denkbaren Möglichkeiten zu sein. Im übrigen hilft diese Maxime da nicht weiter, wo es um im eigentlichen Sinn existentielle Situationen geht, in denen eine verantwortliche Entscheidung getroffen werden muß. Insofern hatten die Gegner des Skeptizismus gar nicht so unrecht, wenn sie folgenden von Sextus Empiricus wiedergegebenen Einwand formulierten: Wie soll sich jemand entscheiden, der unter die Herrschaft eines Tyrannen gerät und gezwungen wird, etwas Verbotenes zu tun: Entweder kann er es mit seinem Gewissen nicht vereinbaren, dem Befehl nachzukommen, und geht so freiwillig in den Tod, oder er fürchtet die Folter und führt das Befohlene aus.[25] Man sieht, daß hier der Hinweis auf die Sitten des Heimatlandes und dergleichen Normalitäten mehr nichts austrägt.

Von daher ist es nicht verwunderlich, daß Hegel in der Phänomenologie seine Kritik am Skeptizismus mit dem Gegensatz begründet hat, der hier zwischen philosophischer Zurückgezogenheit und alltäglichem Leben besteht. Die „Ataraxie des sich selbst Denkens",[26] die unwandelbare und wahrhafte Gewißheit, die das Selbstbewußtsein in der Negation alles anderen erfährt, ist ja nur die eine Seite; die andere Seite besteht darin, daß diese Gewißheit sich wieder auflöst, indem das Selbstbewußtsein seiner Zufälligkeit gewahr wird. Nur wenn man diese Kontradiktion, die von Sextus Empiricus in dem Satz: „Wir halten uns an die Erscheinungen und leben undogmatisch nach der alltäglichen Lebenserfahrung, da wir gänzlich untätig nicht sein können"[27] in klassischer Weise zusammengefaßt wird, beachtet, kann man die Kritik verstehen, die Hegel in der Phänomenologie am Skeptizismus übt.[28] Sofern das Bewußtsein sich seine alltägliche Daseinsform klarmacht, ist es

---

25 Vgl. Adversus Mathematicos XI, 162–164. Dieses Argument der Gegner des Sextus Empiricus scheint mir also doch gewichtiger zu sein, als es nach den Ausführungen *Hossenfelders* den Anschein hat, der meint, daß man so den Pyrrhonismus nicht widerlegen oder ad absurdum führen könne. Es sei vielmehr den Pyrrhoneern gelungen, nachzuweisen, „wie sie auch in Übereinstimmung mit ihrer Lehre überhaupt handeln konnten, und zwar ohne daß damit irgendwelche Konzessionen an den Dogmatismus verbunden gewesen wären" (a. a. O. 68).

26 *Hegel*, Phänomenologie des Geistes, 156.

27 S. o. Anm. 24.

28 Wenn *W. Becker* sich die Mühe gemacht hätte, genau zu erkunden, auf wen sich Hegel bei

„in der Tat, statt sichselbstgleiches Bewußtsein zu sein, nur eine schlechthin zufällige[29] Verwirrung, der Schwindel einer sich immer erzeugenden Unordnung. Es ist dies für sich selbst; denn es selbst erhält und bringt diese sich bewegende Verwirrung hervor. Es bekennt sich darum auch dazu, es bekennt, ein ganz zufälliges, einzelnes Bewußtsein zu sein, – ein Bewußtsein, das empirisch ist, sich nach dem richtet, was keine Realität für es hat, dem gehorcht, was ihm kein Wesen ist, das tut und zur Wirklichkeit bringt, was ihm keine Wahrheit hat. Aber ebenso, wie es sich auf diese Weise als einzelnes, zufälliges . . . Selbstbewußtsein gilt, macht es sich im Gegenteil auch wieder zum allgemeinen sichselbstgleichen; denn es ist die Negativität aller Einzelheit und alles Unterschiedes. Von dieser Sichselbstgleichheit oder in ihr selbst vielmehr fällt es wieder in jene Zufälligkeit und Verwirrung zurück . . . Dies Bewußtsein ist also diese bewußtlose Faselei, von dem einen Extreme des sichselbstgleichen Selbstbewußtseins zum andern des zufälligen, verworrenen und verwirrenden Bewußtseins hinüber und herüber zu gehen. Es selbst bringt diese beiden Gedanken seiner selbst nicht zusammen; es erkennt seine Freiheit einmal als Erhebung über alle Verwirrung und alle Zufälligkeit des Daseins und bekennt sich ebenso das andremal wieder als ein Zurückfallen in die Unwesentlichkeit und als ein Herumtreiben in ihr."[30] Der Widerspruch des Skeptizismus, der darin besteht, daß der Skeptiker die Gegebenheiten philosophisch negiert, die er zugleich in der alltäglichen Lebenserfahrung als bestimmend anerkennt, wird von Hegel im folgenden in unüberbietbarer Prägnanz formuliert: „Es

seiner Beurteilung des Skeptizismus bezieht, hätte er seinen Vorwurf, er habe die Grundposition der antiken Skepsis trivialisiert (a. a. O. 74), wohl überdenken müssen. Hegels Kronzeuge für den Skeptizismus war nämlich weder Pyrrho noch gar der Neuakademiker Karneades, wie Becker in einer Art freihändigen Räsonierens vermutet (vgl. ebd.), sondern der von ihm nicht erwähnte Sextus Empiricus. Zudem erweist sich Hegel seinem Kritiker Becker darin als überlegen, daß er die Philosophie der Neuakademiker und den von Pyrrho und Sextus repräsentierten Skeptizismus nicht in einen Topf wirft, sondern getrennt behandelt (vgl. Werke 19, 5 f.). Sextus Empiricus konnte in der Philosophie der Neuen Akademie nur einen dogmatischen Skeptizismus sehen, da sie die prinzipielle Unerkennbarkeit aller Dinge behauptet. Der Skeptiker rechnet demgegenüber mit der Möglichkeit, „daß einiges auch erkannt wird" (Grundriß I, 226, vgl. auch *Hossenfelder*, a. a. O. 12 ff.).

29 Daß Hegel hier den Begriff des Zufalls gebraucht, zeigt ebenfalls, wie genau er sich mit der Philosophie des Sextus Empiricus beschäftigt hat. Im Anschluß an die von uns schon vor Anm. 24 zitierte Stelle aus ‚Adversus Mathematicos' XI, 165 f., geht Sextus auf das von uns ebenfalls schon erwähnte Tyrannen-Beispiel seiner Gegner ein und sagt dazu folgendes: „Und wenn er von einem Tyrannen gezwungen wird, etwas Verbotenes zu tun, wird er mit Hilfe des Vorbegriffs, der sich in seiner Väter Sitte und Gesetz ausdrückt, zufällig (!) das eine wählen und das andere meiden" (Adversus Mathematicos XI, 165 f., die Übersetzung bei *Hossenfelder*, a. a. O. 69). *Hossenfelder* hebt in seiner Erläuterung dieses Zitats die Bedeutung des Wortes ‚zufällig' hervor (vgl. ebd. 69 f.).

30 *Hegel*, Phänomenologie des Geistes, 157.

[das skeptische Selbstbewußtsein – R. L.] läßt den unwesentlichen Inhalt in seinem Denken verschwinden, aber eben darin ist es das Bewußtsein eines Unwesentlichen; es spricht das absolute Verschwinden aus, aber das Aussprechen *ist*, und dies Bewußtsein ist das ausgesprochne Verschwinden; es spricht die Nichtigkeit des Sehens, Hörens usf. aus, und es sieht, hört usf. selbst; es spricht die Nichtigkeit der sittlichen Wesenheit aus und macht sie selbst zu den Mächten seines Handelns. Sein Tun und seine Worte widersprechen sich immer . . ."[31] Die Kritik, die Hegel am Skeptizismus übt, richtet sich also nicht darauf, daß der Skeptiker gegenüber seiner eigenen Theorie nicht skeptisch ist und sich deshalb in einen Widerspruch verwickelt. Hegel ist sich darüber im klaren, daß Sextus in seiner Philosophie diesem Einwand Rechnung zu tragen wußte. Seine Kritik zielt auch nicht auf den Gegensatz, der zwischen der negativen Tätigkeit des Selbstbewußtseins und dessen eigener Dignität besteht.[32] Sie thematisiert vielmehr den Widerspruch zwischen der philosophischen Einstellung des Skeptikers auf der einen und dessen Verhalten im alltäglichen Leben auf der anderen Seite. Das Leben als solches widerstreitet der Skepsis; denn man kann überhaupt nur dann leben, wenn man ständig eine Unzahl affirmativer Akte vollzieht. Wie kann aber dann der Skeptiker Skeptiker bleiben und dennoch zugleich leben? Sein Selbstbewußtsein hat zwar „das gedoppelte widersprechende Bewußtsein der Unwandelbarkeit und Gleichheit und der völligen Zufälligkeit und Ungleichheit"[33] an sich. „Aber es hält diesen Widerspruch seiner selbst auseinander; und verhält sich darüber wie in seiner rein negativen Bewegung überhaupt. Wird ihm die Gleichheit aufgezeigt, so zeigt es die Ungleichheit auf; und indem ihm diese, die es eben ausgesprochen hat, jetzt vorgehalten wird, so geht es zum Aufzeigen der Gleichheit über . . ."[34] Nur dieses Auseinanderhalten des Widerspruchs ermöglicht es nach Hegel dem Skeptiker, Skeptiker zu bleiben; wäre es anders, würde er diese beiden entgegengesetzten Seiten in seinem Selbstbewußtsein zusammenbringen, könnte er nicht mehr Skeptiker sein, er müßte zur nächsten Stufe übergehen, die Hegel in seiner Phänomenologie analysiert, der Stufe des unglücklichen Bewußtseins.

Mit dieser Kritik Hegels wird die Frage nach der Möglichkeit der skeptischen Existenz gestellt. Wir haben gesehen, daß nur das Auseinanderhalten des oben aufgezeigten Widerspruchs für Hegel die Möglichkeit einer sol-

---

31 Ebd.
32 Diesen Gegensatz hat besonders *Augustin* in seiner Kritik an der akademischen Philosophie hervorgehoben (vgl. u. a. De civitate Dei XI, 26).
33 *Hegel*, Phänomenologie des Geistes, 157 f.
34 Ebd. 158.

chen Existenz begründet, aber wir müssen uns überlegen – und damit gehen wir über die Kritik Hegels hinaus –, ob überhaupt eine Existenzform denkbar ist, die dieses Auseinanderhalten im täglichen Leben realisiert. Kann man sich wirklich vorstellen, daß der Skeptiker immer nur von einem Pol zum andern springt, ohne jemals die Beziehung beider Pole zueinander zu reflektieren? Solche Frage nach der Möglichkeit einer konkreten Existenzform ist sehr angebracht, wenn wir es mit einer ethischen Konzeption zu tun haben – und gerade darum handelt es sich bei der von Sextus Empiricus vorgetragenen Philosophie. Doch wie sollen wir versuchen, diese Frage zu beantworten? Eine empirische Analyse der wenigen in der Gegenwart lebenden Skeptiker können wir ja nicht vornehmen, wir müssen uns also an schriftlich fixierten Dokumenten orientieren. Dabei ist für uns vor allem von Interesse, ob nicht irgendwo in der Literatur eine skeptische Existenz so beschrieben worden ist, daß wir diese Darstellung in den Gang unserer Überlegungen einbeziehen können. In der Tat meine ich, daß das der Fall ist, und zwar denke ich an die Gestalt Kiriloffs in Dostojewskijs ‚Die Dämonen‘.[35] Wir wollen uns im folgenden ein wenig mit dieser Gestalt befassen und fragen, wie sich die hier beschriebene skeptische Existenzform zur antiken Skepsis und zu Hegels Analyse dieser philosophischen Richtung verhält. Damit verschaffen wir uns die Möglichkeit, nicht nur die antike Skepsis, die für Hegel im Vordergrund stand, in den Blick zu bekommen, sondern auch eine Form des modernen Skeptizismus in ihrer Bedeutung für das uns gestellte Thema zu würdigen.

Man kann sagen, daß Kiriloff mit dem Skeptizismus der Antike wirklich Ernst gemacht hat, daß er diese philosophische Haltung in einer Weise existentiell nachvollzog, wie das in der Antike undenkbar gewesen wäre. So sehr die antiken Skeptiker ihre philosophische Anschauung vervollkommneten, so sehr sie die Gleichgültigkeit zur Maxime ihrer Konzeption erhoben, so sehr scheuten sie davor zurück, diese Prinzipien auf ihr eigenes Leben anzuwenden. Die von Hegel kritisch analysierte Trennung von philosophischer Haltung und alltäglichem Leben läßt sich ja gerade darauf zurückführen, daß die antiken Skeptiker nie auf den Gedanken kamen, ihr eigenes Leben in Frage zu stellen, daß sie es als etwas Selbstverständliches hinnahmen, dem man irgendwie gerecht werden müsse. Kiriloff verweigert konsequent diese Trennung von Theorie und Alltag, er bezieht sein eigenes Leben ein in den Horizont der alles umfassenden Gleichgültigkeit. „Die vollständige Freiheit wird erst dann sein, wenn es ganz einerlei sein wird, ob

35 Mit Recht hat A. Kojève in diesem Zusammenhang in seinem Kommentar zur Phänomenologie auf die Gestalt Kiriloffs hingewiesen, allerdings ohne die Beziehungen im einzelnen zu erläutern (Introduction à la lecture de Hegel, Paris 1947, 66).

man lebt oder nicht. Das ist das Ziel für alles."[36] Deshalb ist für ihn die ständige Bereitschaft zum Selbstmord ein notwendiges Moment seiner skeptischen ‚Überzeugung'. Die Verweigerung dieser Trennung hat aber auch erhebliche Konsequenzen für die Ethik. Jene Devise des Normalverhaltens, die der antike Skeptiker für das alltägliche Leben empfiehlt, kann für einen Kiriloff keine Bedeutung mehr haben. Auch im Bereich der Ethik kommt die unumschränkte Gleichgültigkeit zur Geltung, und zwar äußert sie sich bei Kiriloff so, daß er jede Handlung gutheißt. So antwortet er auf die Frage Stawrogins: „Und wenn jemand Hungers stirbt, oder ein kleines Mädchen beleidigt oder entehrt – ist das auch gut?": „Ja, auch gut. Und wenn jemand eines Kindes wegen einen Kopf zerschmettert, so ist auch das gut, und wenn er nicht zerschmettert, ist es auch gut. Alles ist gut, alles."[37] Schließlich macht nicht nur Kiriloffs Haltung zum eigenen Leben im allgemeinen, sondern auch sein Verhalten im ‚alltäglichen' Leben die Radikalität und unerbittliche Konsequenz seiner Skepsis deutlich. Kiriloffs Skepsis stellt jene affirmativen Handlungen in Frage, aus denen sich das Leben zusammensetzt. Wir haben gesehen, daß Hegel schon den natürlichen Sprachgebrauch jener Affirmation des täglichen Lebens zurechnete, die sich als Widerspruch zur skeptischen Grundeinstellung präsentieren muß. Dostojewskij führt anhand der Gestalt Kiriloffs in erregender Weise vor, daß konsequente Skepsis diesen natürlichen Sprachgebrauch nicht unbeeinflußt lassen kann. In dem Gespräch mit Kiriloff, in dem er sich selbst als Partner Kiriloffs beschreibt, findet sich ein bezeichnender Wortwechsel, der diesen Zusammenhang deutlich macht. Am Ende des Gesprächs stellt der Erzähler, schon im Aufbruch begriffen, noch eine Frage an Kiriloff: „Aber sagen Sie doch, wenn Sie die Frage gestatten, warum sprechen Sie manchmal so sonderbar . . . so sonderbar falsch? – ich meine: in unvollständigen Sätzen? Sollten Sie wirklich in den fünf Jahren im Auslande Ihre Muttersprache verlernt haben?" „Spreche ich denn falsch? Ich weiß nicht. Nein, nicht weil ich im Auslande war. Ich habe immer so gesprochen . . . es ist mir egal."[38] Aber vielleicht könnte ein Verteidiger der antiken Skepsis einwenden, bei den Anschauungen Kiriloffs habe man es gar nicht mit wirklicher Skepsis zu tun. Wie ließe sich sonst die assertorische Form erklären, in der er immer wieder seine Ansichten vorbringt?[39] Meines Erachtens kann gerade dieser Einwand die Kritik der antiken Skepsis veranschaulichen, die eine Deutung der Gestalt Kiriloffs impliziert. Wer wirklich mit der Skepsis Ernst macht, kann sich nicht mehr mit der reservatio mentalis des subjektiven Scheins zufrieden geben, die Sextus Empiricus uns empfiehlt.

36 *F. M. Dostojewskij*, Die Dämonen, übertr. von E. K. Rahsin, Frankfurt a. M. 1973, 113.
37 Ebd. 233.   38 Ebd. 114f.   39 Vgl. ebd. 111ff. und 231ff.

Damit sind aber auch die Grenzen von Hegels Behandlung des Skeptizismus markiert. Diese Grenzen sind darin begründet, daß Hegel nur die antike Form des Skeptizismus kennen konnte, während ihm die Radikalität der neuen Skepsis, die nur als Antithese zum Christentum verständlich wird,[40] unbekannt sein mußte. Sonst hätte er sich sicher nicht damit begnügt, dem Skeptizismus eine Mittelstellung zwischen Stoizismus und unglücklichem Bewußtsein, also der jüdischen Religion und Formen des Christentums,[41] zuzuweisen. Aber auch eine detailliertere Analyse erweist, daß Hegels Bemerkungen zum Skeptizismus als unzulänglich erscheinen müssen, wenn wir sie von der Form der modernen Skepsis aus, wie sie uns in der Gestalt Kiriloffs vor Augen geführt wurde, betrachten. Das skeptische Selbstbewußtsein muß nicht unbedingt den Widerspruch seiner selbst auseinanderhalten, es kann ihn, wie das Beispiel Kiriloffs zeigt, zu einer Einheit zusammenbringen. Bei Kiriloff ist die „Gedankenlosigkeit des Skeptizismus über sich selbst"[42] verschwunden, ohne daß er deshalb – darin besteht der Unterschied zur Meinung Hegels! – aufgehört hätte, ein Skeptiker zu sein. Hegel kannte noch nicht den Skeptizismus als bewußte Antithese zur christlichen Religion – insofern können seine Ausführungen heute nur noch eine begrenzte Bedeutung beanspruchen.

II.

Wenn sich Hegel auch, wie wir sahen, bei seinen Ausführungen über die Skepsis an der antiken Philosophie orientiert, so besagt das nicht, daß seine Darlegungen nur als Einordnung eines historischen Phänomens verstanden werden könnten. Der Skeptizismus ist nämlich für ihn ein notwendiges Moment jeder Philosophie, und im folgenden wollen wir untersuchen, in welcher Weise das der Fall ist. Sofern sich diese philosophische Richtung gegen

---

40 Daß der Skeptizismus Kiriloffs nur als Antithese zum Christentum verstanden werden kann, machen seine messianischen oder, besser gesagt, antimessianischen Ausführungen im Gespräch mit Stawrogin ganz deutlich: „„Wer da lehren wird, daß alle gut sind, wird die Welt vollenden.' ‚Der das lehrte, den hat man gekreuzigt', sagte Stawrogin. ‚Er wird kommen und sein Name wird sein: Menschgott.' ‚Gottmensch?' ‚Nein, Menschgott. Das ist der Unterschied'" (ebd. 233). Freilich könnte man es einem Skeptiker der Antike nicht übelnehmen, wenn er sich in einem solchen in der Auseinandersetzung mit dem Christentum geprägten Skeptizismus nicht wiederfinden könnte. Hat nicht die christliche Religion die Skepsis der Antike zu einer unwiederbringlichen Möglichkeit des Philosophierens gemacht? Allerdings werden wir sehen, daß auch in der Moderne der antike Skeptizismus seine Aktualität nicht verloren hat.

41 Vgl. dazu meine Arbeit: Die außerchristlichen Religionen bei Hegel, Göttingen 1975, 166 ff.

42 *Hegel*, Phänomenologie des Geistes, 158.

den Dogmatismus in der Philosophie richtet, findet sie Hegels ungeteilten Beifall. Das Wesen dieses Dogmatismus besteht darin, „daß er ein Endliches, mit einer Entgegensetzung Behaftetes (zum Beispiel reines Subjekt oder reines Objekt oder in dem Dualismus die Dualität der Identität gegenüber) als das Absolute setzt".[43] Indem nun die skeptische Philosophie von diesem Absoluten zeigt, „daß es eine Beziehung auf das von ihm Ausgeschlossene hat und nur durch und in dieser Beziehung auf ein Anderes, also nicht absolut ist",[44] nimmt sie die Aufgabe der Vernunft wahr. Damit kommt ihr genau die Funktion zu, die Hegel im Zusammenhang seines philosophischen Systems der Dialektik zuweist. Hegel bestimmt ja die Dialektik als das „immanente Hinausgehen, worin die Einseitigkeit und Beschränktheit der Verstandesbedingungen sich als das, was sie ist, nämlich als ihre Negation darstellt."[45] Deshalb kann er dazu kommen, die Dialektik durch den Skeptizismus zu erklären: „Das Dialektische, vom Verstande für sich abgesondert genommen, macht, insbesondere in wissenschaftlichen Begriffen aufgezeigt, den Skeptizismus aus; er enthält die bloße Negation als Resultat des Dialektischen."[46] So werden die lobenden Worte verständlich, die Hegel finden kann, wenn er auf den Skeptizismus zu sprechen kommt. Es gereicht dieser Philosophie zur Ehre, „über das Negative dies Bewußtsein sich gegeben zu haben und die Formen des Negativen sich so bestimmt gedacht zu haben".[47] Das Verfahren der Skeptiker, „in allem unmittelbar Angenommenem aufzuzeigen, daß es nichts Festes, nichts an und für sich ist", ist „von der höchsten Wichtigkeit".[48] So ist der Skeptizismus im Recht, wenn er gegen die dogmatischen Philosophien, welcher Art sie auch immer seien, zu Felde zieht. Seine Opposition gegen das „verständige Denken . . . welches die bestimmten Unterschiede als letzte, als seiende gelten läßt",[49] ist der Anfang jeder wahren Philosophie. Die „wahrhafte Kenntnis der Idee ist diese Negativität, die im Skeptizismus ebenso einheimisch ist."[50] Der Unterschied besteht nur darin, „daß die Skeptiker bei dem Resultat als einem Negativen stehenbleiben: dies und dies hat einen Widerspruch in sich, also löst es sich auf, also ist es nicht. Dies Resultat ist so das Negative; aber das Negative selbst ist wieder eine einseitige Bestimmtheit gegen das Positive, d. h. der Skeptizismus verhält sich nur als Verstand. Er verkennt, daß diese Negation ebenso affirmativ ist, ein bestimmter Inhalt in sich; denn es ist Negation der Negation, näher die unendliche Affirmation, die sich auf sich beziehende Negativität."[51] Der Vorwurf

43 Werke 2, 245.   44 Ebd.

45 Enzyklopädie der philosophischen Wissenschaften im Grundrisse, 1. Teil, § 81 (Werke 8), Frankfurt a. M. 1970, 172.

46 Ebd.   47 Werke 19, 394.   48 Ebd. 395.   49 Ebd. 360.   50 Ebd.   51 Ebd.

mangelnder Konsequenz, der den Skeptizismus seit seiner Entstehung begleitet, begegnet uns also hier wieder: Hegel thematisiert nun nicht den Widerspruch von Theorie und alltäglichem Leben, er versucht vielmehr zu zeigen, daß das skeptische Denken als solches der Folgerichtigkeit entbehrt. Wäre es konsequent, müßte es über sich hinausführen, müßte es zur spekulativen Philosophie fortschreiten, die den Skeptizismus, also die Dialektik, als ein Moment ihrer selbst begreift, aber bei ihm nicht stehen bleibt. So ist es zu verstehen, daß er die Argumente des Skeptizismus gelten läßt, sofern sie sich gegen den Dogmatismus der Verstandesphilosophie richten, daß er aber meint, daß sie gegen die spekulative Philosophie nichts austragen können. „Gegen den Begriff als Begriff, absoluten Begriff, geht der Skeptizismus nicht; der absolute Begriff ist vielmehr seine Waffe, nur daß er kein Bewußtsein darüber hat."[52] Wenn der Skeptizismus sich gegen eine spekulative Idee wendet, so kann das nur so geschehen, daß er, wie Hegel sich ausdrückt, „dem Unendlichen erst die Krätze" gibt, „um es kratzen zu können",[53] seine Argumentation also als unzulänglich angesehen werden muß. Er führt das am Beispiel der Idee über den intellectus aus, die besagt, daß dieser sich selbst erkenne, „als das Sichselbstdenken des Denkens; daß das Denken das Denken des Denkens sei, das absolute Denken, oder daß die Vernunft sich selbst begreift und in ihrer Freiheit bei sich selbst ist".[54] Seiner Meinung nach trägt Sextus Empiricus bei seiner Kritik an dieser Idee „in das Verhältnis des Insichselbstdenkens des Denkens das Verhältnis . . . vom Ganzen und vom Teile nach der gewöhnlichen Verstandesbestimmung"[55] erst hinein. Darüber hinaus läßt er dieses Verhältnis „in dem Sinne als etwas Wahrhaftes unmittelbar gelten . . . wie in der gemeinen nichtigen Vorstellung . . .: ein Ganzes; also bleibt außer ihm nichts übrig. Aber das Ganze ist eben dies, sich entgegengesetzt zu sein . . ."[56]

Die Tatsache, daß der Skeptizismus gegen das Spekulative nichts ausrichten kann, verdeutlicht Hegel schließlich noch anhand der sprachlichen Struktur. Der von Sextus Empiricus vorgenommene Nachweis konkreter Isosthenien geht ja so vor sich, daß jeder Behauptung eine gleichwertige, aber entgegengesetzte Behauptung gegenübergestellt werden kann. Wird dieses Verfahren auf das Spekulative angewandt, so hat es keine Wirkung; denn

52 Ebd. 372.
53 Ebd. 398, vgl. auch Werke 2, 247: „Da also diese Tropen alle den Begriff eines Endlichen in sich schließen und sich darauf gründen, so geschieht durch ihre Anwendung auf das Vernünftige unmittelbar, daß sie dasselbe in ein Endliches verkehren, daß sie ihm, um es kratzen zu können, die Krätze der Beschränktheit geben."
54 Werke 19, 399.
55 Ebd. Zur Kritik des *Sextus Empiricus* vgl. ‚Adversus Mathematicos‘ VII, 310–312.
56 Werke 19, 400.

die spekulative Idee ist „nicht ein Bestimmtes, hat nicht die Einseitigkeit, welche im Satze liegt, ist nicht endlich; sondern sie hat das absolute Negative an ihr selbst, den Gegensatz in ihr selbst: sie ist in sich rund, enthält dies Bestimmte und sein Entgegengesetztes an ihr, diese Idealität in ihr selbst".[57] Das spekulative Denken überschreitet also die der Sprache gesetzten Grenzen, sofern sich dieselbe nur in einem Nacheinander von Sätzen explizieren kann. So gesehen läßt sich Hegels Kritik am Skeptizismus dahingehend zusammenfassen, daß er über diese Grenzen nicht hinauskomme, obwohl die wahre Philosophie die Aufgabe habe, dieselben zu überwinden. Der Skeptizismus bewegt sich im Bereich des Endlichen, während die spekulative Philosophie das Unendliche expliziert.

III.

Nachdem wir uns Hegels Analyse des Skeptizismus vergegenwärtigt haben, empfiehlt es sich, nochmals zum Ausgangspunkt unserer Fragestellung zurückzukehren. Muß nicht diese Analyse insgesamt als veraltet erscheinen, da sie nur den Skeptizismus, wie er sich vor allem in der antiken Philosophie ausgeprägt hat, aber nicht den modernen Agnostizismus erfassen konnte? Das wäre so, wenn dieser Agnostizismus den Skeptizismus als eine schlechthin überholte Form philosophischen Denkens erweisen könnte. Mir scheint gerade das Gegenteil der Fall zu sein! Die von Hegel mit Recht gerühmte Kraft des skeptischen Denkens kann ihre Wirksamkeit gerade gegenüber dem Agnostizismus geltend machen. Wenn der Agnostizismus nämlich die Möglichkeit sicheren Wissens bejaht und nur für den metaphysischen Bereich irgendwelche Behauptungen vermeiden will, so kann sich die Kraft der Negativität gegen dieses sichere Wissen richten, wie auch immer es eingegrenzt werden mag.

Damit, so meine ich, stellen wir nicht nur theoretische Erwägungen an, wir beschreiben vielmehr eine Entwicklung der neueren Philosophiegeschichte, die vom logischen Positivismus zum kritischen Rationalismus geführt hat. Der Agnostizismus hat sich ja in seinen Anfängen eng mit dem Positivismus verbunden – beide propagierten die Beschränkung ihrer Aussagen auf das Erfahrungsmäßige, Positive. Nun soll nicht verschwiegen werden, daß der logische Positivismus unseres Jahrhunderts sich seiner Überlegenheit gegenüber dem Positivismus des 19. Jahrhunderts voll bewußt ist, ein Überlegenheitsgefühl, das vor allem aus dem Moment der Sprachkritik resultiert, das den logischen Positivismus vor dem Positivismus des 19. Jahrhunderts

---

57 Ebd. 397.

auszeichnet. So wird es verständlich, daß der logische Positivismus nicht gewillt ist, die vom Positivismus und vom Agnostizismus im 19. Jahrhundert geschlossene Allianz aufrechtzuerhalten. A. J. Ayer zum Beispiel betont ausdrücklich, daß seine Sicht religiöser Behauptungen nicht mit der Auffassung von Atheisten oder Agnostikern verwechselt werden dürfe. Der Agnostiker bestreite ja nicht, „daß die Frage, ob es einen transzendenten Gott gibt, eine echte Frage ist, obwohl er sich hütet zu sagen, daß es einen Gott gibt oder keinen Gott gibt. Er leugnet nicht, daß die zwei Sätze ‚Es gibt einen transzendenten Gott' und ‚Es gibt keinen transzendenten Gott' Propositionen ausdrücken, deren eine wirklich wahr, deren andere falsch ist. Er sagt nur, daß wir keine Beweismittel haben, um zu sagen, welche von ihnen wahr ist, und daß wir uns deshalb zu keiner bekennen sollten. Wir haben aber gesehen, daß die fraglichen Sätze überhaupt keine Propositionen ausdrücken, und das bedeutet, daß auch der Agnostizismus unzulässig ist."[58] Aber auch diese Distanzierung vom Agnostizismus macht den logischen Positivismus nicht gegen die Kritik des skeptischen Denkens immun. Ebenso wie der Positivismus grenzt er ja einen Bereich des sicheren Wissens ab, gegen das die Skepsis die Kraft ihrer Negativität zur Geltung bringen kann. Demgegenüber ist es für unseren Zusammenhang relativ unerheblich, ob metaphysische Aussagen deshalb vermieden werden, weil für sie keine zureichenden Gründe beigebracht werden können, oder ob man sie deshalb für unzulässig hält, weil sie als solche sinnlos sind. Der kritische Rationalismus hat am logischen Positivismus die Tätigkeit des negativen Denkens vollzogen; er hat den Dogmatismus dieser philosophischen Richtung entlarvt, indem er gegen die „Dogmatisierung der Erfahrung"[59] Stellung bezog. Damit hat er deutlich gemacht, daß das philosophische Denken über den logischen Positivismus hinausgehen muß.

Wenn nun der kritische Rationalismus die dem Denken eigene Tätigkeit der Negativität vollzieht, so kann man fragen, ob es nicht legitim ist, den Skeptizismus der Antike und den kritischen Rationalismus der Moderne zu parallelisieren. Könnten wir dann nicht Hegels Kritik am Skeptizismus auch bei der Beurteilung des kritischen Rationalismus zur Geltung bringen, natürlich in einer Form, welche die Unterschiede beider Richtungen nicht aus den Augen verliert? Meiner Meinung nach ist das in der Tat der Fall, und zwar scheint mir auch gegenüber dem kritischen Rationalismus der Vorwurf mangelnder Konsequenz erhoben werden zu können, der anhand der Diskrepanz von Lehre und Leben expliziert werden müßte. Es geht also nicht um die immanente Argumentation des kritischen Rationalismus, sondern

58 Sprache, Wahrheit und Logik, Stuttgart 1970, 153.
59 Vgl. *H. Albert*, Traktat über kritische Vernunft, Tübingen ²1969, 53.

um die grundsätzliche Entscheidung für diese philosophische Richtung, eine Entscheidung, die als solche der rationalistischen Kritik nicht ausgesetzt werden kann und auch nicht ausgesetzt werden darf. H. Albert kommt in seinem Werk ‚Traktat über kritische Vernunft' zu einer Feststellung, die auf den Anschauungen K. Poppers basiert und für unseren Zusammenhang recht interessant ist: „Die Annahme einer bestimmten Methode, auch die der Methode der kritischen Prüfung, involviert insofern eine moralische Entscheidung, denn sie bedeutet die Übernahme einer für das soziale Leben sehr folgenreichen methodischen Praxis, einer Praxis, die nicht nur für die Theoriebildung, für die Aufstellung, Ausarbeitung und Prüfung von Theorien, sondern auch für deren Anwendung und damit auch für die Rolle der Erkenntnis im sozialen Leben von großer Bedeutung ist." [60] Genau da, wo es darum geht, das Verhältnis von Lehre und Leben zu erörtern, verläßt Albert den Bereich der kritisch-rationalistischen Argumentation, statuiert er eine Entscheidung, die nicht in Zweifel gezogen werden darf. So muß auch der kritische Rationalismus der Tatsache seinen Tribut zollen, daß das Leben als solches affirmativen Charakter hat, daß also eine philosophische Konzeption, die sich nicht nur innerhalb ihrer eigenen Theorie bewegt, sondern das Verhältnis Lehre – Leben ausdrücklich thematisiert, um die Statuierung von Behauptungen oder, wenn von der Ethik die Rede sein soll, von Entscheidungen nicht herumkommt. Die a priori feststehende, einer Diskussion nicht zugängliche ethische Basis sichert den Sinn der kritisch-rationalistischen Lebenshaltung. Demgegenüber hat die Argumentation des Skeptizismus eine sehr viel weniger autoritäre Struktur: Zwar kommt hier der Ethik dieselbe entscheidende Bedeutung zu wie bei den Rationalisten, aber die ethischen Maximen werden auf Grund einer phänomenalen Bestandsaufnahme entwickelt, wenn man auch wegen der skeptischen Grundhaltung von einer Begründung nicht sprechen darf. Muß man so gesehen dem Skeptizismus vor dem kritischen Rationalismus den Vorzug geben, so stellt sich in anderer Hinsicht der Sachverhalt gerade umgekehrt dar: Der kritische Rationalismus empfiehlt für das Verhalten im alltäglichen Leben nicht die billige Devise der Normalität, sondern versteht es – unter Voraussetzung der einmal getroffenen Entscheidung –, die Relevanz seiner Theorie für dieses Verhalten deutlich zu machen. Die von Hegel in der Phänomenologie thematisierte Diskrepanz von Lehre und Leben läßt sich aber bei beiden Richtungen aufweisen: Skeptische Grundhaltung und Normalität des Alltagslebens widersprechen sich ebenso wie die kritisch-rationalistische Theorie als solche und die moralische Entscheidung, die sie voraussetzen muß.

60 Ebd. 40f.

Wir haben auf die entscheidende Bedeutung hingewiesen, die der Ethik sowohl im Skeptizismus wie im kritischen Rationalismus zukommt. Diese Stellung der Ethik ist in beiden philosophischen Richtungen natürlich kein Produkt des Zufalls: Nur auf Grund ethischer Maximen wird für beide Sinn konstituiert. Dabei ist es unerheblich, ob sich dieser Sinn im Ziel der „Meeresstille des Gemüts"[61] artikuliert, das eine Diskrepanz zum alltäglichen, der Normalität überantworteten Leben bewirkt, oder ob er als kritisch-rationale Haltung propagiert wird, die im Leben zur Geltung kommen muß. Wer einerseits im Bereich bloßer Theorie über die Subjektivität persönlichen Meinens nicht hinauskommen will oder mit dem Postulat der Falsifizierbarkeit die möglichen Aussagen so einschränkt, daß ein allgemeiner Sinnbegriff in diese Argumentation nicht mehr eingeführt werden kann, wer aber andererseits die radikale Verweigerung von Sinn, wie sie uns in der Gestalt Kiriloffs exemplarisch vor Augen steht, nicht mitvollziehen will, der muß zu ethischen Maximen seine Zuflucht nehmen, die den Sinn konstituieren, den man im Leben nicht entbehren kann. Dabei eignet diesen Maximen eine autoritäre Struktur, die im Gegensatz zu den Intentionen dieser philosophischen Richtungen steht. Das liegt daran, daß sie ihre Gültigkeit ausschließlich aus sich selbst beziehen müssen, da eine Begründung im Rahmen einer umfassenden Theorie sich verbietet. Hegels Philosophie demonstriert die Notwendigkeit einer solchen Theorie; sie erfaßt das skeptische Denken, das auch im kritischen Rationalismus zur Geltung kommt, als ein Moment ihrer selbst. Indem sie aber fordert, über dasselbe hinauszugehen und zum spekulativen Denken zu gelangen, hat sie es nicht mehr nötig, autoritativ vorgegebene ethische Maximen aufzustellen, da ihr System als Ganzes Konstitution von Sinn ermöglicht. So richtet sie an den Skeptizismus und die ihm verwandten philosophischen Richtungen der Moderne die Frage, ob nicht eine Philosophie, die weiß, daß nicht das Endliche, sondern das Unendliche das Wahre ist, kritischen Intentionen besser gerecht werden kann als die Konzeptionen, welche dieselben ausdrücklich als ihr Programm deklarieren. Wenn der Skeptizismus oder der kritische Rationalismus nicht nur gegenüber allen anderen Konzeptionen, sondern auch im Blick auf ihre eigene Philosophie kritisch sind, werden sie prüfen müssen, ob sie sich der Bewegung des Hegelschen Denkens, die über die Statuierung von Sätzen und deren Widerlegung oder Infragestellung hinausführt, versagen können.

61 Vgl. *Hossenfelder*, a. a. O. 31.

Werner Post

Agnostizismus im Marxschen Denken

I.

Begriffsgeschichtlich wird übereinstimmend das Jahr 1869 als Entstehungsdatum und Th. H. Huxley als Urheber des Terminus ‚Agnostizismus' angesetzt. Er hat hier noch eine engere Bedeutung und bezeichnet die Unmöglichkeit, eine positive oder negative Entscheidung über die Frage nach der Existenz Gottes zu fällen, weil die unüberschreitbaren Grenzen des menschlichen Geistes keine definitive Antwort zulassen. In einem umfassenderen Sinn drückt ‚Agnostizismus' generell epochè gegenüber allen metaphysischen Problemen aus; damit rückt er in die Nähe von Positivismus und Empirismus, auch wenn diese bereits oft die agnostische Unentschiedenheit in Richtung auf eine definitive Festlegung auf Tatsachenerkenntnis überschritten und somit über alle nur metaphysisch erscheinenden Fragen das Sinnlosigkeitsverdikt verhängt haben.

Neben englischen Philosophen des 19. Jahrhunderts (Hamilton, Mansel, Spencer, Flint, Mill u. a.) werden auch Hume und Kant zu Vorfahren des Agnostizismus gezählt; bei Kant geschieht dies meist unter Hinweis auf die einschlägigen Passagen in der transzendentalen Dialektik der ‚Kritik der reinen Vernunft' über die Ding-an-sich-Problematik.

Für meinen Beitrag ziehe ich den erweiterten Begriff heran, nicht zuletzt, weil zwar nicht Marx, aber Engels und Lenin an allerdings wenigen Stellen von Agnostizismus in diesem Sinne sprechen. Es hat sachlich einen guten Sinn, weil diese ‚Klassiker' sehr wohl bemerkt haben, daß der antimetaphysische Duktus der Agnostiker sich nicht nur auf theologische und traditionell-metaphysische Vorstellungen richtet, sondern zentrale Grundlagenfragen der Beziehung von Subjekt-Objekt bzw. Begriff-Gegenstand überhaupt betrifft. Der materialistische Erkenntnisrealismus beruht aber ebenso wie die im Empirismus stillschweigend angenommene Existenz einer gegenständlichen Welt außerhalb des erkennenden Subjekts auf Voraussetzungen, die man selbst noch – cum grano salis – metaphysisch nennen könnte.

II.

Bündig formuliert Engels sein Urteil über Agnostizismus, den er für eine „Neubelebung der Kantschen Auffassung in Deutschland durch die Neukantianer und der Humeschen in England"[1] hält: Er sei theoretisch irrig, „wissenschaftlich ein Rückschritt und praktisch nur eine verschämte Weise, den Materialismus hinterrücks zu akzeptieren und vor der Welt zu verleugnen".[2] Agnostiker sind, so Engels, Philosophen, „die die Möglichkeit einer Erkenntnis der Welt oder doch einer erschöpfenden Erkenntnis bestreiten".[3] Philosophisch sei dies von Hegel längst entscheidend widerlegt; die schlagendste Widerlegung sei jedoch die „Praxis, nämlich das Experiment und die Industrie. Wenn wir die Richtigkeit unserer Auffassung eines Naturvorgangs beweisen können, indem wir ihn selbst machen, ihn aus seinen Bedingungen erzeugen, ihn obendrein unseren Zwecken dienstbar werden lassen, so ist es mit dem Kantschen unfaßbaren ,Ding an sich' zu Ende."[4]

Die Beispiele, die Engels nun anführt, bestätigen diesen technisch-pragmatischen Begriff von Praxis und Wirklichkeit: „Die im pflanzlichen und tierischen Körper erzeugten Stoffe bilden solche ,Dinge an sich', bis die organische Chemie sie einen nach dem anderen darzustellen anfing; damit wurde das ,Ding an sich' ein Ding für uns . . ."[5]

Das agnostische Ignoramus-ignorabimus wird also mit noch nicht erreichtem Wissenschaftsfortschritt in Beziehung gebracht. Das Kantsche ,Ding an sich' mystifiziert historisch bedingte Lücken in der (Natur-)Erkenntnis. Die für Kant im besonderen, generell für das Selbstverständnis des Agnostizismus wichtige metaphysische Fragestellung spielt bei Engels keine Rolle und reduziert sich auf eine Ebene, die Kant als ,empirisch', das heißt der Erscheinungswelt zugehörig bezeichnet hätte. Daß es mögliche Gegenstände der Erfahrung geben könnte, die bis dato noch unentdeckt waren, das wäre für Kant allerdings auch kein Problem gewesen. Daß wir den Begriff eines Gegenstandes haben könnten, der sich den Kategorien entzieht und trotzdem empirische Gewißheit ermöglichen könnte, hätte Kant allerdings bestritten; und auch Hegels Widerlegung des Kritizismus bezieht sich kaum auf diesen Vorbehalt, sondern auf die ,Dialektik der Grenze', das heißt Unendliches denken, ohne es wissen zu können; erst auf diesem identitätsphilosophischen Hintergrund verliert die Schranke von Wesen und Erscheinung ihre absolute Unüberwindlichkeit.

Engels glaubt diese jedoch dadurch zu überwinden, daß er beispielsweise

1 *F. Engels,* Ludwig Feuerbach und der Ausgang der klassischen deutschen Philosophie, in: Marx-Engels-Werke (= MEW) 21, Berlin 1973, 276.
2 Ebd.   3 Ebd.   4 Ebd.   5 Ebd.

die chemische Synthese eines Naturstoffs mit Wesensbestimmung gleichsetzt: Ding an sich ist dann „zum Beispiel der Farbstoff des Krapps, das Alizarin, das wir nicht mehr auf dem Felde in den Krappwurzeln wachsen lassen, sondern aus Kohlenteer weit wohlfeiler und einfacher herstellen".[6]

Soweit Engels sich hier gegen jene Lückenbüßer-Spekulation wendet, die wissenschaftlich (noch) nicht gelöste Probleme zum Anlaß für allerlei metaphysische Mutmaßungen nimmt, soll ihm nicht widersprochen werden. Aber die Siegesgewißheit, die er aus dem bezieht, was wenig später ‚Verifizierung' oder ‚Wissenschaft auf induktiver Basis' genannt werden wird, ist doch etwas voreilig gewesen, wie nicht zuletzt die endlosen Methodendebatten im logischen und empirischen Positivismus gezeigt haben; dessen Agnostizismus hat gewiß auch mit ‚verschämtem Materialismus' zu tun, vor allem jedoch damit, daß er die materialistischen Garantien, auf die Engels noch baute, konsequent selbst noch als metaphysische Restbestände eliminieren wollte; in diesem Sinn ist der Materialismus eher noch ‚verschämte Metaphysik'; nicht zuletzt deswegen hat Lenin später den ‚Empiriokritizismus' agnostisch genannt und ihn als bürgerlichen Idealismus verworfen.

III.

Agnostizismus steht für eine Form des Denkens, dem keine letzte Synthese von Begriff und Gegenstand möglich erscheint und das sich deshalb mit dem Status von Skepsis und Urteilsenthaltung begnügt. Einer solchen Lehre logischen Widerspruch nachweisen zu wollen – der Zirkel aller Skepsis, die sich selbst vom Zweifel ausschließt –, ist nicht schwer; aber ein solches argumentatives Manöver ist nur dann wirklich mehr als ein Überrumpelungsversuch, wenn eine Gewißheit zu Gebote steht, die den Zweifel negieren oder widerlegen kann. Den Typus solcher Gewißheit repräsentieren in der Regel ‚prima philosophia' und philosophische Identitätslehren. Beiden gemeinsam ist jener archimedische Punkt der Erkenntnis, auf den sich geschlossene Systeme bauen lassen. Diese Systeme bilden den eigentlichen Gegensatz zum Agnostizismus.

Den letzten klassischen systemphilosophischen Entwurf setzt man in der Regel bei Hegel an. Der Materialist Engels kritisiert nun diese Hegelsche Philosophie unablässig, was ihre idealistische Form betrifft; zugleich aber stellt er fest, „daß schließlich das Hegelsche System nur einen nach Methode und Inhalt idealistisch auf den Kopf gestellten Materialismus"[7] darstelle: Der Systemcharakter scheint also dem materialistischen Denken durchaus

6 Ebd.   7 Ebd. 277.

kompatibel zu sein. Den System-Anspruch hält, auf gleichen Grundlagen, auch der heutigen Marxismus-Leninismus aufrecht: „Das Scheitern des Versuchs einer universellen philosophischen Systemkonstruktion durch *Hegel* hat dazu geführt, daß der Systembegriff in der Philosophie überhaupt in Verruf geriet. Der *Marxismus-Leninismus* hat die Grundlagen für einen neuen philosophischen Systembegriff geschaffen. Die modernen Systemtheorien mit ihren logischen, mathematischen, kybernetischen u. a. Hilfsmitteln gestatten es im Prinzip, ein philosophisches System aufzubauen, das seinen Platz neben den systematisierten Theorien der Einzelwissenschaften in vollem Umfang behauptet."[8]

Hier stellt sich natürlich mindestens die Frage, ob der Systemcharakter der Hegelschen Philosophie wirklich von seiner idealistischen Form her zu benennen ist, die ihrerseits kaum wieder von metaphysisch-theologischen Traditionen zu lösen ist, und – abzüglich seiner idealistischen Form – auf materialistische Theorien übertragen werden kann. Immerhin erhob das klassische Systemdenken den Anspruch, Erklärung der Wirklichkeit im ganzen zu sein; die „logischen, mathematischen, kybernetischen u. a. Hilfsmittel" retten vielleicht den Begriff des Systems, ohne aber dessen philosophischen Anspruch mit seinem emphatischen Vernunftbegriff aufrechtzuerhalten.

Gibt man aber diesen Zusammenhang zugunsten eines formalisierten Systemmodells preis, so ist ein System „seinem Inhalt nach zufällig" (wie Hegel dem subjektiven Denken attestierte). In unserem Zusammenhang: Eine solche formalisierte Systemtheorie gibt den (letztlich metaphysischen) Gedanken der Einheit von Denken und Wirklichkeit entweder preis – dann folgt sie einem kritizistisch-agnostischen Motiv, oder sie setzt eine neue materialistische Identitätsmetaphysik (etwa den Schematismus der Widerspiegelungs- und Abbildtheorien) an deren Stelle und wirft damit dann mehr neue Probleme auf, als sie alte löst.

Wie hier, so fehlt auch in den herangezogenen Texten von Engels der Begriff der historischen ‚Praxis', wie ihn Marx verwendet. Engels tendiert ziemlich unbekümmert dazu, Praxis mit experimenteller Bewährung bzw. Erfolgskontrolle gleichzusetzen, und steht damit gewissen pragmatistischen Zügen moderner Systemtheorien nicht fern, obwohl sein materialistischer Erkenntnisoptimismus sich von deren modelltheoretischem Relativismus unterscheidet.

Wenn wir uns jetzt der Marxschen Theorie selbst zuwenden, so sei vorausgeschickt, daß Marx über Agnostizismus vermutlich ähnlich wie Engels ge-

8 Artikel ‚System' in: *G. Klaus/H. Liebscher*, Marxistisch-leninistisches Wörterbuch der Philosophie, Band 3, Hamburg 1972, 1063.

urteilt hätte; das trifft auch für den generellen Hinweis sicherlich zu, daß nicht methodische Finesse, sondern Praxis das Kriterium der Wahrheit ist (wenn Praxis auch nicht nur Bewährungskriterium ist). Hier gilt es sorgfältig zu unterscheiden zwischen einem historisch-dialektischen Begriff von Praxis als ‚gegenständlicher Tätigkeit' und den oben genannten pragmatistischen Akzenten; davon wird aber im einzelnen noch zu reden sein.

IV.

Fragen wir uns nun statt einer Blütenlese von marxistischen Äußerungen zum Thema Agnostizismus, ob Marx selbst agnostische Momente in seine Theorie eingebracht hat. Die Frage ist vertrackter, als sie auf den ersten Blick scheinen mag. Wie schon erwähnt, bildet die Frage nach der Erkennbarkeit Gottes eine auslösende und wichtige Rolle im engeren Agnostizismus; es wird dabei weder positiv noch negativ entschieden, sondern stets die Kompetenz zu solcher ‚Gnosis' und metaphysischer Urteilsfähigkeit in Zweifel gezogen. Das mag hier als erinnernder Hinweis genügen.

Methodische Skrupel in puncto Religionskritik kennt Marx in diesem Ausmaß nicht; er ist, notabene, ja überhaupt kein erkenntnistheoretischer Methodiker, sondern teilt – auf *seine* Weise – die hegelianische Auffassung, daß Denken und Wirklichkeit nicht auseinander dividiert werden können in den Gegenstand selbst und eine ihm äußere, vorgeordnete Theorie über den Gegenstand; das gilt zwar nicht ohne Differenzierungen, aber deutlich noch in den Phasen der Religionskritik in den früheren Schriften.

Die Entscheidungen über den Wahrheitsgehalt der Religion fällt nicht aus abgelösten methodologischen Reflexionen über die Grenzen unseres Erkenntnisvermögens; vielmehr stellt sich dieses selbst als historische Variable dar. Über den Sinn religiöser Vorstellungen läßt sich erst dann befinden, wenn deren bisherige Selbstverständlichkeit problematisch geworden ist; das aber ist nicht Ergebnis langwieriger, scharfsinniger Überlegungen, sondern Resultat realhistorischer Entwicklungen: „Alles gesellschaftliche Leben ist wesentlich *praktisch*. Alle Mysterien, welche die Theorie zum Mystizism veranlassen, finden ihre rationale Lösung in der menschlichen Praxis und im Begreifen dieser Praxis."[9]

Das heißt: Religion als ‚Mystizism' geht zurück auf sehr reale Mysterien, letztlich auf undurchschaute Zusammenhänge im Verhältnis von Gesellschaft und Natur. Religion ist die ‚Wahrheit' eines solchen historischen Stadiums, das heißt, sie ist geschichtlich bedingte, notwendige Täuschung, die

9 *K. Marx*, Thesen über Feuerbach, These 8 (MEW 3), Berlin 1962, 7.

sich einer noch relativ unentwickelten Stufe der Produktivkräfte verdankt; als illusorische Form der Erklärung bezeichnet Religion so indirekt den realen Grad von ‚Entfremdung'.

Setzen wir nun als bekannt voraus, wie Marx dies im einzelnen entfaltet; es zeigt sich jedenfalls, daß die religionsphilosophischen Probleme des Agnostizismus sich für Marx realhistorisch auflösen; erkenntnistheoretische Probleme sind ihm nichts Letztes.

Ob Gotteserkenntnis möglich oder unmöglich oder ob Urteilsenthaltung geboten ist, erscheint in Marxscher Sicht als Problem jener ‚reinen Theorie', die sich ihren Zusammenhang mit den realen Lebensverhältnissen nicht mehr bewußtmacht.

Die „Produktion von Bewußtsein" bildet ein Moment der allgemeinen Lebensproduktion, nicht mehr; und „die Moral, Religion, Metaphysik und sonstige Ideologie und die ihnen entsprechenden Bewußtseinsformen behalten hiermit nicht länger den Schein der Selbständigkeit. Sie haben keine Geschichte, sie haben keine Entwicklung, sondern die ihre materielle Produktion und ihren materiellen Verkehr entwickelnden Menschen ändern mit dieser ihrer Wirklichkeit auch ihr Denken und die Produkte ihres Denkens." [10] Zumindest in diesem Punkt ist Marx also *kein* Agnostiker. Die religionsphilosophischen Probleme des Agnostizismus stellen sich für ihn als Abstraktionen dar, deren Voraussetzungen, sobald sie als praktische konkretisiert sind, sich als Scheinprobleme auflösen.

V.

Die Sicherheit, mit der Marx historisch-materialistische Ideologiekritik betreibt, legt die Vermutung nahe, daß er selbst offenbar so etwas wie den ‚archimedischen Punkt', ein primum principium der Erkenntnis hat; wäre dies so, müßte die ganze Untersuchung wieder von vorn beginnen, denn dann hätte Marx sozusagen den Stand des agnostischen Problembewußtseins noch gar nicht erreicht.

Doch lehnt Marx ein Begründungsverfahren dieser Art – von einem Erstprinzip ausgehend – expressis verbis ab. Man darf getrost unterstellen, daß auch hier einschlägige Argumente Hegels eine große Rolle spielten. In eigentümlicher Weise kommt Marx bereits in den ‚Pariser Manuskripten' auf diese Frage zu sprechen; es geht dabei um das Problem der ‚Schöpfung'. Ein geschaffenes Wesen, so Marx dort, hat seinen Grund nicht in sich, sondern in einem anderen. Wenn alle „*Handgreiflichkeiten* des praktischen Le-

10 *K. Marx/F. Engels*, Die Deutsche Ideologie (MEW 3), 26f.

bens" dem „Durchsichselbstsein" des Menschen zu widersprechen scheinen, ist die Idee der Schöpfung „eine sehr schwer aus dem Volksbewußtsein
zu verdrängende Vorstellung".[11]

Eine erste Hilfe gegen die hartnäckige Vorstellung scheint nun die Theorie
der ‚generatio aequivoca', des Werdens der Erde als Prozeß der Selbster-
zeugung, zu sein. Marx will über diese naturwissenschaftliche Hypothese
zur Entstehung der Erde hinaus auf eine generelle Frage: ob das Wesen einer Sache mit ihrer Genese, ob Logik und Geschichte identisch sind, ob sich
aus einem Anfang als ‚primum' alles andere deduzieren lasse.

Er bezieht sich folgerichtig auf Aristoteles: Jeder Mensch ist von seinen Eltern, diese sind von ihren Eltern gezeugt usw., und so mag der Progreß zur
Frage nach dem ersten Erzeuger entstehen: „Wer hat den Ersten Menschen
und die Natur überhaupt gezeugt?" Marx antwortet: „Deine Frage ist selbst
ein Produkt der Abstraktion. Frage dich, ob jener Progreß als solcher für
ein vernünftiges Denken überhaupt existiert? Wenn du nach der Schöpfung
der Natur und des Menschen fragst, so abstrahierst du also vom Menschen
und der Natur. Du setzest sie als *nichtseiend* und willst doch, daß ich sie als
seiend dir beweise."[12]

Worin besteht hier die „Abstraktion" oder Negation von Mensch und Natur? Darin, daß eine solche Frage nach dem vorgeschichtlichen Anfang der
Realität schlechthin vom realen historischen Prozeß absieht. Wir können
nicht auf die Suche nach dem primären Substrat aller Realität gehen, es sei
denn, es wäre möglich, alles das, was uns, die wir eine solche Frage stellen,
geformt hat, wieder zu ‚vergessen'. Eine solche Forderung aber, wie sie bisweilen im Namen von Objektivität und Voraussetzungslosigkeit erhoben
wird, käme dem Postulat gleich, sich selbst zu negieren. Weder Natur noch
Menschheit liegen uns als Gegenstände jenseits ihrer historischen Geprägt-
heit vor. Wir erklären das historisch Frühere immer aus dem Späteren,
denn „in der Anatomie des Menschen ist der Schlüssel zur Anatomie des
Affen. Die Andeutungen auf Höheres in den untergeordneten Tierarten
können dagegen nur verstanden werden, wenn das Höhere selbst schon bekannt ist."[13]

So lautet auch Marxens Antwort auf die Frage nach einem möglichen Erst-
prinzip: „Gib deine Abstraktion auf, so gibst du auch deine Frage auf . . .
Denke nicht, frage mich nicht, denn sobald du denkst und fragst, hat deine
Abstraktion von dem Sein der Natur und des Menschen keinen Sinn . . ."[14]

11 *K. Marx*, Ökonomisch-philosophische Manuskripte, in: K. Marx, Frühe Schriften, hrsg. von
   H. J. Lieber und P. Furth, Stuttgart 1962, 605f.   12 Ebd. 606.
13 *K. Marx*, Grundrisse der Kritik der politischen Ökonomie, Berlin 1953, 26.
14 Ökonomisch-philosophische Manuskripte, a. a. O. 606f.

– kurzum: Die Frage nach einem Ersten vor aller Geschichte ist in sich widersprüchlich und sinnlos.

Diese Auskunft verbindet Marx allerdings mit agnostischen Auffassungen; denn auch diese weisen eine solche Frage als unentscheidbar ab. Aber gleiche Resultate besagen durchaus nicht immer dasselbe. Was dem Agnostiker erkenntnistheoretisch zum Problem wird – Inkompetenz zur Entscheidung von metaphysischen Grundlagenfragen –, löst sich für Marx historisch auf; der Tenor seiner Lösung besteht nicht im unentschiedenen Verharren vor unlösbar scheinenden Fragen, sondern im Sinnlosigkeitsverdikt über den abstrakten Charakter der Fragen selbst.

Die *„ganze sogenannte Weltgeschichte"* ist für Marx „Erzeugung des Menschen durch die menschliche Arbeit . . ., das Werden der Natur für den Menschen"; für den „sozialistischen Menschen" haben Mensch und Natur in der Praxis ein sinnlich-anschaubares Verhältnis gewonnen, ihr aufgedecktes Wesen. Damit ist „die Frage nach einem *fremden* Wesen, nach einem Wesen über der Natur und dem Menschen . . . praktisch unmöglich geworden".[15]

Dieses Selbstbewußtsein des Menschen bestimmt sich weder durch Bezug auf ein Erstprinzip oder einen Schöpfergott noch durch „Atheismus, als Leugnung dieser Unwesentlichkeit", sondern durch „die Position als Negation der Negation".[16] Nahezu existentialistisch bestimmt hier also der Mensch sein Wesen durch seine historische Tätigkeit, nicht durch Regreß auf ein essentielles Primum. Dieses aktive Hervorbringen von Wahrheit durch Selbstherstellung des Menschen unterscheidet sich wiederum grundsätzlich von der epoché und dem im philosophischen Duktus eher kontemplativen Agnostizismus.

VI.

Mit zunehmender (materialistischer) Historisierung nähert sich Marx wiederum Auffassungen an, die gewissen agnostischen Thesen erneut ähnlich erscheinen. In der ‚Deutschen Ideologie' und den ‚Thesen ad Feuerbach' betont er zunächst abermals den strikten Vorrang der Praxis. Die – für den Agnostiker maßgebliche – Frage, „ob dem menschlichen Denken gegenständliche Wahrheit zukomme – ist keine Frage der Theorie, sondern eine *praktische* Frage. In der Praxis muß der Mensch die Wahrheit, i. e. Wirklichkeit und Macht, Diesseitigkeit seines Denkens beweisen".[17] Jede davon

---

15 Ebd. 607.   16 Ebd. 608.
17 Thesen über Feuerbach, These 2, a. a. O. 5.

abgelöste Debatte darüber, ob und wie Denken und Realität sich entsprechen, bleibt – so Marx – rein „scholastisch".

Während sich nun die nachhegelsche deutsche Philosophie in welthistorisch aufgeplusterten Scheingefechten verliert, weil sie es versäumt, „nach dem Zusammenhange der deutschen Philosophie mit der deutschen Wirklichkeit" zu fragen, wollen sich Marx und Engels einer empirischen Vorgehensweise befleißigen. Sie beziehen sich auf „die wirklichen Individuen, ihre Aktion und ihre materiellen Lebensbedingungen".[18] Beginnend mit der Existenz menschlicher Individuen und deren Notwendigkeit, daß sie ihre Lebensmittel zu produzieren haben, ergeben sich langwierige Prozesse von einfacheren bis zu hochdifferenzierten arbeitsteiligen Gesellschaftsformen oder Produktionsverhältnissen. Für Theorien und Ideen gilt, daß ihre Erzeugung von der übrigen Produktion nicht zu trennen ist, denn „die Menschen sind die Produzenten ihrer Vorstellungen, Ideen pp., aber die wirklichen, wirkenden Menschen, wie sie bedingt sind durch eine bestimmte Entwicklung ihrer Produktivkräfte und des denselben entsprechenden Verkehrs bis zu seinen weitesten Formationen hinauf".[19]

Diesen Zusammenhang aufzudecken, macht die Aufgabe der Ideologiekritik aus; sie ist „empirische Beobachtung", die jenen Zusammenhang „empirisch und ohne alle Mystifikation und Spekulation" aufweist. Der historische Materialismus geht „von den wirklich tätigen Menschen", „ihrem wirklichen Lebensprozeß" aus; seine Voraussetzung bilden die Menschen „in ihrem wirklichen, empirisch anschaulichen Entwicklungsprozeß". Hier, „beim wirklichen Leben, beginnt also die wirkliche, positive Wissenschaft"; „wirkliches Wissen" muß an die Stelle philosophischer Phrasen treten; denn: „nicht das Bewußtsein bestimmt das Leben, sondern das Leben bestimmt das Bewußtsein".[20]

Die penetrante Häufung der Worte ,wirklich', ,Wirklichkeit', ,wirkliches Leben', ,empirisch', ,positiv' läßt sich zunächst als Kontrast zur Geist-Emphase des ausklingenden Hegelianismus erklären; zugleich aber schwingen deutlich nominalistische Untertöne mit: Die Wirklichkeit zerfällt in zahllose historisch-individuelle Bestandteile, die sich begrifflich-verallgemeinernder Darstellung entziehen; solche Universalien erscheinen als willkürliche Setzungen ideologischen Charakters. Freilich läuft die hier postulierte empirisch-positive Wissenschaft alsbald Gefahr, vor lauter Bäumen den Wald nicht mehr zu sehen; wären Begriffe so ephemer, wie es hier anklingt, dann

18 *Marx/Engels*, Die deutsche Ideologie, a. a. O. 20.
19 Ebd. 26.
20 Ebd. 27.

müßte man es selbstverständlich auch unterlassen, von ‚Praxis' usw. überhaupt zu reden.

Marxens Anstrengung, die ‚Dinge selbst' in ihrer materiellen Realität zur Sprache kommen zu lassen, könnte hier mit gewissen Abstrichen als ‚agnostisierende Tendenz' beschrieben werden; es bedarf andererseits keiner Frage, daß Ideen oder Theorien, bloß noch als Derivationen der Realität aufgefaßt, eine fragwürdige Unmittelbarkeit herbeiführen müßten. Genauer kommt die Auffassung der ‚Deutschen Ideologie' wohl auch in folgendem Passus zum Ausdruck: die „Phrasen vom Bewußtsein hören auf, wirkliches Wissen muß an ihre Stelle treten. Die selbständige Philosophie verliert mit der Darstellung der Wirklichkeit ihr Existenzmedium."[21] Immerhin, auch in dieser radikalen Proklamation des Endes der selbstgenügsamen Philosophie sind noch hinreichend skeptische Elemente enthalten.

Entscheidende historische Bedingung für diese Kritik ist die moderne Arbeitsteilung von geistiger und materieller Tätigkeit. Lassen wir dahingestellt sein, wie Marx und Engels diese im einzelnen historisch herleiten und ob diese These auch in allen Punkten überzeugt; Marx benutzt sie hier eher zur nochmaligen Bekräftigung seiner grundsätzlichen Philosophie-Kritik: „Von diesem Augenblick an *kann* sich das Bewußtsein wirklich einbilden, etwas Andres als das Bewußtsein der bestehenden Praxis zu sein . . . von diesem Augenblicke an ist das Bewußtsein imstande, sich von der Welt zu emanzipieren und zur Bildung der ‚reinen' Theorie, Theologie, Philosophie, Moral etc. überzugehen."[22]

Diese praktische Schwierigkeit läßt sich nun schlechterdings nicht mehr theoretisch auflösen, sondern nur durch Überwindung dieser Form von Arbeitsteilung: „nicht durch geistige Kritik . . ., sondern nur durch den praktischen Umsturz der realen gesellschaftlichen Verhältnisse, aus denen diese idealistischen Flausen hervorgegangen sind".[23] Das ist nun ein aktivistisches Moment, welches sich mit dem aporetischen Verharren angesichts unlösbar letzter Fragen nicht mehr deckt; das Problem, sagt Marx, ist die Form dieser Theorie selbst, die Annahme, „daß dieser ganze Unsinn überhaupt einen aparten *Sinn* habe, der herauszufinden sei, während es sich nur darum handelt, diese theoretischen Phrasen aus den bestehenden wirklichen Verhältnissen zu erklären".[24]

21 Ebd.   22 Ebd. 31.   23 Ebd. 38.   24 Ebd. 40.

VII.

An dieser Stelle soll ein kleiner Exkurs eingeschoben werden. Es geht um den Versuch, auf der Grundlage des bisher Gesagten und unter Bezugnahme auf Horkheimers Aufsatz über ‚Montaigne und die Funktion der Skepsis‘[25] so etwas wie eine von Marxscher Theorie inspirierte Darstellung des Zusammenhangs von bürgerlicher Gesellschaft und skeptisch-agnostischem Denken zu formulieren. Marx selbst verwendet den Begriff ‚Agnostizismus‘ nicht, weil er ihn vermutlich nicht kannte (das ‚Kapital‘ erschien 1867, Huxleys erster Gebrauch dieses Begriffs wird auf 1869 datiert); andererseits predigt er geradezu, jede Theorie auf ihre praktische Genese hin zu untersuchen.

Vorläufer des Agnostizismus ist zu Beginn der Neuzeit jene Skepsis, die beispielsweise bei Machiavelli, Montaigne oder methodisch auch bei Descartes anzutreffen ist. In dieser Entstehungsphase der bürgerlichen Ära – ökonomisches Stichwort: ‚Handelskapital‘ – brechen die mittelalterlichen Ordnungsprinzipien philosophisch wie politisch zusammen. Skepsis ist in dieser Phase der Standpunkt des frühbürgerlichen Realisten, daß man sich nicht an Dogmen, sondern an Tatsachen hält und ebenso nüchternen Geschäftssinn wie empirische Neugier an den Tag legt. Weniger polemisch als im Verdikt von der ‚Hure Vernunft‘ entwickelt der Skeptiker eine gewisse Weltläufigkeit, auch Toleranz und so etwas wie einen liberalen Humanismus, was alles auch der beginnenden Expansion des Handels entsprach.

Das Beharren auf Tatsachenfeststellung enthielt eine antimetaphysische Tendenz, und der unbefangene Zugang zur Natur brach nicht nur ein philosophisches Tabu, sondern hatte eminent praktische Bedeutung: Verstärkung der Subjektivität, antihierarchische Einstellung in Theorie und Politik. Handels- und Gedankenfreiheit gingen Hand in Hand.

Vorderhand aber erwiesen sich die traditionellen Mächte noch als viel zu stark, als daß ein schnelleres Tempo der Entwicklung möglich gewesen wäre; und auch dies zeigt sich in der eigentümlichen stoischen Attitüde der großen Skeptiker: Der Zweifel Descartes’ findet seine Ruhe im Selbstbewußtsein; und wenn Montaigne sich immer wieder in seine Bibliothek zurückzieht, so ist das weniger Eskapismus als Ausdruck des ‚unglücklichen Bewußtseins‘; wenn ‚die Vernunft‘ gleichsam ihrer Zeit voraus ist, bleibt nichts, als die ‚wahren Ideen‘ in den Mantel metaphysischer Resignation zu

---

25 *M. Horkheimer*, Montaigne und die Funktion der Skepsis, in: Kritische Theorie, Frankfurt a. M. 1968, Band 2, 201–260.

hüllen. Gerade in dieser Gestalt bildet Skepsis ein Moment der bürgerlichen Emanzipation.

Das ändert sich, grob gesagt, nach 1789, nach der Etablierung der bürgerlichen als herrschender Klasse. Bisher aufgeklärtes Moment eines Emanzipationsprozesses, wird Skepsis mehr und mehr zu positiver Theorie im Sinn moderner Wissenschaft. Ihre Funktion wandelt sich, vereinfacht gesagt, von Kritik zum (neuen) Dogma. Was Marx, der in der ‚Deutschen Ideologie‘ noch mit dem Empirismus ein wenig flirtet, über die Ideologien seiner Zeit schreibt, läßt sich nun immer mehr über den auf reine Methodenkritik reduzierten Status wissenschaftlicher Objektivität sagen. Während hier die Gehalte der metaphysischen Tradition mehr oder weniger als unwissenschaftlich der Diskussion entzogen werden, hatte sich Marx allerdings noch der Hegelschen Figur der ‚Aufhebung‘ bedient; auch die ‚Kritik der politischen Ökonomie‘ zehrt noch im Gedanken einer ‚vernünftigeren Ordnung‘ von dieser Überlieferung.

Nach einem Wort Horkheimers zeichnet sich die bürgerliche Wirtschaftsweise dadurch aus, daß in ihr „die Aktivität der Gesellschaft blind und konkret, die des Individuums abstrakt und bewußt"[26] ist. Das Individuum handelt für sich planmäßig im Rahmen von Tausch und Konkurrenz, ohne daß sich dies auf eine vernünftige Planung des Ganzen richtete; Gesellschaft wiederum in ihrer blinden Unbewußtheit konkretisiert sich als diese widersprüchliche Größe bis ins individuelle Detail. Produktivkräfte und Produktionsverhältnisse widersprechen sich. Philosophisch zeigt sich das an den Stadien des Subjekt-Objekt-Problems, dessen rein philosophische Lösungsversuche nicht zuletzt daran scheiterten, daß es sich bei ihm um kein bloß philosophisches Problem handelte.

Dennoch verfolgt eine immer diffiziler werdende Methodologie hartnäckig und scharfsinnig diesen Weg der Erkenntnistheorie und bezahlt dafür mit dem immer größeren Verlust an Gegenstandsgehalt. Und so ist auch dem Agnostizismus nicht in seiner Kritik der metaphysischen Spekulation zu widersprechen, sondern in seinem Verharren in der Aporie, der ‚Ataraxie‘: Wovon man nicht reden kann, davon muß man schweigen. Gedankliche Schärfe im Einzelnen und Denkverzicht im Allgemeinen bestimmen weitgehend die gesellschaftliche Rolle der Wissenschaft: philosophisch radikal, sozial konformistisch.

Irritation, Unsicherheit und nicht auflösbare Widersprüchlichkeit, die in den realen Problemen des gesellschaftlichen Lebens ihre plausiblen Ursachen haben, schlagen im Agnostizismus um auf Erkenntnishemmung im In-

26 *M. Horkheimer*, Traditionelle und Kritische Theorie, in: Kritische Theorie, a. a. O. 149.

dividuum. Es privatisiert damit gleichsam die Last eines allgemeinen Mangels. Während sich die aufklärerische Funktion der Skepsis in der frühbürgerlichen Ära noch aus der kaum gelösten Schwierigkeit erklären ließ, beim damaligen Stand der Produktivkräfte die Naturmacht zu bändigen, was entsprechende politische Konsequenzen haben mußte: eher Verstärkung der beharrenden Mächte – wurde diese Voraussetzung mit der gesellschaftlichen Produktion von Reichtum hinfällig, und damit war nicht länger das Problem des Mangels zu verwalten, sondern das der Distribution zu organisieren; so mußte sich die Funktion der Skepsis auch entsprechend wandeln. Die speziellen Formen von ‚Sinnlosigkeit‘, die sich nun nicht mehr aus naturhaften, sondern gesellschaftlichen Ursachen ausbildeten, lassen das Scheitern einer realen ‚Synthesis‘ in anderem Licht sehen.

Dennoch enthält ja Agnostizismus in seiner strikten Form kein vollkommen positivistisches Denken, weil dieses einen Schritt (im expressis verbis durchgeführten Sinnlosigkeitsverdikt allen metaphysischen Fragen gegenüber) weitergeht als der eher aporetische Agnostiker. So könnte man formulieren: In der Weigerung, sich nach der einen oder anderen Seite hin definitiv festzulegen, vermeidet der Agnostizismus gerade jene Eindeutigkeit, die etwa in Lenins Urteil, er sei ‚idealistisch‘, zum Ausdruck kommt. Idealistisch wäre allenfalls eine Lösung, die abermals versuchen wollte, die realen Antagonismen im historischen Prozeß rein begrifflich zu ‚überwinden‘. Gerade den Zweifel auch an dieser Möglichkeit drückt aber das agnostische Denken heute aus.

VIII.

Es sind nun mehrfach Formulierungen wie ‚besser organisierte Gesellschaft‘, ‚vernünftige Ordnung‘ usw. vorgekommen; man muß kein Präzisionsfanatiker sein, um solche Formeln als außerordentlich vage zu empfinden. Solche vagen Begriffe bringen jedoch eine bei Marx selbst angelegte Schwierigkeit zum Ausdruck: das bekannte Problem, den positiven Status der sozialistischen Gesellschaft theoretisch zu bestimmen und praktisch zu erreichen. Wir verzichten auf die hier oft einsetzenden Deutungen der Marxschen Lehre als Messianismus, Heilslehre oder materialistische Eschatologie und untersuchen statt dessen, ob Marx hier identitätsphilosophisch argumentiert oder skeptische Auffassungen übernimmt.

Diese komplizierte Frage läßt sich keineswegs durch Exegese einschlägiger Texte hinreichend beantworten, denn diese sind nicht frei von Widersprüchen. Letztlich steht hier vielmehr der Status der Marxschen Theorie insgesamt zur Diskussion. Versteht man diese als historisch-materialistische Dialektik, so hinge diese ohne eine schließliche ‚Synthesis' in der Luft, und dann wäre ‚Antithetik' der bessere Begriff. Verfügt sie aber über eine ‚bestimmte Negation', Wissen über die Beschaffenheit der nachkapitalistischen sozialistischen Gesellschaft, so könnte sie sich nur auf Spekulation, nicht aber auf den historischen Realismus stützen, der ja gerade keine abgehobene reine Theorie erlaubt.

In den Frühschriften argumentiert Marx noch deutlich auf den Pfaden Hegelscher Wesenslogik: Ganz essentialistisch verwirklicht der Mensch sein ursprüngliches, historisch aber entfremdetes Wesen im Prozeß geschichtlicher Selbstherstellung und hebt dabei die Differenz von Wesen und Erscheinung endlich auf. Diese Auffassung unterzieht er jedoch in den ‚Feuerbach-Thesen' und der ‚Deutschen Ideologie' einer entschiedenen (Selbst-) Kritik.

Später hingegen ist verschiedentlich die Rede von Gesetzmäßigkeiten der Geschichte; mit diesem Begriff leisten Marx und Engels offenbar den naturwissenschaftlichen Kategorien ihren Tribut. Eine genauere Entsprechung von natur- und sozialgeschichtlichen Abläufen entwickeln aber beide nicht. Bei näherem Zusehen lösen sich diese Gesetze in ein gewisses Zusammenspiel von Produktivkräften und Produktionsverhältnissen auf. Es dient offensichtlich weniger dem Interesse an gesamtgeschichtlichen Erklärungsmodellen als zur Beschreibung konkreter Strukturen in der kapitalistischen Produktionsweise.

Irgendwo zwischen diesen beiden Extremen müßte die zutreffende Lösung zu finden sein. Schon jetzt spricht alles dafür, den geschichtsphilosophischen Rahmen der Marxschen Theorie nicht über Gebühr zu strapazieren und den Mangel an Zukunftsprognosen für eine Tugend zu halten, auch wenn das zu den erwähnten Schwierigkeiten mit dem dialektischen Charakter des historischen Materialismus führt. Jedenfalls muß man hier kritisch mit gewissen neohegelianischen Marxdeutungen verfahren; sie weisen, geleitet von der Absicht, den rigiden Ökonomismus des Marxismus der ‚Zweiten Internationale' zu überwinden, auf die fraglos große Bedeutung Hegelscher Kategorien für Marx hin. Aber schließlich schwindet die geschichtsphilosophische Differenz zwischen beiden fast völlig, wenn die Entwicklung und Totalität des absoluten Geistes lediglich in eine solche des materiellen Produktionsprozesses umgedeutet wird.

Ohne das weite Feld des Marx-Hegel-Verhältnisses erneut abzugrasen, kann man doch feststellen, daß Marx gegenüber Hegel zwischen Sottisen oder massiver Kritik und stillschweigender Verwendung seiner Bestimmungen schwankt. Erst in den späteren Schriften, den ‚Grundrissen' und im ‚Kapital' führt Marx Differenzierungen in sein Dialektik-Verständnis ein.

In den einschlägigen Passagen im Nachwort des ‚Kapitals' rühmt Marx an Hegel, daß er „die allgemeinen Bewegungsformen" der Dialektik trotz aller Mystifikationen „sonst in umfassender und bewußter Weise dargestellt hat. Sie steht bei ihm auf dem Kopf. Man muß sie umstülpen, um den rationellen Kern in der mystischen Hülle zu entdecken". Die „rationelle Seite" besteht darin, daß sie „in dem positiven Verständnis des Bestehenden zugleich auch das Verständnis seiner Negation, seines notwendigen Untergangs einschließt . . .“; deshalb ist sie „ihrem Wesen nach kritisch und revolutionär".[27]

Daß er früher Hegel dennoch vernichtend kritisiert habe, erklärt Marx jetzt als Protest gegen die damalige hegelianische „Tagesmode". Zur Zeit des ‚Kapitals' hingegen behandle man ihn genauso anmaßend als „toten Hund". An sachlichen Differenzen gibt es freilich nichts zu beschönigen: „Meine dialektische Methode ist der Grundlage nach von der Hegelschen nicht nur verschieden, sondern ihr direktes Gegenteil", weil nicht die Idee „Demiurg des Wirklichen" sei, sondern „das im Menschenkopf umgesetzte und übersetzte Materielle".[28]

Der Fortschritt gegenüber der ‚Deutschen Ideologie' ist nicht zu verkennen. Aber dennoch: Wo findet diese ‚Dialektik' denn überhaupt statt? Es ist nun oft genug betont, daß sie nicht den Entwicklungsgang des Geistes bezeichnen soll; also liegt es nahe, eine ‚Realdialektik' anzunehmen, nach welcher die Wirklichkeit oder die Geschichte oder die Natur jeweils selbst dialektisch strukturiert ist. Das aber wäre wiederum eine metaphysische Aussage, die in klarem Widerspruch zu allen sonstigen Proklamationen stünde. Letztlich würde Hegel nur bestätigt: was für den Geist gilt, muß auch für die materielle Realität gelten; so hätte Marx nur die Ebenen, auf denen Dialektik spielt, vertauscht; aber darauf geht er nicht weiter ein.

Doch die wenigen Worte zur „dialektischen Methode" deuten eine ganz unorthodoxe Auffassung an. Er unterscheidet nämlich zwischen „Darstellung" und „Forschung"; das geht gegen eine allzu enge Identität von Theorie und Empirie bzw. gegen apriorische Konstruktion (die ein durchaus wohlmeinender Rezensent des ‚Kapitals' zu unterstellen schien). Aufgabe der empirischen Forschung, so Marx, ist es, „den Stoff sich im Detail anzueignen, seine verschiedenen Entwicklungsformen zu analysieren und deren inneres Band aufzuspüren. Erst nachdem diese Arbeit vollbracht, kann die wirkliche Bewegung entsprechend dargestellt werden."[29] Wenn dies ge-

27 *K. Marx*, Das Kapital (MEW 23), Berlin 1968, 27 f.
28 Ebd. 27.   29 Ebd.

lingt, dann „spiegelt sich das Leben des Stoffs ideell wider", und das mag wie eine „Konstruktion a priori" aussehen.[30]

Ähnliche Aussagen finden sich bereits in den ‚Grundrissen', der für die Marxsche ‚Erkenntnistheorie' sicherlich wichtigsten Schrift. Hier legt er dar, daß die Systematik der Darstellung eine Rekonstruktion des historischen Ablaufs vom Ende her, nicht eine detaillierte Wiedergabe aller Ereignisse in ihrem zufälligen Verlauf anzustreben hat. Wie die Anatomie des Affen aus der des Menschen, so werden auch die historischen Formationen der sozioökonomischen Entwicklung aus der Komplexität der bürgerlichen Gesellschaft – „als einer reichen Totalität von Bestimmungen und Beziehungen"[31] – abgeleitet; denn diese muß noch, wenn auch in einer ganz unterschiedlichen Weise, die vorhergehenden Stufen in sich enthalten: „Das Konkrete ist konkret, weil es die Zusammenfassung vieler Bestimmungen ist, also Einheit des Mannigfaltigen. Im Denken erscheint es daher als Prozeß der Zusammenfassung, als Resultat, nicht als Ausgangspunkt."[32] Diese „Methode, vom Abstrakten zum Konkreten aufzusteigen", ist eine Denkform, nicht der historische Prozeß selbst. Eine Theorie, die das Begreifen der Wirklichkeit, nicht deren Abbildung zur Aufgabe hat, kann nicht ohne Abstraktionen auskommen.

Man kann es auch anders sagen: Die deskriptive Absicht der bloßen Abbildung gesellschaftlicher Realität ist unmöglich; eine Binsenweisheit, die jedem Historiker methodisch vertraut ist. Und trotzdem kann dies kein Freibrief für theoretisierende Willkür sein. Wo aber läßt sich da die Grenze ziehen, wo zieht Marx sie? Eigentlich sehr einfach: Er besteht darauf, das historische Material überaus sorgfältig zu studieren und sich genaue Kenntnisse zu verschaffen; erst „nachdem diese Arbeit vollbracht", kann man das „innere Band" der verschiedenen Variablen, ihren Zusammenhang darstellen. „Darstellung" unterliegt den Regeln, die für eine gedankliche Rekonstruktion nötig sind. Deren Systematik umfaßt zwar das historische Material, aber in einer anderen ‚Serialität' als der historisch zufälligen Reihenfolge. Engels drückt das für das Beispiel des ‚Kapitals' mit der ihm eigenen Nonchalance so aus: „Die Geschichte geht oft sprunghaft und im Zickzack . . . Die logische Behandlungsweise war also allein am Platz. Diese aber ist in der Tat nichts anderes als die historische, nur entkleidet der historischen Form und der störenden Zufälligkeiten."[33]

Wenn Marx nun eine Analyse des Zusammenhangs der bürgerlichen Ge-

30 Ebd.   31 Grundrisse, 21.   32 Ebd. 21 f.
33 *F. Engels*, Karl Marx. „Zur Kritik der politischen Ökonomie", in: K. Marx, Zur Kritik der politischen Ökonomie, Berlin 1963, Anhang 209.

sellschaft gibt, so sind die dabei entwickelten Kategorien nicht solche der Logik, des reinen Geistes, sondern vielmehr „Daseinsformen, Existenzbestimmungen" der Gesellschaft selbst. Doch erscheint dem Bewußtsein die Bewegung dieser Kategorien „als der wirkliche Produktionsakt", und das ist auch nicht falsch, weil „die konkrete Totalität als Gedankentotalität, als Gedankenkonkretum, in fact ein Produkt des Denkens, des Begreifens ist . . . Verarbeitung von Anschauung und Vorstellung im Begriffe."[34]

Stets bleibt der „theoretischen Methode" jedoch als Voraussetzung das wahre Subjekt, die reale Gesellschaft, vorgeordnet. Was Marx in seiner Theorie zum Ausdruck bringen will, scheint so etwas wie die Logik der Produktionsverhältnisse in sich selbst zu sein. Sofern diese beispielsweise einen antagonistischen Charakter haben, entspricht ihnen Dialektik als Methode. Sie ist aber damit nicht ewig wahre, sondern historisch begrenzte Methode. „Aus verschiedenen methodologischen Bemerkungen ist zu ersehen, daß die promiscue gebrauchten Titelbegriffe ‚dialektisch' oder ‚logisch' einen *Modus der Ableitung* bezeichnen, der dem innerlich notwendigen Duktus historischer Formveränderung korrespondiert. Solche Formveränderungen sind stets in ein vielfältiges Bedingungs- und Motivationsgefüge des wirklichen historischen Prozesses eingebettet und nicht unabhängig davon zu begreifen oder gar axiomatisch zu konstruieren",[35] resümiert treffend Helmut Fleischer.

Dialektik ist demnach kein universales Entwicklungsschema, und die ‚Negation' des Bestehenden, die Behauptung seines notwendigen Untergangs, hat weniger welthistorische oder axiomatische Sicherheiten hinter sich als vielmehr die sorgfältige empirische Untersuchung eines begrenzten sozialhistorischen Gegenstands.

IX.

Ziehen wir nun einige Konsequenzen aus diesen Überlegungen zur Dialektik als Methode. Als Darstellungsform muß sie sich an den realen gesellschaftlichen Bewegungsformen orientieren, und somit ist sie als Methode selbst in den historischen Prozeß verflochten. Anders gesagt: Die Totalität, auf die sie sich bezieht, ist die historisch und lokal eingrenzbare bürgerliche Gesellschaft.

Aber deren innere Dialektik erschöpft sich darin noch nicht, wenn ihre Darstellung wirklich „kritisch und revolutionär" sein will; Marx spricht schließlich auch von Krisenzyklus und der schließlichen allgemeinen Krise.

---

34 Grundrisse, 22–26.
35 *H. Fleischer*, Marx und Engels, Freiburg–München [2]1974, 48.

Wie man es aber auch dreht und wendet: Er gibt keine (logische, historische) ,Synthesis' an, die in gesellschaftlicher Hinsicht dem Hegelschen absoluten Wissen entspräche. Begriffe wie ,klassenlose Gesellschaft', ,Verein freier Menschen', ,Reich der Freiheit' usw. haben bei weitem nicht diesen Stellenwert. Man tut so wohl gut daran, Marxens Kritik in die Nähe einer ,negativen Dialektik' zu rücken, um den großen Unterschied zu allen identitätsphilosophischen Programmen zu markieren.

Aber andererseits ist Marx auch kein bloßer Diagnostiker, der sich mit Deskription begnügen könnte; er hat ganz unmißverständliche Vorstellungen von einer Emanzipation zu humaneren Verhältnissen, und es wäre töricht zu bestreiten, daß gewisse Wert-Prävalenzen in seine Theorie eingegangen sind. Auch *die* sind Momente der bürgerlichen Welt seiner Zeit gewesen; über ihren methodischen Rang läßt sich allerdings in den Marxschen Texten selbst ausdrücklich nichts ausmachen.

Angesichts der sehr allgemein gehaltenen Auskünfte zu diesem Fragenkomplex können wir hier unsere Überlegungen auf einem vorläufigen Stand abbrechen. Aus den schwierigen Überlegungen zum Verhältnis von Realdialektik und Dialektik als Darstellungsform geht ebenso wie aus der bekanntermaßen heiklen Frage nach subkutanen Wertvorstellungen hervor, daß Marx weder eine materialistische noch eine identitätsphilosophische Synthesis von Begriff und Gegenstand kennt. Er steht somit, verbreiteten Auffassungen entgegen, der Kantschen Transzendentalphilosophie näher als dem Hegelschen Identitätssystem. Geschichte ist ein offener Prozeß; die kritische Analyse der bürgerlichen Gesellschaft läßt für diese historisch begrenzte Gestalt die Notwendigkeit einer Transformation erkennen, ohne daß deren Ziel konkret zu antizipieren wäre.

Wenn man so will, läßt sich dieses Resultat nun wieder zu agnostischen Auffassungen in Beziehung setzen; das gilt aber nur sehr allgemein. Geht man ins Detail, so stellt sich bald heraus, daß zwischen der skrupulösen epochè und dem Marxschen Desinteresse an metaphysischen Fragen mehr Unterschiede als Gemeinsamkeiten bestehen. Freilich hebt sich der gleichsam schwebende, historisch relativierte Duktus der Marxschen Theorie von der kosmologischen Auffassung des späten Engels so sehr ab, daß man Marx vielleicht ,agnostischer' als Engels nennen könnte.

Das gilt auch für den letzten Punkt, den Marxschen Naturbegriff. Ohne lange Darlegung sei als Grundlage auf die bekannte Studie von Alfred Schmidt zu diesem Thema verwiesen.[36] Es geht hier um die Frage, ob Natur, wenn

---

36 *A. Schmidt*, Der Begriff der Natur in der Lehre von Marx, Überarbeitete, ergänzte und mit einem Postscriptum versehene Neuausgabe, Frankfurt a. M. 1974.

sie schon nicht objektivistisch gefaßt werden soll, *nur* in historisch angeeigneter Form existiert oder, wenn nicht, wie denn ein nichtidentischer Rest erkannt und bearbeitet werden soll; immerhin böten sich hier ja Analogien zum Kantschen ‚Ding an sich‘ an. Schmidt weist solche Analogien freilich ab, damit auch entsprechende agnostische Konsequenzen. Denn der kritische Materialismus „betont die Unmöglichkeit, etwas über die gegenständliche Welt auszumachen unter Abstraktion von den Formen ihrer praktisch-geistigen ‚Aneignung‘ durch die Gesellschaft, ohne deshalb die Objektivität unseres Wissens historisch, skeptizistisch oder agnostizistisch zu bestreiten".[37] Obwohl Marx kritisch gegen Hegels Subjekt-Objekt-Identität ist, ist es doch nicht so, daß bei ihm „das mit dem Denken unidentische Sein wiederum als unerkennbares ‚Ding an sich‘ aufträte".[38]

Was für Kant als Nichtidentität feststeht, ist für Marx hingegen eine offene geschichtliche Frage; die Differenz von Denken und Sein ist relativ und historisch, nicht prinzipiell. Wie immer aber auch die Naturaneignung ausgedehnt werden mag: Nie geht „der Naturstoff auf in den Weisen seiner theoretisch-praktischen Bearbeitung".[39]

37 Ebd. 208.   38 Ebd. 122.   39 Ebd. 138.

Lucia Sziborsky

Agnostizismus – ein Konstituens der Kritischen Theorie Horkheimers und Adornos

Friedhelm Nicolin in Dankbarkeit

I.

„Philosophie, wie sie nach allem allein zu verantworten wäre, dürfte nicht länger des Absoluten sich mächtig dünken, ja müßte den Gedanken daran sich verbieten, um ihn nicht zu verraten, und doch vom emphatischen Begriff der Wahrheit nichts sich abmarkten lassen. Dieser Widerspruch ist ihr Element. Es bestimmt sie als negative."

Die Worte sind einem Text[1] entnommen, der jener Phase von Adornos Denken zuzurechnen ist, in der sich seine Spätphilosophie ausformt. Sie bezeichnen nicht nur Intention und Problematik der späten Werke, auch des Freundes Horkheimer, sondern sie durchwirken, gleichsam in Variationen, auch frühere Schriften ihres Autors. Motivisch stehen sie ein für den agnostizistischen Zug der Kritischen Theorie beider, der insbesondere ihr Spätwerk prägt. Diesem Zug, der in den frühen Schriften nur versteckt oder nicht vorhanden ist, der in der gemeinsam verfaßten ‚Dialektik der Aufklärung' deutlicher hervortritt, der schließlich in den späteren Schriften beider – und zwar in je eigener Weise – eine konstitutive Funktion für die Theorie gewinnt, ist im folgenden nachzugehen.

Während vor allem das späte Denken Horkheimers als „metaphysischer Pessimismus" gefaßt wird[2], von dem Horkheimer im Vorwort zur Neuausgabe seiner frühen Arbeiten selbst sagt, er sei ein „implizites Moment jedes genuinen materialistischen Denkens", das ihm seit je vertraut gewesen sei[3], radikalisiert Adorno in seiner ‚Negativen Dialektik' das „konsequente Bewußtsein von Nichtidentität"[4]; ihm erscheint „die totale und konkrete Ne-

---

1 Wozu noch Philosophie?, in: *Th. W. Adorno*, Eingriffe. Neun kritische Modelle, Frankfurt a. M. [7]1963, 14.

2 Vgl. *W. Post*, Kritische Theorie und metaphysischer Pessimismus. Zum Spätwerk Max Horkheimers, München 1971; ferner die Einleitung von *A. Schmidt* in: M. Horkheimer, Notizen 1950 bis 1969 und Dämmerung, hrsg. von W. Brede, Frankfurt a. M. 1974.

3 *M. Horkheimer*, Kritische Theorie. Eine Dokumentation, hrsg. von A. Schmidt, Bd. 1, Frankfurt a. M. 1968, XIII.

4 *Adorno*, Negative Dialektik, Frankfurt a. M. 1970, 15.

gation des Vorhandenen als einzige Möglichkeit, dem Vorrang des Besonderen zur Sprache und zum Recht zu verhelfen"[5]. Spricht Horkheimer bei aller Kritik der Gesellschaft, die er mit Adorno (vielleicht in einer weniger radikalen Weise) teilt, von der „Sehnsucht nach dem ganz Anderen"[6], was vordergründige Publizistik zum Anlaß nahm, ihn der Rückkehr zu positiver Religion zu bezichtigen[7], so unternimmt Adorno in seiner ‚Ästhetischen Theorie' den paradoxen Versuch, den „Schein des Scheinlosen" zu retten. In der verschiedenen Akzentsetzung, die sich im späten Denken beider zeigt, setzt sich dennoch ein Gemeinsames durch und fort: das leitende Interesse der Kritischen Theorie.

Doch tritt die unterschiedliche Akzentuierung im Denken beider nicht erst in ihrem Spätwerk auf. Wie sich die Spuren des „metaphysischen Pessimismus" schon in Horkheimers frühen Schriften auffinden lassen[8], so verweisen die charakteristischen Merkmale der radikalisierten Dialektik des späten Adorno – Aporie und Paradox – zurück auf seine musikkritischen Schriften um 1930 und auf das in der gleichen Zeit entstandene Buch ‚Kierkegaard, Konstruktion des Ästhetischen'[9]. Während dieses unter anderem die „Verstelltheit", die „Versperrtheit der Wege, den aporetischen Zustand" ins Zentrum rückt[10], indem Adorno das Kierkegaardsche „Paradox" materialistisch und gesellschaftskritisch auslegt[11], bildet sich in jenen eine an Hegel orientierte dialektische Theorie vom „musikalischen Material" heraus[12]. Sie verschmilzt in der ‚Philosophie der neuen Musik'[13] mit jener negativen Dialektik, welche die gemeinsam mit Horkheimer verfaßte ‚Dialektik der Aufklärung' zu dem werden läßt, was im Blick auf die Entwicklung der Kritischen Theorie als deren „Wendepunkt" angesehen werden kann[14]. Umgekehrt wird die ‚Dialektik der Aufklärung' für die ‚Philosophie

5 *G. Kaiser*, Benjamin. Adorno. Zwei Studien (Fischer Athenäum Taschenbücher 2062), Frankfurt a. M. 1974, 96.

6 Vgl. *Horkheimer*, Die Sehnsucht nach dem ganz Anderen. Ein Interview mit Kommentar von H. Gumnior (Stundenbücher), Hamburg 1970.

7 Vgl. *Gumnior*, ebd. 44; ferner *Schmidt*, in: Horkheimer, Notizen, LII.

8 Vgl. die einschlägigen Aufsätze in: *Horkheimer*, Kritische Theorie, Bd. 1 u. 2.

9 Adorno wurde mit dieser Arbeit 1931 an der Frankfurter Universität habilitiert. Ihre endgültige Fassung erschien Tübingen 1933, 3. erw. Ausg., Frankfurt a. M. 1966.

10 Vgl. *Th. W. Adorno/E. Krenek*, Briefwechsel, Frankfurt a. M. 1974, 37.

11 Ob dieses Buch bereits der Kritischen Theorie als solcher zuzuordnen ist, muß hier offen bleiben.

12 Vgl. *L. Sziborsky*, Adornos Musikphilosophie. Genese – Konstitution – Pädagogische Perspektiven, München 1979, bes. Kap. 4.

13 Tübingen 1949, 2. Ausg. Frankfurt a. M. 1958; zuletzt *Adorno*, Gesammelte Schriften, Bd. 12. Die ‚Philosophie der neuen Musik' soll als ein „ausgeführter Exkurs" zur ‚Dialektik der Aufklärung' verstanden werden.

14 *Horkheimer/Adorno*, Dialektik der Aufklärung, Amsterdam 1947, Neuausgabe Frankfurt a. M. 1969 (daraus im folgenden zitiert). – Zur Wandlung der Kritischen Theorie vgl. *A. Künzli*,

der neuen Musik' insofern bestimmend, als diese nicht allein eine geschichtsphilosophische Theorie der Musik ist, sondern zugleich, wie die ‚Dialektik der Aufklärung' selbst, eine geschichtsphilosophische Theorie der Gesellschaft. Doch zugleich ist sie mehr. Als „Konstruktion des Ästhetischen"[15] eröffnet sie den Horizont, in dem Adorno in seiner ‚Ästhetischen Theorie' das Paradox der Rettung des „Scheins des Scheinlosen" austragen wird[16].

Wenn die ‚Dialektik der Aufklärung' in der Entwicklung der Kritischen Theorie einen Wendepunkt markiert, wenn sie ferner in entscheidender Weise bestimmend wird für die späte Kritische Theorie Adornos und Horkheimers, dann gilt – für Adorno – dasselbe auch von der ‚Philosophie der neuen Musik'. Die verschiedenartige Ausformung der späten Theorie weist bei beiden zurück auf ihre frühe Philosophie und in besonderer Weise auf die ‚Dialektik der Aufklärung', in der die Denkwege beider zusammentreffen. Ihr liegt unter anderen theoriekonstitutiven Elementen das alttestamentliche Theologumenon des „Bilderverbots" zugrunde, das sich mit einem Agnostizismus verbindet, der in Anlehnung an Kant[17] die Erkennbarkeit des Absoluten bestreitet. In der Verschmelzung von jüdischer Theologie und philosophischem Agnostizismus gewinnt die späte Kritische Theorie Horkheimers und Adornos eben dasjenige Konstituens, vermöge dessen sie sich selbst, im Wandel von einer sozialwissenschaftlich geprägten zu einer geschichtsphilosophischen Theorie der Gesellschaft, übersteigt. In der Kritik des „schlechten Bestehenden", das sie erkennen und zu dessen Veränderung sie aufrufen kann[18] – und darin ist sie *praktische* Philosophie! –, hält sie dialektisch an einer Wahrheit fest, die sie nicht erkennen, sondern nur als „Sehnsucht" und als „Versöhnung" bezeichnen kann. Diese Antinomie definiert sie als Philosophie der totalen Negation, die sich den Entwurf einer positiven Utopie ebenso verbieten muß, wie die „Versöhnung" im Absoluten, auf das sie dennoch verweist.

Linker Irrationalismus. Zur Kritischen Theorie der „Frankfurter Schule". Politische Philosophie von Hobbes bis Adorno, Freiburg 1971; *A. Wellmer*, Kritische Gesellschaftstheorie und Positivismus, Frankfurt a. M. 1971; *A. Söllner,* Geschichte und Herrschaft – Eine kritische Studie zum Verhältnis von Philosophie und Sozialwissenschaft in der kritischen Theorie: Philosophisches Jahrbuch 83 (1976) 333–356; ferner *W. Post* und *A. Schmidt* (oben Anm. 2).

15 Vgl. *L. Sziborsky*, Adornos Musikphilosophie, Kap. 8, bes. 181–203.

16 *Adorno*, Gesammelte Schriften, Bd. 7: Ästhetische Theorie, bes. 198 ff.

17 Vgl. die Auseinandersetzung mit Kant in der ‚Dialektik der Aufklärung', vor allem Exkurs II. Spätere Bezugnahmen auf den Agnostizismus Kants z. B. *Adorno*, Negative Dialektik, 372–392; *Horkheimer*, Kants Philosophie und die Aufklärung, in: Zur Kritik der instrumentellen Vernunft. Aus den Vorträgen und Aufzeichnungen seit Kriegsende, hrsg. von A. Schmidt (Fischer Athenäum Taschenbücher 4031), Frankfurt a. M. 1967.

18 Vgl. insbesondere die Abhandlung: Traditionelle und kritische Theorie, in: *Horkheimer*, Kritische Theorie, Bd. 2.

II.

Das Ziel, das Horkheimer und Adorno in der ‚Dialektik der Aufklärung‘ zu erreichen suchten, war „die Erkenntnis, warum die Menschheit, anstatt in einen wahrhaft menschlichen Zustand einzutreten, in eine neue Art von Barbarei versinkt"[19]. Durchaus im Sinne der frühen Kritischen Theorie[20], deren Programm Horkheimer 1932 im Vorwort des ersten Heftes der ‚Zeitschrift für Sozialforschung‘ formulierte, geht es auch in der ‚Dialektik der Aufklärung‘ um die „Erkenntnis des gesamtgesellschaftlichen Verlaufs". Angestrebt wird eine „Theorie der gegenwärtigen Gesellschaft als ganzer"[21], wobei aus dem der Oberflächengestalt zugrunde Liegenden, das in begrifflich faßbaren Strukturen darzustellen ist, Zukunftstendenzen der Gegenwart erkannt werden sollen[22]. Da der Wirklichkeitsbereich, den die kritische Sozialforschung angeht, sich im geschichtlichen Prozeß wandelt, ist auch die Theorie selbst eine prozeßhafte, die ihren Wandel nicht ausschließt. Sie mißt ihren Aussagen ausdrücklich einen „Zeitkern der Wahrheit" zu.[23] Das bedeutet zugleich, daß sie auch sich selbst stets neu zu überdenken[24] hat und daß ihre Erkenntnis prinzipiell unabschließbar ist[25].

Entsprechend diesem Programm, das sich in der gesamten Kritischen Theorie Adornos und Horkheimers durchhält und deren Modifikationen bereits einbegreift, bildet sich die frühe Theorie auf der Basis einer Art interdisziplinär organisierter Forschung heraus; sie findet ihren Niederschlag in der ‚Zeitschrift für Sozialforschung‘.[26] Während der Emigration[27] entwickeln Horkheimer und Adorno in den letzten Kriegsjahren eine „umfassende philosophische Theorie", deren Zeugnisse die von Horkheimer verfaßte ‚Eclipse of Reason‘[28] und die gemeinsam geschriebene ‚Dialektik der Auf-

19 Dialektik der Aufklärung, Vorrede, 1.
20 Horkheimer selbst unterscheidet zwischen der frühen und der späten Kritischen Theorie. Vgl. u. a.: Kritische Theorie gestern und heute, in: *Horkheimer*, Gesellschaft im Übergang. Aufsätze, Reden und Vorträge 1942–1970, hrsg. von W. Brede (Fischer Athenäum Taschenbücher 4004), Frankfurt a. M. 1972.
21 Zeitschrift für Sozialforschung 1 (1932) Vorwort, I.
22 Ebd. III.
23 Dialektik der Aufklärung, Zur Neuausgabe, IX.
24 Vgl. *Horkheimer*, Traditionelle und kritische Theorie.
25 Zeitschrift für Sozialforschung, Vorwort, I f.
26 Vgl. die systematische Übersicht bei *A. Söllner*, Geschichte und Herrschaft (oben Anm. 14), 338.
27 Nach der Auflösung des nach New York emigrierten Instituts für Sozialforschung vertreten Horkheimer und Adorno die Weiterentwicklung der Kritischen Theorie zunächst allein. Vgl. dazu: *M. Jay*, Dialektische Phantasie. Die Geschichte der Frankfurter Schule und des Instituts für Sozialforschung 1923–1950, Frankfurt a. M. 1976; ferner *H. Gumnior/R. Ringguth*, Max Horkheimer in Selbstzeugnissen und Bilddokumenten, Reinbek 1973.
28 New York 1947; deutsch in: Zur Kritik der instrumentellen Vernunft. Zitat: 14.

klärung'[29] sind. Die in spezifischer Weise sozialwissenschaftlich geprägte Forschung und Theoriebildung auf der Marxschen Grundlage der politischen Ökonomie[30], die die Kritische Theorie bisher bestimmte, wird aufgegeben. Möglichkeiten realer gesellschaftlicher Veränderungen zum Besseren hin treten nicht mehr in den Blick; die Kritische Theorie wandelt sich zu einer Philosophie der Negation, in der die Erfahrung des grauenvollen Geschehens unter der Diktatur des Faschismus ihre Spuren hinterläßt.

Ein Denken, dem es um die Erkenntnis des *Warum* der Barbarei geht, sieht sich nicht mehr imstande, sein „Ziel" im Rahmen der traditionellen wissenschaftlichen Disziplinen zu verfolgen; ihm ist nicht nur der „Betrieb", sondern auch der „Sinn" von Wissenschaft, ja selbst der Sinn (möglicherweise auch des eigenen[31]) bisherigen philosophisch-kritischen Denkens fragwürdig geworden.[32] Sofern es sich als *aufklärendes* Denken versteht, hat es in der Frage nach dem *Warum* nicht nur die Realität in ihrem geschichtlichen Gewordensein zu begreifen, sondern muß auch sich selbst als das die Geschichte durchwirkende Prinzip der aufklärenden *Vernunft*[33] der Besinnung unterziehen: „Aufklärung muß sich auf sich selbst besinnen, wenn die Menschen nicht vollends verraten werden sollen." Die erforderliche Reflexion des Denkens auf sich selbst geht von der These der „Selbstzerstörung der Aufklärung" aus,[34] sie versteht sich als „Selbstbesinnung über seine eigene Schuld"[35] und intendiert „die Einlösung der vergangenen Hoffnung"[36]. In der angestrebten Erkenntnis über das *Warum* des „katastrophischen Zustands" (Adorno) geht es zugleich um mehr: um die Vorbereitung eines „positiven Begriffs" von Aufklärung, „der sie aus ihrer Verstrickung in blinder Herrschaft löst"[37]. Mit diesen Stellen sind Intention, Ziel und Thematik der ‚Dialektik der Aufklärung' benannt. Sie nehmen Motive der frühen Kritischen Theorie Horkheimers auf, die, im Blick auf unsere Fragestellung, exemplarisch dargestellt werden sollen.

Die Intention – Einlösung der vergangenen Hoffnung im Bewußtsein von Schuld – bewegt sich in der pessimistischen Spur, die schon Horkheimers Frühwerk durchzieht. „Bei allem Optimismus", den der Materialismus „im Hinblick auf die Veränderung der Verhältnisse aufbringen mag, . . . trägt er . . . einen pessimistischen Zug an sich. Das vergangene Unrecht ist nicht

---

29 Siehe oben Anm. 14.
30 Vgl. *W. Post*, Kritische Theorie und metaphysischer Pessimismus, 43–51; ferner *A. Schmidt*, Einleitung, in: Horkheimer, Notizen, XXXVII ff.
31 Vgl. Dialektik der Aufklärung, Vorrede, 3.   32 Ebd.
33 Die Begriffe „Denken", „Vernunft" und „Aufklärung" werden von den Autoren in gewissem Sinne synonym gebraucht.
34 Dialektik der Aufklärung, 3.
35 Ebd. 2.   36 Ebd. 5.   37 Ebd. 6.

wieder gutzumachen. Die Leiden der verflossenen Geschlechter finden keinen Ausgleich."[38] Oder – theologischer akzentuiert und von einem versteckten Agnostizismus bestimmt – : „Die allmächtige Güte, welche die Leiden in der Ewigkeit tilgen sollte, ist von Anfang an bloß die Projektion menschlicher Anteilnahme in das stumpfe Weltall gewesen . . . Jetzt, wo das Vertrauen auf das Ewige zerfallen muß, bildet die Historie das einzige Gehör, das die gegenwärtige und selbst vergängliche Menschheit den Anklagen der vergangenen noch schenken kann."[39] Historie als das „einzige Gehör" für die Anklagen der vergangenen Menschheit – das bedeutet jetzt in radikalisierter Stoßrichtung: Aufklärung der gesamten bisherigen Geschichte der Menschheit um der gegenwärtigen und zukünftigen willen; dies in der Hoffnung, daß eine „unnachgiebige Theorie" es vermöchte, den Geist „des erbarmungslosen Fortschritts selber an seinem Ziel umzuwenden"[40].

Wenn das zu erreichende *Ziel* an die kritische Reflexion der bisherigen Geschichte gebunden ist, so setzen sich auch darin Bemühungen der kritischen Sozialforschung Horkheimers fort.[41] Doch ausdrücklich betont Horkheimer schon früh die Begrenztheit der möglichen Erkenntnis: „Die Thesis einer absoluten Ordnung und einer absoluten Forderung setzt immer den Anspruch auf Wissen vom Ganzen, von der Totalität, vom Unendlichen voraus. Ist aber unser Wissen unabgeschlossen, besteht eine unaufhebbare Spannung zwischen Begriff und Sein, so darf kein Satz die Würde vollendeter Erkenntnis beanspruchen . . . Eine Erkenntnis, die sich selbst für unvollendet hält, ist nicht Erkenntnis des Absoluten."[42]

Wie zu sehen ist, begreift der materialistische Pessimismus – gleichsam ungeschieden – theologische und agnostizistische Momente in sich ein. Bestimmen unter anderem jene die *Intention*, insbesondere der späten Theorie, so diese – in erkenntnistheoretischer Hinsicht – deren Gestalt in der Verfolgung des *Ziels*: Nur unter Verzicht auf die rationale Erkenntnis des Absoluten kann die Frage nach dem *Warum* beantwortet und der „positive Begriff" von Aufklärung vorbereitet werden.

Dementsprechend legen Horkheimer und Adorno in der ‚Dialektik der Aufklärung' eine geschichtsphilosophische Konstruktion vor, in der die Geschichte der Menschheit als „Naturgeschichte" der Vernunft begriffen und als „Aufklärung" bezeichnet wird. In dieser Konstruktion verbindet sich

---

38 *Horkheimer*, Materialismus und Metaphysik, in: Kritische Theorie, Bd. 1, 47.
39 Zu Bergsons Metaphysik der Zeit, ebd. 199.
40 Dialektik der Aufklärung, 48.
41 Vgl. *A. Schmidt*, Die Kritische Theorie als Geschichtsphilosophie, München–Wien 1976.
42 *Horkheimer*, Materialismus und Metaphysik, in: Kritische Theorie, Bd. 1, 48.

ein früher Theorieansatz Adornos[43] mit den Erwägungen zur ,Kritik der instrumentellen Vernunft', die Horkheimer gesondert als „Aspekte" der mit Adorno gemeinsam entwickelten philosophischen Theorie in der ,Eclipse of Reason' darlegt. Deren kritische Untersuchungen zum Begriff der Rationalität präsentieren sich in der ,Dialektik der Aufklärung' als Theorie der Herrschaft „blinder" Vernunft, die im Prozeß ihres geschichtlichen Fortschreitens in der antinomischen Dialektik von Mythos und Aufklärung, von Naturverfallenheit und Naturbeherrschung sich selbst zerstört. Damit ist das *Thema* der ersten Abhandlung des Buches umrissen. Seine Durchführung ist im folgenden unter dem Gesichtspunkt unseres Themas knapp nachzuzeichnen.

III.

Horkheimer und Adorno verfolgen in der ,Dialektik der Aufklärung' die Genesis der Vernunft, die als *objektive* die Geschichte durchwirkt, aber zugleich als Gestalt der *subjektiven* ratio begriffen wird, bis an ihren urgeschichtlichen Anfang zurück. Naturhaft entspringt sie der mythischen Urangst des Menschen vor der Bedrohung durch die Natur.[44] Sich herausarbeitend aus dem, was sie selbst ist – Natur –, setzt sie sich als deren Anderes, und darin vollzieht sich die Trennung von Subjekt und Objekt (von Mensch und Natur, von Begriff und Sache), die im Präanimismus bereits angelegt ist.[45] Seit ihrem Anfang bezogen auf die Selbsterhaltung des Einzelnen und der Gattung im Horizont von Überleben oder Untergang, bestimmt sie das Verhalten des Menschen zur Natur der Außenwelt und zu seiner inneren Natur ebenso notwendig als herrschaftliches Verhalten, wie sie unter dem Prinzip der Herrschaft in der Form der Arbeitsteilung die gesellschaftlichen Lebensformen der Menschen organisiert.[46] In dieses Verhalten gehen zwanghafte Momente ein, die in der Angst gründen.[47]

Da Horkheimer und Adorno in der „Herrschaft" das den Widerspruch der Aufklärung bewirkende Prinzip sehen, liegt diese Antinomie in der Vernunft selbst, sofern sie seit Beginn ihrer Geschichte mit Herrschaft verschwistert ist: „Das Wesen der Aufklärung ist die Alternative, deren Unausweichlichkeit die der Herrschaft ist. Die Menschen hatten immer zu wählen zwischen ihrer Unterwerfung unter die Natur oder der Natur unter

43 Die Idee der Naturgeschichte. Erstmals abgedruckt in: *Adorno*, Gesammelte Schriften, Bd. 1.
44 Vgl. Dialektik der Aufklärung, 20 ff.
45 Vgl. ebd. 21.   46 Vgl. ebd. 20. 28. 38 ff.
47 Vgl. ebd. 22.

das Selbst."[48] Im Horizont dieser unausweichlichen Alternative bestimmt sich der Fortschrittsprozeß der Aufklärung als Prozeß eines *unversöhnten* Widerspruchs zwischen einer sich vereinseitigenden, auf instrumentelle Anwendung sich abrichtenden Vernunft und dem, was sie selbst als endlich begrenzte Vernunft des Menschen ist: Natur. Auf dem Weg ihrer konkreten geschichtlichen Realisation in Praxis und Theorie zerstört ihre „blinde" Herrschaft nicht nur die äußere Natur, die sie zum bloßen Objekt rationaler Verfügbarkeit macht. Sie zerstört zugleich die innere Natur des Vernunftsubjekts, des Menschen, dessen „Befreiung" vom Zwang der Natur sie zu dienen glaubt. Von seiner „ersten" Natur gründlich befreit, verfällt der Mensch dem Zwang seiner „zweiten", in Wissenschaft, technischer Apparatur, Organisation und Verwaltung des Lebens selbst geschaffenen: Nicht er beherrscht mehr das, was die Herrschaft seiner Vernunft um der „Befreiung" willen schuf, sondern das Geschaffene, nach dem er sich „an Leib und Seele zu formen hat"[49], beherrscht ihn. Je mehr also herrschaftliche Vernunft als verselbständigte „Denkmaschinerie das Seiende sich unterwirft, um so blinder bescheidet sie sich bei dessen Reproduktion. Damit schlägt Aufklärung in Mythologie zurück, der sie nie zu entrinnen wußte."[50] In der „Kreisähnlichkeit" der Wiederholung des Immergleichen von Naturbeherrschung und Naturverfallenheit erscheint der Weg des „unaufhaltsamen Fortschritts" der Aufklärung als Weg einer „unaufhaltsamen Regression".[51] Subjekt und Objekt werden nicht nur einander entfremdet, was Entfremdung zwischen Mensch und Natur, zwischen den Menschen untereinander und Entfremdung des Individuums von sich selbst einbegreift. Vielmehr tragen beide gleichermaßen die Male der Zerstörung.[52] Angesichts der Negativität dieses vorläufigen Resultats, das die Besinnung der Aufklärung auf sich selbst zeitigt, ist zu fragen, wie ein „positiver Begriff" von Aufklärung vorbereitet werden kann. Und ferner: Wie kann die „vergangene Hoffnung" noch eingelöst werden, angesichts einer, wie es scheint, grundsätzlich aporetischen Verfaßtheit der geschichtlich-gesellschaftlichen Welt?

Unter Bezugnahme auf das jüdische Bilderverbot berufen sich Horkheimer und Adorno auf Hegels Begriff der „bestimmten Negation", fassen ihn aber zugleich anders, als die Hegelsche Dialektik es tut. Der Begriff konstituiert sich durch eine zweifache Negation, die dialektisch aufeinander bezogen ist und die in zwei Dimensionen weist: in die des Unendlichen und die des Endlichen. Er zielt auf die Einhaltung des Verbots, den Namen Gottes zu

48 Ebd. 38.   49 Vgl. ebd. 42ff.
50 Ebd. 33.   51 Vgl. ebd. 42.
52 Vgl. z. B. ebd. 16. 34–37. 42f. 46.

nennen[53], und zum anderen auf die Verneinung der erkannten Negativität der Geschichte. „Bestimmte Negation" bedeutet gegen Hegel also nicht die „Aufhebung" des Negierten in einem (wie immer gearteten) Positiven, letztlich im Absoluten. „Die Selbstzufriedenheit des Vorwegbescheidwissens und die Verklärung der Negativität zur Erlösung sind unwahre Formen des Widerstands gegen den Betrug."[54] Die bestimmte Negation bedeutet, in theologischer oder religiöser Hinsicht, auch nicht die „Aufhebung" der Negativität durch jenseitige Erlösung. Gegenüber diesen „unwahren Formen" des Widerstands gegen das, was ist, kann die wahre Form nur durch „bestimmte Negation" *auch* des Absoluten gewonnen werden, die ihrerseits – dialektisch – der Negation des erkannten Negativen die Funktion des konkreten Wider-Stands verleihen soll.[55] In dieser Abweisung von positiver Theologie und positiver Metaphysik, aber auch in der Abweisung des Gegenteils, nämlich der „unterschiedslosen Bestreitung jedes Positiven", wie sie sich im Buddhismus findet, und schließlich in Distanzierung von der Skepsis, „der das Falsche wie das Wahre als nichtig gilt"[56], beziehen Adorno und Horkheimer erkenntnistheoretisch eine agnostizistische Position, die sich mit jüdischer Theologie verbindet.

Das bedeutet aber nicht: Negation des Transzendenten überhaupt. Vielmehr wird – paradox – das „Recht" des Bildes nicht verneint, sondern durch Verneinung bestätigt: „Gerettet wird das Recht des Bildes in der treuen Durchführung seines Verbots. Solche Durchführung, ‚bestimmte Negation' . . . verwirft die unvollkommenen Vorstellungen des Absoluten . . . Dialektik offenbart vielmehr jedes Bild als Schrift. Sie lehrt aus seinen Zügen das Eingeständnis seiner Falschheit lesen, das ihm die Macht entreißt und sie der Wahrheit zueignet."[57] Damit destruiert die Dialektik alle geschichtlich aufgetretenen Bilder des Absoluten, denen sie in der „bestimmten Negation" widerspricht, seien sie religiöser oder philosophischer Art. Sie werden ebenso als „Mythologie"[58] enthüllt wie die „Aufklärung", die die „blinde" Herrschaft der Vernunft zeitigte. Das unerkennbare Absolute, für welches das Bilderverbot einsteht, wird – agnostizistisch – gleichsam zur letzten begründenden Instanz der negativen Dialektik, die weder die Hegelsche Synthesis noch den Kierkegaardschen Sprung in den Glauben mehr annehmen kann.[59] Von dort bezieht die „bestimmte Negation",

53 Vgl. Dialektik der Aufklärung, 30.   54 Ebd.
55 „Die Verneinung freilich ist nicht abstrakt" (ebd.).   56 Vgl. ebd.   57 Ebd.
58 Gerade dies wird aufgewiesen in bezug auf Hegels System, das beansprucht, die Entfaltung des Absoluten darzustellen; vgl. ebd.
59 Vgl. *I. Müller-Strömsdörfer*, Die „helfende Kraft bestimmter Negation", in: Kritik und Interpretation der Kritischen Theorie, Gießen 1975, 64.

in der die Widersprüche des Endlichen aufgezeigt und verneint werden, ihre Schärfe und ihre Kraft zum realen Wider-Stand. Und schließlich: Vermöge der paradox erscheinenden Rettung des „Rechts" des Bildes gewinnt das frühe Motiv der „Rettung des Hoffnungslosen"[60] jenes philosophisch-theologische Fundament, das die spätere negative Dialektik Horkheimers und Adornos auf das Transzendente hin öffnet. Das kündigt sich in der ‚Dialektik der Aufklärung' an. Konstituiert sich der Begriff der „bestimmten Negation" unter Bezugnahme auf dieses Transzendente, so entspringt ihm, in seiner Funktion des Widerspruchs und Widerstands – dialektisch – der „positive Begriff" von Aufklärung, der seinerseits nur ein „bilderloser" Begriff sein kann und als solcher ein begrifflich nicht faßbares Transzendentes bezeichnet. Die „Einlösung der vergangenen Hoffnung" aber, die die Selbstbesinnung des Denkens im Bewußtsein von „Schuld" in der Destruktion der „Aufklärung" intendiert, kann – aporetisch – weder durch den Begriff noch durch den Glauben vollzogen werden. Dadurch wird die Philosophie zum Anwalt der „Rettung des Hoffnungslosen". Mit anderen Worten: Die negative Dialektik vertritt die Einlösung einer Hoffnung, die sie nicht einlösen kann – einer Hoffnung, die in der agnostizistischen Verneinung des Wissens vom Absoluten, „in der Abwendung von allem Glauben"[61] und im Bewußtsein der totalen „Verlassenheit"[62] der Kreatur die Hoffnung der „Verzweiflung alles Sterblichen"[63] ist. In der Destruktion der „falschen" Herrschaft „blinder" Vernunft enthüllt sie das Kierkegaardsche Paradox als ein unversöhnbares Skandalon der geschichtlich-gesellschaftlichen Welt, das die Vernunft, die sich zum Absoluten aufwarf, schuldhaft verhüllte, indem sie die „falsche Versöhnung" des „Leidens" versprach oder im Begriff vollzog. In der „Begierde des Rettens" hält die negative Dialektik die Wunde des Leidens offen, indem sie diesem zur Sprache und zum Recht zu verhelfen sucht. Ist es dies, was in der Insistenz auf dem „Nichtidentischen" insbesondere die späte Philosophie Adornos bestimmt, so ist es Horkheimer, der die „Verlassenheit" des Menschen in seinen späten Texten immer wieder zum Thema macht.

60 Die Wendung findet sich in einem Brief Adornos an Horkheimer aus dem Jahr 1935. Vgl. *H. Gumnior/R. Ringguth*, Max Horkheimer (oben Anm. 27), 84. Es ist interessant zu sehen, daß sich Adorno in diesem Zusammenhang auf Horkheimers „Atheismus" bezieht und von diesem sagt, daß er an ihn „je weniger glaube, je vollkommener er sich expliziert: denn mit jeder Explikation steigt seine metaphysische Gewalt".

61 Dialektik der Aufklärung, 30.

62 Der Begriff „Verlassenheit" gibt Horkheimers metaphysischer Grundauffassung von Welt und Menschheit Ausdruck. Sie durchwirkt in verschiedenen thematischen Zusammenhängen sein gesamtes Werk.

63 Dialektik der Aufklärung, 30.

IV.

Wie wird nun der „positive Begriff" von Aufklärung gewonnen, wenn die „bestimmte Negation" nicht mehr in Positivität übergehen kann? Sofern das Denken, wie die ‚Dialektik der Aufklärung' zeigt, in der Allherrschaft der „materiellen wie intellektuellen Apparatur" verfestigt bleibt, in der es als „Organ der Herrschaft" nur „zwischen Befehl und Gehorsam zu wählen hat", vermag es den „falschen Schein" seiner Herrschaft nicht aufzulösen. Doch wächst ihm in der Reflexion die Möglichkeit seiner Selbsterkenntnis zu: „Ohne sich der Verstrickung, in der es in der Vorgeschichte befangen bleibt, entwinden zu können, reicht es jedoch hin, die Logik des Entweder-Oder, Konsequenz und Antinomie, mit der es von Natur radikal sich emanzipierte, als diese Natur, unversöhnt und sich selbst entfremdet wiederzuerkennen."[64] Indem das Denken die unversöhnte und sich selbst entfremdete Natur als seine eigene wiedererkennt, erkennt es zugleich den „Schein", den „Verblendungszusammenhang", den das „falsche Absolute, das Prinzip der blinden Herrschaft"[65] stiftete. Deshalb ist „Aufklärung . . . mehr als Aufklärung, Natur, die in ihrer Entfremdung vernehmbar wird. In der Selbsterkenntnis des Geistes als mit sich entzweiter Natur ruft wie in der Vorzeit Natur sich selber an, aber nicht mehr unmittelbar mit ihrem vermeintlichen Namen, der die Allmacht bedeutet, als Mana, sondern als Blindes, Verstümmeltes."[66] Die bildhaft in der dialektischen Rückwendung auf den Ursprung als Sich-selber-Anrufen der Natur dargestellte Selbsterkenntnis des Geistes (der Vernunft), gilt nicht einer versöhnten, sondern jener seit Anbeginn *unversöhnten* Natur, als die der blinde Geist, sehend geworden, sich jetzt weiß. Besteht „Naturverfallenheit" „in der Naturbeherrschung", so erkennt der Geist, daß er als Natur beherrschender menschlicher Geist selbst unaufhebbar einer Natur angehört, die in der die Existenz des Menschen begrenzenden Alternative von Leben und Tod endlich ist. Darin besteht seine Naturverfallenheit. „Durch die Bescheidung, in der dieser als Herrschaft sich bekennt und in die Natur zurücknimmt, zergeht ihm der herrschaftliche Anspruch, der ihn gerade der Natur versklavt."[67] Die wiedererkannte endliche Natur ist der Horizont, in dem ihm seine Herrschaft über Natur in ihren Antinomien und in ihren sinnlosen zerstörerischen Konsequenzen durchsichtig wird.
Ist dies die Einsicht der sich auf sich selbst und die „Schuld" des Denkens besinnenden Aufklärung, so ist durch „solches Eingedenken der Natur im Subjekt . . . Aufklärung der Herrschaft überhaupt entgegengesetzt"; Den-

64 Ebd. 45.   65 Ebd. 48.   66 Ebd. 46.   67 Ebd.

ken tritt „aus dem Banne der Natur heraus".[68] Zwar kann es den „Verblendungszusammenhang", in dem die Gesellschaft befangen ist, real nicht aufheben, da diese sowohl „in der Form der Wissenschaft an die blinde ökonomische Tendenz gefesselt"[69] als auch in ihrer Lebensorganisation dieser verhaftet bleibt. Doch es vollzieht im Einbekenntnis seiner Herrschaft, die einem Schuldbekenntnis gleicht, deren „bestimmte Negation". In der Anamnesis seines Ursprungs und im Bekenntnis seiner Herrschaft eröffnet sich ihm „die Perspektive einer Welt ohne Herrschaft"[70]. Als „bilderlose", nicht im Begriff zu fassende, geht sie auf als eine Welt „versöhnter", nicht „entzweiter" Natur, in deren aufscheinendem Licht die zerschundene Welt als erlösungsbedürftige daliegt. Als transzendentes Gegenbild widerspricht sie der erkannten Negativität der endlichen geschichtlichen Welt, wie umgekehrt der seine Schuld bekennende Geist sich auf jene andere Natur hin übersteigt. Sie ist nicht die seiner anfänglichen ersten Natur, sondern sie liegt jenseits von deren Ursprung, der „ein erst zu findender" wäre.[71] „Sie ist das schlechthin Andere, nicht nur zum Geist in seiner Entstellung, sondern auch zur Natur in ihrer Entstellung."[72] Vermöge des so entspringenden „positiven Begriffs" von Aufklärung rücken Horkheimer und Adorno die negative Wahrheit der geschichtlichen Welt in eine andere Konstellation[73]. Sie ist die von „bestimmter Negation" und Transzendieren auf ein Transzendentes hin, wodurch die erkannte Wahrheit des „falschen Absoluten" als Unwahrheit bestimmt wird. Und mehr noch: Der Begriff gewinnt – durch die Absage an Herrschaft und im Wissen um die „unversöhnt" bleibende endliche Natur der Vernunft in eins mit der perspektivisch aufscheinenden Welt einer „versöhnten Natur" – den Sinn einer regulativen Idee, deren „positive Setzung im Begriff" sich „in äußerste(r) Treue zum Bilderverbot, weit über das hinaus, was es einmal an Ort und Stelle meinte"[74], für Horkheimer und Adorno verbietet. Der Geist dieses Begriffs bestimmt die „Unnachgiebigkeit der Theorie gegen die Bewußtlosigkeit, mit der die Gesellschaft das Denken sich verhärten läßt", und es ist diese Unnachgiebigkeit, von der die „umwälzende wahre Praxis" abhängt.[75]

68 Ebd. 47.   69 Ebd.
70 Vgl. *A. Schmidt*, Adorno – ein Philosoph des realen Humanismus, in: Theodor W. Adorno zum Gedächtnis, hrsg. von H. Schweppenhäuser, Frankfurt a. M. 1971, 73.
71 So *G. Kaiser* (Benjamin. Adorno. Zwei Studien, 99) mit Bezug auf *Adorno*, Negative Dialektik, 156: „. . . Ursprung fiele allein dem Ziel zu, konstituierte sich erst von diesem her."
72 *G. Kaiser*, Benjamin. Adorno, 98f.
73 Was der bildhafte Begriff „Konstellation" meint, legt *Adorno* dar in: Die Aktualität der Philosophie (1931). Erstmals abgedruckt in: *Adorno*, Gesammelte Schriften, Bd. 1; vgl. bes. 334f.
74 *Adorno*, Vernunft und Offenbarung, in: Stichworte, Frankfurt a. M. 1969, 28.
75 Dialektik der Aufklärung, 48.

Die auf die gesellschaftliche Totalität und insbesondere auf das Subjekt in dieser Totalität bezogene Theorie Horkheimers und Adornos bringt, im Sinne der frühen Konzeption Horkheimers, den gesamtgesellschaftlichen Verlauf auf eine „dem Begriff zugängliche Struktur". Die materialistisch im Rekurs auf Natur begründete Geschichtsphilosophie verbindet sich mit einer Hegel und Marx widersprechenden, von Kant inspirierten, agnostizistisch und theologisch im biblischen Bilderverbot georteten, im Begriff nicht positiv zu entfaltenden Metaphysik, in der das Absolute als „versöhnte Natur" gedacht wird. Diese Metaphysik, die sich im Spätwerk Horkheimers und Adornos in gemeinsamer Intention, aber unterschiedlicher Akzentuierung Ausdruck verschafft, ist nun näher zu betrachten.

V.

Bevor Adorno in der ‚Negativen Dialektik' in den „Meditationen zur Metaphysik" die Auseinandersetzung mit ihr aufnimmt, handelt er noch einmal – seinen frühen Theorieansatz und die Geschichtskonstruktion der ‚Dialektik der Aufklärung' in einer anderen Akzentsetzung wiederaufnehmend – über die „Naturgeschichte"[76]. Unter Berufung auf Benjamin betont Adorno, daß die *Vergängnis* es sei, in der Natur und Geschichte kommensurabel werden. „Auf dem Antlitz der Natur steht ‚Geschichte' in der Zeichenschrift der Vergängnis." Das sei die „Transmutation von Metaphysik in Geschichte", die jene in der Kategorie des „Verfalls" säkularisiere. Die Philosophie deute jene Zeichenschrift in den „Bruchstücken, welche der Verfall schlägt und welche die objektiven Bedeutungen tragen".[77]

Wenn es die Aufgabe der Philosophie ist, die „Zeichenschrift der Vergängnis" aus den „Bruchstücken" des Verfallenden zu entziffern, so begreift sie sich nicht nur als Geschichtsphilosophie, sondern auch als Metaphysik. Sie sucht das Transzendente in der Dimension des vergehenden Endlichen: „Kein Eingedenken an Transzendenz ist mehr möglich als kraft der Vergängnis; Ewigkeit erscheint nicht als solche, sondern gebrochen durchs Vergänglichste hindurch."[78]

Der Satz bezeichnet programmatisch den Ansatzpunkt der metaphysischen Fragestellung Adornos. Ihr Kern ist eine noch verborgene Aporie, die im Vollzug der Auseinandersetzung mit Metaphysik und Theologie immer schärfere Kontur gewinnt. Wenn Adorno behauptet, „Ewigkeit", das „Unvergängliche", erscheine gebrochen im Zeitlichen, dann muß das so Er-

76 Negative Dialektik, 345–351.
77 Vgl. ebd. 351. 78 Ebd.

scheinende nicht nur subjektiv wahrgenommen, sondern auch in der philosophischen Reflexion begrifflich gefaßt und als Erkenntnis vermittelt werden können. Gilt andererseits aber das Transzendente als unerkennbar, dann kann die Forderung nach begrifflich gefaßter Erkenntnis nicht eingelöst werden. Abgesehen von der Erkenntnisproblematik ist zu fragen: Wird das Transzendente als Wahrheit im Sinne von Wirklichkeit oder als Projektion der endlichen Vernunft gedacht, als immanenter Fluchtpunkt des Denkens, der ihm notwendig entspringt und auf den hin sich die Hoffnung der Verzweiflung bewegt? Zugespitzt formuliert: Ist das Transzendente oder ist es nicht?

Die erste Meditation, „Nach Auschwitz", kennzeichnet den Ort, an dem ein Denken, das sich als geschichtlich gewordenes begreift, es noch einmal unternimmt, nach der Wahrheit des Absoluten zu fragen. Die Frage begründet sich aus der Erfahrung des Geschehenen, für welches der Name „Auschwitz" exemplarisch einsteht: Der verordnete Tod, der Millionen Menschen das „Letzte und Ärmste" nahm – den je eigenen, in den Lebenszusammenhang des Individuums eingebundenen Tod –, steht nicht isoliert, sondern er ist extremer Ausdruck der Liquidation des Individuums, die die Gesellschaft als ganze betreibt.

Angesichts dieser Erfahrung ist *spekulatives* metaphysisches Denken unmöglich geworden, sofern es sich auf affirmativ gesetzte Transzendenz bezieht; es würde die „absolute Negativität" bejahen und dieser zu einem ideologischen Fortleben verhelfen[79]. Diese Einsicht erfordert zugleich die kritische Auseinandersetzung mit der Geschichte der Metaphysik. Wie die ‚Dialektik der Aufklärung' bereits zeigt, hat der undurchschaute und „schuldhafte Drang der Selbsterhaltung" ein solches Ausmaß erreicht, daß diese „Schuld des Lebens" nicht mehr mit dem Leben zu „versöhnen" ist. Sie „reproduziert sich unablässig, weil sie dem Bewußtsein in keinem Augenblick ganz gegenwärtig sein kann". Auch Metaphysik und Theologie sind verstrickt in diesen Schuldzusammenhang. Um ihn aufzubrechen, ist das Denken zu einer Philosophie „gezwungen", der ein „anderer Begriff von Wahrheit gelingen sollte" als jener, der in der „adaequatio rei atque cogitationis" die absolute Negativität bestätigt. „Solcher anderen Wahrheit gilt die Innervation, Metaphysik möchte gewinnen allein, wenn sie sich wegwirft."[80]

Diese Begründung der Absage Adornos an bisherige Metaphysik schärft Intention und Ziel der ‚Dialektik der Aufklärung' zu. Wurde dort im Bewußtsein der Schuld des Denkens um der „Einlösung der Hoffnung" willen

79 Vgl. ebd. 352.   80 Ebd. 355.

ein „positiver Begriff" von Aufklärung vorbereitet, dessen Wahrheit die erkannte Negativität der Unwahrheit überführen und die Kraft zum Widerstand stärken sollte, so geht es jetzt um diese Wahrheit selbst. Nach dem geschichtlichen „Sturz" der Metaphysik kann die Frage Kants nach der objektiven Möglichkeit von Metaphysik nicht mehr neu gestellt werden. An ihre Stelle tritt die nach der subjektiven Möglichkeit metaphysischer Erfahrung, die Adorno als geschichtsphilosophische Frage verstanden wissen will.[81]

Mit diesem Ansatz stellt Adorno zunächst die Wahrheit des Transzendenten, von der ein „anderer Begriff" gewonnen werden soll, radikal in Frage. Er löst sie einerseits aus ihren begrifflich gefaßten geschichtlichen Vermittlungen in Philosophie und Theologie heraus, während er sie andererseits an die begrifflose Erfahrungsschicht des Subjekts bindet. Doch gewährleistet diese die metaphysische Erfahrung nicht, weil das in den gesellschaftlichen Verblendungszusammenhang einbezogene Subjekt nicht nur ideologisch determiniert, sondern als Individuum real „beschädigt" ist.[82] In dieser Infragestellung, auch der Möglichkeit metaphysischer Erfahrung, tut sich die Frage nach der Wahrheit des Transzendenten als unabweisbare noch einmal auf.

Daß die Möglichkeit der metaphysischen Erfahrung fragwürdig geworden ist, sucht Adorno in der Meditation über das „Sterben heute" aufzuzeigen. Wenn die Erfahrung des Todes die Existenz des Menschen am tiefsten betrifft, so wird gerade an ihr die Unmöglichkeit des Vollzugs metaphysischer Erfahrung deutlich. Indem die „vergesellschaftete Gesellschaft" die „zivilisatorische Integration" des Todes bis zur äußersten Perfektion betreibt, wird dieser für den Menschen zu einem ihm Äußerlichen und Fremden. Die ‚natürliche' Angst vor dem Tod pervertiert sich zur „Dauerpanik" vor ihm, die nur durch immer stärkere Verdrängung zu beschwichtigen ist. Das beschädigte und geschichtlich verfallende Individuum hat die Resistenzkraft gegen den Tod verloren, die sich nicht zuletzt aus der „Idee von Unsterblichkeit" nährte. Dieser Verlust hängt unter anderem zusammen mit dem „gesellschaftlich determinierten Niedergang kontinuierlicher Erfahrung überhaupt", dem der objektive Niedergang von Metaphysik und positiver Religion entspricht.[83]

---

81 Vgl. ebd. 363.
82 Vgl. Dialektik der Aufklärung, passim. Eine aus Beobachtungen gewonnene Vorbereitung der These vom „beschädigten" Subjekt und seiner verkümmerten Erfahrungsfähigkeit findet sich in der Abhandlung von *Adorno*, Über den Fetischcharakter in der Musik und die Regression des Hörens (1938), in: Dissonanzen, Göttingen ⁴1969.
83 Vgl. Negative Dialektik, 361.

Wenn um der Hoffnung willen der Philosophie ein „anderer Begriff" von der Wahrheit des Transzendenten „gelingen" soll, der zur geschichtlichen Stunde nicht mehr aus der zerfallenen Metaphysik gewonnen werden kann, wenn ferner die Möglichkeit der metaphysischen Erfahrung radikal in Frage steht, dann muß *auch* ein „anderer Begriff" von Erfahrung gewonnen werden, sofern der Versuch der Philosophie nicht von vornherein zum Scheitern verurteilt sein soll: Ihr wäre die Basis entzogen, welche die unabweisbare Frage nach der Wahrheit und deren Beantwortung allein noch ermöglichen kann. In dieser zweifachen Perspektive, die antinomisch auseinanderweist und dialektisch aufeinander bezogen ist, entwickelt sich in der Konfiguration von Aporie und Paradox die Grundgestalt der negativen Metaphysik Adornos. Sie kehrt unter wechselnden Perspektiven und in jeweils anderer Konstellation in allen weiteren Meditationen zur Metaphysik wieder[84] und wird in der ‚Ästhetischen Theorie' an die äußerste Grenze ihrer Aussagemöglichkeit geführt.

Was metaphysische Erfahrung „sei", sucht Adorno – konjunktivisch – zu zeigen, indem er in der Absage an „angebliche religiöse Urerlebnisse" und unter Bezug auf Proust ein anderes „Modell" von Erfahrung gewinnt. Ihr Begriff „wäre" nicht „das Armselige von den Sachen Abgezogene", sondern „endlich der der Sache selbst". Er „haftet aber am Versprechen des Glücks", dessen Einlösung die Welt verweigert: „Glück, das einzige an metaphysischer Erfahrung, was mehr ist denn ohnmächtiges Verlangen, gewährt das Innere der Gegenstände als diesen zugleich Entrücktes."[85]

Die Struktur des Begriffs, den Adorno beschreibt, ist antinomisch; die metaphysische Erfahrung selbst führt in eine Aporie. Sie gewährt im „Glück" etwas, das sie zugleich vorenthält. Dieses Gewährte und zugleich Entzogene – die „Sache selbst" – erscheint in ihr als Paradox. Sie ist nicht identisch mit dem dinghaft Objektiven, durch das sie vermittelt wird und an das die metaphysische Erfahrung gebunden ist, auch nicht mit dem Glück, welches sich in ihr schenkt. Sie ist ein Anderes, das sich von beidem unterscheidet; insofern wäre sie das „Nichtidentische", das der Metaphysik als Absolutes „vorschwebt"[86]. Da das zu Erfahrende nicht als es selbst erfahren wird, ist die metaphysische Erfahrung „negativ"; sie wird von Adorno als eine Art „Zustand" begriffen, den er „vergebliches Warten" nennt. Dieses verbürgt wiederum nicht, „worauf die Erwartung geht". Die Kunst, die ihrerseits zum Ort metaphysischer Erfahrung wird, hat diesen Zustand „aufgezeichnet"[87]; in ihr ist beides vermittelt: die Erfahrung und das zu Erfahrende.

---

84 Vgl. ebd. 367ff.   85 Ebd. 364. 365.   86 Ebd. 396.
87 Vgl. ebd. 366. Adorno verdeutlicht dies an der Musik, speziell an den Opern von Alban Berg.

Als materiale Gestalt der Erkenntnis[88] reflektiert sie begrifflos „den Zustand, der sein Maß hat an der Versagung. Je weniger am Leben mehr bleibt, desto verlockender fürs Bewußtsein, die kargen und jähen Reste des Lebendigen fürs erscheinende Absolute zu nehmen. Gleichwohl könnte nichts als wahrhaft Lebendiges erfahren werden, was nicht auch ein dem Leben Transzendentes verhieße; darüber führt keine Anstrengung des Begriffs hinaus. Es ist und ist nicht."[89]

In der metaphysischen Erfahrung, deren Begriff Adorno entwirft, indem er sie beschreibt, soll „endlich" die „Sache selbst" und nicht das von ihr „Abgezogene" gefaßt werden. Insofern wird sie zum Instrument der Erkenntnis der Wahrheit des Transzendenten. Der Begriff dieser Wahrheit soll ein *anderer* sein als der aller bisherigen Metaphysik. Er stellt das Transzendente als Paradox dar. Diese Wahrheit des Transzendenten geht in der metaphysischen Erfahrung als begifflose Erkenntnis auf. Da über diese Erfahrung „keine Anstrengung des Begriffs" hinausführt, bleibt die Erkenntnis, sofern sie als solche zu gelten hat, gefangen in einer unüberwindbaren Aporie. Agnostizistisch verharrt das Denken Adornos *vor* dem Transzendenten. Im Vollzug negativer Dialektik wird es in immer neue Konstellationen gebracht, ohne daß mehr über es selbst ausgesagt werden könnte. In der Konfiguration von Aporie und Paradox, die den Konstellationen eingeschrieben ist, weist die Philosophie über sich hinaus und hin auf das „Nichtidentische". Es träte erst hervor – würde erkennbar –, „nachdem der Identitätszwang zerging"[90]. Ihm bleibt das endliche Denken selbst dann noch verhaftet, wenn es um der Hoffnung willen in Aporien und Paradoxien gegen Identitätsdenken andenkt.[91] Darin erreicht es die gleichsam absolute Grenze seiner Möglichkeiten, sofern es sich als ein „Verhalten" begreift, das sich weder der hoffnungslosen totalen Verzweiflung als dem Letzten überlassen kann und will noch der falschen „Versöhnung", die positive Metaphysik und Religion implizieren.

Der Agnostizismus Adornos verschärft das Bilderverbot: Das Paradox, daß in der metaphysischen Erfahrung das Transzendente aufgeht als etwas, das ist und nicht ist, stellt dieses selbst als dasjenige, dessen Name nicht genannt werden darf, bis auf den Grund in Frage.[92] Damit ist das Ende metaphysischen Denkens erreicht. In der nicht abweisbaren, aber nicht beantwortbaren Frage nach dem Transzendenten überschreitet es sich selbst, indem es diese Frage festhält.

Über diese unüberschreitbare Grenze, an die das Denken stößt, ragt die

88 Vgl. Philosophie der neuen Musik (oben Anm. 13), bes. 118 ff.
89 Negative Dialektik, 366.
90 Ebd. 396.   91 Vgl. ebd. 147.   92 Vgl. ebd. 392.

Kunst um ein „Winziges" hinaus. Schon früh spricht Adorno vom Erkenntnischarakter[93] der Kunst – ein Gedanke, der in der ,Philosophie der neuen Musik' seine philosophische Ausgestaltung in der „Konstruktion des Ästhetischen" findet[94]. Adorno bestimmt Kunstwerke als Gestalten der Erkenntnis, die sie selbst – durch ihre Form[95] – vollziehen. In ihnen ist die negative Wahrheit der geschichtlich-gesellschaftlichen Welt ebenso vermittelt wie die Wahrheit des Transzendenten, dessen „Elemente" in der Realität versammelt sind: „sie müßten nur, um ein Geringes versetzt, in neue Konstellation treten, um ihre rechte Stelle zu finden".[96] Diese Versetzung, um die sich der Begriff vergeblich bemüht, vollziehen die Kunstwerke in ihrer Gestalt: „Die Kunstwerke sagen, was mehr ist als das Seiende, einzig, indem sie zur Konstellation bringen, wie es ist."[97] „Das Nichtseiende ist ihnen vermittelt durch die Bruchstücke des Seienden, die sich zur apparition versammeln." Jedoch: „Nicht ist es an der Kunst, durch ihre Existenz darüber zu entscheiden, ob jenes erscheinende Nichtseiende als Erscheinendes doch existiert oder im Schein verharrt."[98]

Sofern Kunstwerke das Denken darin überschreiten, daß in ihren konkreten Gestalten das „Nichtseiende" erscheint, so entscheiden sie dennoch nicht darüber, ob das „erscheinende Nichtseiende" auch wirklich ist. Doch ist zu vermuten, daß Adorno das „Andere" als an sich seiend denkt; denn, so fragt er, „woher" könnten Kunstwerke als „Figuren des Seienden und unfähig, Nichtseiendes ins Dasein zu zitieren, dessen überwältigendes Bild werden . . ., wäre nicht doch das Nichtseiende an sich selber"?[99] Zu dieser Reflexion zu nötigen, macht die Autorität der Kunstwerke aus.[100]

Damit ist zugleich die Notwendigkeit des Übergangs von der Kunst zur Philosophie angezeigt. Was den Werken ob ihrer Begrifflosigkeit an Mehr gegenüber dem Denken zukommt, erweist sich zugleich als ihr Mangel, der sie an das Denken zurückverweist. Es ist die Aufgabe der Philosophie, Kunstwerke als „Chiffren" der Wahrheit – auch der des Transzendenten – zu deuten: „Die Werke . . . warten auf ihre Interpretation."[101]

Mit der philosophischen Vermittlung des Wahrheitsgehalts der Kunst tut sich die Erkenntnisproblematik in der vollen Schärfe ihrer Aporien und Paradoxien wieder auf. Schien in den Aussagen über den Erkenntnischarakter der Kunst der Agnostizismus für einen Moment überwunden zu sein, so

93 Vgl. *Adorno/Krenek*, Briefwechsel (oben Anm. 10), 12.
94 Vgl. *L. Sziborsky*, Adornos Musikphilosophie (oben Anm. 15).
95 Vgl. Philosophie der neuen Musik, 119f.
96 Ästhetische Theorie, 199.
97 Ebd. 200f.   98 Ebd. 129.   99 Ebd.
100 Ebd.   101 Ebd. 193.

liegt er der Interpretation der Kunst wiederum zugrunde. Mit allem Nachdruck ruft so die ‚Ästhetische Theorie' die Nichterkennbarkeit des Transzendenten in Erinnerung. Wenn es die Wahrheit der Kunst ist, „Schein des Scheinlosen" zu sein[102], so exponiert sie sich gerade darin „am tödlichsten. Indem sie wie nichts Menschliches sonst ausdrückt, sie könne Lüge nicht sein, muß sie lügen. Über die Möglichkeit, daß am Ende alles doch nur nichts sei, hat sie keine Gewalt und ihr Fiktives daran, daß sie durch ihre Existenz setzt, die Grenze sei überschritten."[103]

VI.

Während sich die Frage nach der Wahrheit des Transzendenten bei Adorno am schärfsten in seiner Auseinandersetzung mit der Metaphysik entfaltet und in dem Paradox des „Es ist und ist nicht" endet, tritt diese Frage in der Spätphilosophie Horkheimers vor allem in seiner Auseinandersetzung mit der Religion in den Vordergrund. Anders als Adorno, der das theologische Moment in die ‚Ästhetische Theorie' transponiert, beruft sich Horkheimer ausdrücklich auf die Theologie, um die „Sehnsucht nach dem ganz Anderen" zu verdeutlichen. In den Konstellationen, in die Adorno das Transzendente bringt, wird durch die Frage nach seiner Wahrheit das Problem seiner Erkennbarkeit immer neu umkreist, während in den Erörterungen Horkheimers die Nichterkennbarkeit des Transzendenten als unumstößliche Gewißheit vorausgesetzt scheint. Führt bei Adorno der Agnostizismus über das Bilderverbot hinaus, indem er in Frage stellt, was dieses voraussetzt, so bleibt er bei Horkheimer in der Bindung an das Verbot ein definitives Moment für die Beibehaltung von ‚Theologie'.

Daß das Absolute unerkennbar ist, sagt Horkheimer bereits in den Texten der dreißiger Jahre, in denen er sich unter anderem mit der Metaphysik auseinandersetzt.[104] „Es gibt keine Metaphysik, es ist keine Aussage über ein Absolutes möglich."[105] Dieser Grundgedanke wird durch Horkheimers spätere Philosophie nicht widerrufen.[106] Er bestimmt wesentlich die intensive Auseinandersetzung mit der Religion[107], die in der späteren Phase seines

---

102 Ebd. 199; vgl. Negative Dialektik, 394 f.
103 Ästhetische Theorie, 200.
104 Siehe Anm. 8.
105 *Horkheimer*, Notizen, 334.
106 Vgl. z. B. Pessimismus heute, in: *Horkheimer*, Sozialphilosophische Studien, hrsg. von W. Brede (Fischer Athenäum Taschenbücher 4003), Frankfurt a. M. 1972, 147; ferner: Kritische Theorie gestern und heute, in: Gesellschaft im Übergang, 167.
107 Die entsprechenden Arbeiten finden sich in: Zur Kritik der instrumentellen Vernunft, Gesellschaft im Übergang; vgl. ferner: Notizen 1950 bis 1969.

Denkens insofern an Gewicht gewinnt, als in ihr ‚ein anderer' Begriff von Theologie in Erinnerung gebracht wird. In diesem Begriff verschmelzen der metaphysische Pessimismus Horkheimers, der schon sein frühes Philosophieren kennzeichnet, das „jüdische Verbot, Gott darzustellen, und das Kantische, in intelligible Welten auszuschweifen"[108].

Ein Grundmotiv des frühen metaphysischen Pessimismus ist das Bewußtsein von der absoluten Verlassenheit der Welt: „Jenseits der Menschheit, diesem Inbegriff endlicher Wesen, gibt es . . . kein Verständnis dessen, was uns heilig ist. Soweit die Menschen die Welt nicht selbst in Ordnung bringen, bleibt sie ein Spiel blinder Natur. Draußen im All wohnt nicht die Güte und Gerechtigkeit, das All ist dumpf und erbarmungslos . . . Auch die Menschheit ist ganz allein."[109] Dieses Bewußtsein, dem die Trauer ebenso innewohnt wie die Sehnsucht, daß es anders sein möge, ist agnostizistisch geprägt. Es impliziert zugleich die Aufforderung, die Welt besser zu gestalten, die von der Kritischen Theorie aufgenommen und entfaltet wird. In der Spannung von kreatürlicher Verlassenheit und moralischer Aufgabe steht auch Horkheimers später Begriff von der Theologie, der in der doppelten Frontstellung gegen Metaphysik und Positivismus[110] seinerseits ein *metaphysischer* Begriff ist. Wird der Positivismus deshalb abgewiesen, weil er, wie Horkheimer 1970 sagt, „keine die Menschen transzendierende Instanz (findet), die zwischen Hilfsbereitschaft und Profitgier, Güte und Grausamkeit, Habgier und Selbsthingabe unterschiede"[111], so die Metaphysik, weil sie für sich in Anspruch nimmt, positiv über das Absolute zu urteilen. Von daher steht die Theologie, so wie Horkheimer sie begreift, „im Gegensatz zur Erkenntnis"[112], und in diesem Gegensatz ist sie agnostizistisch bestimmt.

Sie steht aber auch im Gegensatz zu positiver Religion. Zwar wird diese von Horkheimer (und Adorno) nicht explizit deshalb kritisiert, weil sie Gott positiv aussagt, doch ist die Kritik insofern agnostizistisch begründet, als das jüdische Bilderverbot und das Verbot Kants, die Horkheimer beide ausdrücklich für die Kritische Theorie in Anspruch nimmt, eine solche Aussage nicht gestatten. Beide Verbote „enthalten zugleich die Anerkennung . . . des Absoluten, dessen Bestimmung unmöglich ist"[113]. Sie liegen der differenzierten Religionskritik Horkheimers, die im einzelnen hier nicht zu erörtern ist[114], als definitive Momente voraus.

---

108 *Horkheimer*, Notizen, 215.   109 Ebd. 336.
110 Vgl. *A. Schmidt*, ebd. XXII.
111 *Horkheimer*, Die Sehnsucht nach dem ganz Anderen, 61.
112 *Horkheimer*, Notizen, 212.
113 Ebd. 215.
114 Vgl. *W. Post*, Kritische Theorie und metaphysischer Pessimismus, 112–126.

Ein zentraler Gesichtspunkt der Kritik ist der, daß positive Religion, indem sie der endlichen Welt und ihrer Geschichte einen „Sinn" zuspricht, umschlägt in die Affirmation der Faktizität des Weltlaufs und in die Anpassung an sie. Dabei verliert sie das, was „einmal in ihr war, die Sehnsucht nach dem Anderen, an dem das Diesseits sich als das Schlechte erwies". Diesen „ihr innewohnenden Widerspruch gegen das Bestehende" mußte sie „bewahren, bis er als Theismus und Atheismus der Aufklärung die Gestalt der Religion abstreifte und einer anderen Form gesellschaftlichen Lebens zur Existenz verhalf. Der Widerspruch zielte . . . auf die gerechte, die richtige Ordnung." Die produktive Kraft, die dieser Widerspruch der Religion verlieh, ist heute erlahmt. Die Rückkehr zu ihr „meint nicht, daß sie wieder an den Himmel glaubt, sondern daß es ihr zur besseren Einrichtung der Erde an Glauben gebricht, daß sie nichts mehr will als sich selbst. Sich in ein Höheres zu verwandeln, ja überhaupt sich selbst in einem Anderen zu wollen, diese Substanz der Religion hat die Gesellschaft verloren, indem sie die Religion als ein Festes zu ihrer Sache erklärte."[115] Wenn Wissenschaft und Technik den Glauben an die ewige Seligkeit zerstört haben, dann versuchen die Kirchen, „der ernüchterten Welt sich anzupassen, sie sind nachsichtig gegen die Zweifelnden, bestehen nicht mehr auf der Übernatur, geben den Himmel preis, der von Sputniks befahren wird, machen Gott zum Symbol, die Hoffnung zum Prinzip und das Paradies zur Legende. Was sie behalten wollen, ist die Ergänzung zur Gesetzlichkeit, die Leistung der Religion beim geordneten Zusammenleben."[116]

Gegen diese geschichtlich bedingte negative Verfaßtheit der Religion richtet sich Horkheimers Begriff von Theologie. Philosophisch liegt ihm das Bewußtsein zugrunde, „daß die Welt Erscheinung ist, daß sie nicht die absolute Wahrheit, das Letzte ist". Von daher ist „Theologie . . . die Hoffnung, daß es bei diesem Unrecht, durch das die Welt gekennzeichnet ist, nicht bleibe, daß das Unrecht nicht das letzte Wort sein möge."[117] Sie ist Ausdruck der „Sehnsucht nach dem Anderen". Damit ist ein Substantielles bezeichnet, das sowohl der „urjüdischen" wie der „urchristlichen" Religion zukommt, jedoch nicht im Sinne einer absoluten Wahrheit, die in christlicher Religion als gläubiges *Wissen* von Gott gelten kann und in der Philosophie als rational begründete *Erkenntnis* dieses Wissens. Unter diesen Gesichtspunkten ist die metaphysische Theologie Horkheimers eine *negative*, die an den Agnostizismus und an das Theologumenon des Bilderverbots gebunden bleibt.

115 *Horkheimer*, Notizen, 131 f.
116 Ebd. 190.
117 *Horkheimer*, Die Sehnsucht nach dem ganz Anderen, 61.

Doch wirkt das Bilderverbot noch in anderer Weise in ihr fort, indem es den *Inhalt* dieser Theologie mit bestimmt. Die jüdische Religion umfaßt in der „Sehnsucht nach dem Anderen" zugleich die moralische Forderung, das Gute und Gerechte nicht um der Seligkeit im Jenseits willen zu tun, der nach christlichem Glauben der je einzelne persönlich teilhaftig wird, sondern um des Volkes willen, das den Messias erwartet. Diese Erwartung teilt die Theologie Horkheimers nicht mehr, und eben darin setzt sich der metaphysische Pessimismus seiner Philosophie durch. Wenn die Quelle der Sehnsucht im Bewußtsein von der kreatürlichen Verlassenheit des Menschen zu suchen ist, dann geht in diese Sehnsucht die geschichtliche Erfahrung des von Menschen bewirkten grauenvollen Geschehens ein, für das der Name „Auschwitz" steht. Angesichts dieser Erfahrung sieht sich die Kritische Theorie mehr denn je – um der „Einlösung der vergangenen Hoffnung" willen – zur „Rettung des Hoffnungslosen" aufgerufen. Horkheimers Spätphilosophie sucht diese Rettung zu denken, indem sie im Rückbezug auf Theologie noch einmal bewußtmacht, was die Religion als substantielles Moment ihrer an Dogmen gebundenen Glaubensinhalte verlor.

Was Horkheimer als die „Sehnsucht nach dem Anderen" faßt, in der der Mensch seine Endlichkeit transzendiert, faßt Adorno in seinem Begriff der metaphysischen Erfahrung, der sich vor allem als *ästhetische* Erfahrung realisiert. Er bezeichnet sie als „Erschütterung", in der das Subjekt sich vergißt, während ihm „die Möglichkeit der Wahrheit, welche im ästhetischen Bild sich verkörpert, . . . leibhaft" wird. Adorno versteht die Erschütterung, die nicht Erlebnis ist, als „ein Memento der Liquidation des Ichs, das als Erschüttertes der eigenen Beschränktheit und Endlichkeit innewird".[118] Während Horkheimer das nicht erkennbare Andere bei sich beläßt, wird es von Adorno an die „Bruchstücke" des verfallenden Seienden gebunden, unter denen Kunstwerke eine besondere Stelle einnehmen. Rückt es dadurch gleichsam näher, so entzieht es sich zugleich in immer weitere Ferne. Die Wahrheit des Transzendenten, um deren Erkenntnis die Philosophie Adornos ringt, wird – agnostizistisch – als unerschließbare in der Kunst noch einmal verrätselt. Geht die Wahrheit des Anderen im Kunstwerk als „Schein des Scheinlosen" auf, so kann vom „Scheinlosen" selbst nicht mehr ausgesagt werden, ob es ist oder nicht. In dem Versuch, das Unaussagbare des „Anderen", das in der Kunst zur Erscheinung gebracht wird, doch auszudrücken, ist die Ästhetik Adornos *negative* Metaphysik, die sich selbst in einem „Verbrennungsprozeß des Denkens durch das Denken selber", wie

118 Vgl. *Adorno*, Ästhetische Theorie, 363 f.

man gesagt hat,[119] zu Ende denkt. Ihre Sehnsucht zielt auf den Untergang im Gegenstand, dessen Rätsel sie entziffern will.

Kunstwerke werden für Adorno zum einzigen „authentischen" Gegenstand philosophischer Reflexion, die im „Angesicht der Verzweiflung" die „Rettung des Hoffnungslosen" zu denken sucht, ohne es an positive Wissenschaft und positive Metaphysik zu verraten. Sie werden es deshalb, weil sie – als begrifflose – die Wahrheit des „Hoffnungslosen" – das Leiden – am ‚wahrsten‘ zum Ausdruck bringen. Von allen Künsten leistet dies am vollkommensten die Musik, weil sie die begriffloseste aller ist. Ihrer Sprache, die von der „meinenden Sprache" verschieden ist, spricht Adorno einen „theologischen Aspekt" zu: „Was sie sagt, ist in der Aussage bestimmt zugleich und verborgen. Ihre Idee ist die Gestalt des göttlichen Namens." Die Vermittlung ihrer Sprache entfaltet sich „nach anderem Gesetz als dem der meinenden Sprache: nicht in aufeinander verwiesenen Bedeutungen, sondern in deren tödlicher Absorption durch einen Zusammenhang, der erst die Bedeutung errettet . . . Musik bricht ihre versprengten Intentionen aus deren eigener Kraft und läßt sie zusammentreten zur Konfiguration des Namens."[120] In der Sprache der Musik tritt die vom Begriff abgeschnittene ‚sprachlose‘ Wahrheit der geschichtlichen Welt in Konstellation zum Sprachlosen des Transzendenten.

Wenn die negative Theologie Horkheimers eine metaphysische ist, dann schließt die negative Metaphysik der Ästhetik Adornos dieselbe Theologie in sich ein. Diese bezieht ihren vielfach gebrochenen Inhalt aus dem jüdischen Bilderverbot. Gerade darum, weil es den Namen Gottes nicht nennt, kann die Möglichkeit des Transzendenten als Möglichkeit für den Menschen festgehalten werden. In ihr wird zugleich die Hoffnung des Hoffnungslosen gerettet. Daher ist die Verzweiflung nicht das Letzte, das Absolute.[121]

Die Alternative dessen, was Philosophie noch ermöglichen kann, formuliert Horkheimer um 1959/60 so: „Es gibt eine andere Konsequenz: das Schweigen. Was immer gesagt wird, ist nicht gesagt, denn der es vernehmen soll, der Nichtendliche, vernimmt es nicht. Die Menschen, zu denen wir sprechen, sind bloß Gegenstände, die wir in Bewegung setzen, mit Worten wie mit Armen, Waffen und Maschinen. Philosophie, sofern sie nicht bloß Anweisung sein will, die bestätigt wird, also Wissenschaft, sieht vom Sprecher

119 Vgl. *I. Müller-Strömsdörfer*, Die „helfende Kraft bestimmter Negation" (oben Anm. 59), 65.
120 *Adorno*, Musik, Sprache und ihr Verhältnis im gegenwärtigen Komponieren, in: Jahresring 56/57, Stuttgart 1956, 97 und 99.
121 Vgl. *Adorno*, Negative Dialektik, 393 f.

und Hörer ab und setzt sich selber absolut. Sprache im emphatischen Sinn, Sprache, die Wahrheit sein will, ist plapperndes Schweigen, niemand spricht und sie spricht zu niemandem. Deshalb ist nichts wahr. Nicht einmal, daß wir in der Nacht sind, ist wahr, nicht einmal, daß es nicht wahr ist, ist wahr . . ."[122] In diesen Worten reflektiert Horkheimer in äußerster Zuschärfung des Agnostizismus, sofern sich sein Gedanke überhaupt noch unter diesen Begriff fassen läßt, die gleichsam absolute ‚Grenzsituation' der Philosophie. Seine späte Philosophie beweist dann, wie die späte Adornos, daß diese Situation überwunden worden ist. Mag die „Gestalt von Hoffnung", die sich in den Konstellationen Adornos formt, nicht unmittelbar in die Praxis zu übersetzen sein, so ist sie ihr dennoch nahe. Horkheimer sagt 1971: „Einzig bleibt die durch den Fortschritt selbst gefährdete Sehnsucht, die den vom Elend der Vergangenheit, dem Unrecht der Gegenwart und der Aussicht auf eine des geistigen Sinns entbehrende Zukunft wissenden Menschen gemeinsam ist. Sie könnte, wenn solche Menschen sich zusammenfänden, eine Solidarität begründen, die, in undogmatischer Weise, theologische Momente in sich enthält . . . Die durch ihre Sehnsucht Verbundenen vermöchten über ein Absolutes, Intelligibles, über Gott und Erlösung nichts auszusagen, das Wissen, jedes Wissen, nicht als absolute Wahrheit zu verkünden, jedoch die Solidarität zu verbreiten [und] zu bezeichnen, was im Angesicht des, wenn auch teuer zu bezahlenden so doch notwendigen Fortschritts, zwecks Minderung des Leidens zu verändern oder zu bewahren ist."[123]

122 *Horkheimer*, Notizen, 123.
123 *Horkheimer*, Pessimismus heute (oben Anm. 106), 143.

Birgit Heiderich

Zum Agnostizismus bei Karl Löwith

Anfangen will ich mit einem Rückblick. Der Rekurs auf zwei Texte, die vor etwa 200 Jahren veröffentlicht wurden, kann für das hier zu erörternde Problem des modernen Agnostizismus in besonderem Maße aufschlußreich sein. Gemeint sind Jean Pauls ‚Rede des toten Christus vom Weltgebäude herab, daß kein Gott sei‘ (1796)[1] und Friedrich Karl Forbergs Aufsatz über die ‚Entwickelung des Begriffs der Religion‘ (1798)[2]. An diesen Texten läßt sich eine unterschiedliche Reaktion auf die sich verschärfende Atheismusfrage ablesen, die durch Kants folgenreiche Trennung von theoretischer und praktischer Vernunft hervorgerufen wurde. Diese Reaktionen lassen sich in einem gewissen Sinne auf die verschiedenen Einschätzungen und Konsequenzen des modernen Agnostizismus übertragen.

In dem Vorbericht zur ‚Rede‘ schreibt Jean Paul: „Die Menschen leugnen mit ebensowenig Gefühl das göttliche Dasein, als die meisten es annehmen. Sogar in unsere wahren Systeme sammeln wir nur Wörter, Spielmarken und Medaillen ein, wie Geizige Münzkabinetter; – und erst später setzen wir die Worte in Gefühle um, die Münzen in Genüsse." Es folgt die Beschreibung der Konsequenzen, die sich aus dem Atheismus ergeben: „Das ganze geistige Universum wird durch die Hand des Atheismus zersprengt und zerschlagen in zahlenlose quecksilberne Punkte von Ichs, welche blinken, rinnen, irren, zusammen- und auseinanderfliehen, ohne Einheit und Bestand. Niemand ist im All so sehr allein als ein Gottesleugner – er trauert mit einem verwaisten Herzen, das den größten Vater verloren, neben dem unermeßlichen Leichnam der Natur, den kein Weltgeist regt und zusammenhält und der im Grabe wächset; und er trauert so lange, bis er sich selber abbröckelt von der Leiche. Die ganze Welt ruhet vor ihm wie die große, halb im Sande liegende ägyptische Sphynx aus Stein; und das All ist die kalte eiserne Maske der gestaltlosen Ewigkeit."[3]

---

1 Vgl. *Jean Paul*, Die Rede des toten Christus vom Weltgebäude herab, daß kein Gott sei, in: Werke, Bd. 2, Darmstadt 1971, 270–275.
2 Vgl. *K. F. Forberg*, Entwicklung des Begriffs der Religion, in: Die Schriften zu J. G. Fichtes Atheismus-Streit, hrsg. v. F. Böckelmann, München 1969, 43–58. 3 *Jean Paul*, a.a.O. 270f.

Die subjektive Empfindung der Trauer und Verlassenheit und die ins Kosmische ausgedehnte Erfahrung der Sinnlosigkeit und des Rätsels, die hier als Folge des Atheismus zur Sprache gebracht werden, setzt Jean Paul bewußt einer rein theoretisch bleibenden Position entgegen: „Auch hab' ich die Absicht, mit meiner Dichtung einige lesende oder gelesene Magister in Furcht zu setzen, da wahrlich diese Leute jetzo, seitdem sie als Baugefangene beim Wasserbau und der Grubenzimmerung der kritischen Philosophie in Tagelohn genommen worden, das Dasein Gottes so kaltblütig und kaltherzig erwägen, als ob vom Dasein des Kraken und Einhorns die Rede wäre."[4]

Eine völlig andersartige Einschätzung des Atheismus spricht aus dem Aufsatz Forbergs, der zusammen mit Fichtes zustimmender Abhandlung zum Auslöser des bekannten ‚Atheismus-Streits' wurde. Er sei hier erwähnt, um der nihilistischen Traumvision Jean Pauls eine eher humanistisch zu nennende Position gegenüberzustellen, die in der Geschichte des neuzeitlichen Atheismus in zahlreichen Metamorphosen zur Geltung kommt. Forberg eröffnet seinen Aufsatz mit folgender These: „Religion ist nichts anderes als ein praktischer Glaube an eine moralische Weltregierung."[5] Die Auflösung der Religion in Moralität ermöglicht Forberg eine durchaus anerkennende Würdigung des Atheismus. Dies zeigt sich in seiner Beantwortung der Fragen, die er sich schließlich selbst stellt, gleichsam um die von ihm vertretene These zu überprüfen und zu bewähren. „Ist ein Gott? Antwort: Es ist und bleibt ungewiß. (Denn diese Frage ist bloß aus spekulativer Neugierde aufgeworfen, und es geschieht dem Neugierigen ganz recht, wenn er bisweilen abgewiesen wird.)"[6] Die andere, für unseren Zusammenhang wichtige Frage heißt: „Kann ein Atheist Religion haben? Antwort: Allerdings. (Von einem tugendhaften Atheisten kann man sagen, daß er denselben Gott im Herzen erkennt, den er mit dem Munde verleugnet. Praktischer Glaube und theoretischer Unglaube auf der einen, sowie auf der anderen Seite theoretischer Glaube, der aber dann Aberglaube ist, und praktischer Unglaube können ganz wohl beisammen bestehen.)"[7]

Einmal abgesehen von der Frage nach der Legitimität eines Vergleichs zwischen Texten verschiedener literarischer Gattung, kann folgendes festgestellt werden: Jean Paul beschreibt die radikale Verunsicherung, die auf der existentiellen Ebene als Folge des Atheismus erfahren werden kann. Eine vormals geordnete Welt bricht aus den Fugen, ein vormals als sinnvoll erlebtes Vertrauen schlägt um in Verzweiflung. Wird das Verständnis der Welt als Schöpfung und der Glaube an einen Vater-Gott erschüttert, so

4 Ebd. 271.   5 F. K. Forberg, a.a.O. 43.   6 Ebd. 55.   7 Ebd. 56f.

bleibt nichts übrig als das Gefühl der Verlassenheit in einem übermächtigen sinnlosen Universum. Eine wie auch immer geartete Verwandlung des Glaubens, etwa in Moralität oder Selbstvertrauen, scheint hier ausgeschlossen zu sein. Für Jean Paul unterliegt die Welt- und Icherfahrung einer fundamentalen Veränderung unter der Voraussetzung, daß Gott nicht ist.

Bei Forberg zeigt sich demgegenüber eine im Ansatz und in der Intention anders gelagerte Erwiderung auf die theoretische Einsicht, daß metaphysische Erkenntnis aporetisch bleiben muß. Der Unsicherheit der Gotteserkenntnis entspricht hier die außerordentlich selbstsichere Forderung einer moralischen Weltordnung. Religion, verstanden als rechtes Handeln, tritt an die Stelle des Glaubens an einen jenseitigen Gott; dieser frühere Glaube kann ihm nur noch als Aberglaube erscheinen. Der einst durch Gott verbürgte Sinn muß nach Forberg durch humane Praxis gestiftet werden, und seine Maxime kann daher lauten: *„Ich will, daß es besser werde, wenn auch die Natur nicht will.“*[8] Eine Solidarität mit ‚Atheisten‘ wird bei dieser Zielsetzung nicht ausgeschlossen, da rechtes Handeln eher als ‚Religion‘ verstanden wird als eine theoretische Überzeugung. Die existentielle Betroffenheit, von der Jean Paul spricht, kommt in den Ausführungen Forbergs nicht in den Blick.

Die beiden Möglichkeiten des *Nihilismus* und *Humanismus*, die im Zusammenhang mit einer atheistischen Grundhaltung in Erscheinung treten können, sind meines Erachtens auch im Hinblick auf den modernen Agnostizismus von Bedeutung. Insbesondere kann diese Unterscheidung bei der Interpretation des Löwithschen Agnostizismus dienlich sein.

Bevor auf den Agnostizismus bei Löwith eingegangen wird, sollen einige lebens- und zeitgeschichtliche Momente erwähnt werden, die für den hier erörterten Zusammenhang nicht unbedeutend sind. Karl Löwith wurde 1897 in München geboren. Die Eltern waren jüdischer Herkunft, verstanden sich jedoch nicht als orthodoxe Juden. Löwith wurde protestantisch getauft und wuchs in einer großbürgerlichen liberalen Atmosphäre auf, die nicht auf eine maßgebliche religiöse Beeinflussung schließen läßt. Mit einem ironischen Unterton spricht Löwith davon, daß er den ‚Zarathustra‘ schon auf der Schulbank gelesen habe, und zwar „mit boshafter Vorliebe während des protestantischen Religionsunterrichts“.[9] 1914 wurde er freiwillig Soldat, nicht zuletzt, um der bürgerlichen Enge der Schule und des El-

---

8 Ebd. 55.
9 *H. Fiala* (d. i. *K. Löwith*), Mein Leben in Deutschland vor und nach dem 30. Januar 1933, Sendai 1940, 7. Unveröffentlichtes Manuskript aus dem Besitz von Frau Ada Löwith. Ich zitiere mit ihrer freundlichen Genehmigung.

ternhauses zu entgehen. Außerdem hatte Nietzsches Parole, ‚gefährlich zu leben' einen nicht unmaßgeblichen Einfluß auf die Entscheidung des jungen Löwith. Durch die negativen Erfahrungen des Krieges wich jedoch die anfängliche Begeisterung recht bald einer Ernüchterung, die auch in der späteren Auseinandersetzung mit dem Werk Nietzsches zu spüren ist. Nach der Rückkehr aus der Kriegsgefangenschaft nahm Löwith sein Studium der Biologie und Philosophie in München auf. In dieser eigenwilligen Fächerkombination zeigt sich bereits ein Grundzug, der später auch in seinem Philosophieren deutlich wird. Der antimetaphysische Zugang zu den verschiedenen Erscheinungen des Lebens, wie er sich in den Naturwissenschaften artikuliert, ist auch noch in Löwiths Frage nach der Natur als dem Grund alles Seienden präsent. In diesem Punkt unterscheidet er sich von seinem Lehrer Heidegger, dessen theologische Herkunft – wie Löwith interpretiert – besonders in seinem späten Denken virulent wurde. Eine Charakterisierung Heideggers sei hier erwähnt, weil sie indirekt – wie noch zu zeigen sein wird – wichtige Aufschlüsse über Löwiths eigene Stellungnahme zur christlichen Tradition geben kann: „Seiner Herkunft nach ein einfacher Messnersohn wurde er durch seinen Beruf zum pathetischen Vertreter seines Standes, den er als solchen negierte. Jesuit durch Erziehung wurde er zum Protestanten aus Empörung, scholastischer Dogmatiker durch Schulung und existenzieller Pragmatist aus Erfahrung, Theologe durch Tradition und Atheist als Forscher, Renegat seiner Tradition im Gewande ihres Historikers . . . – so zwiespältig wirkte der Mann auf seine Schüler, die dennoch von ihm gefesselt blieben."[10] Später urteilt Löwith über Heidegger, daß dessen Frage nach dem Sein zwar nicht mehr metaphysisch gestellt werde, jedoch eines religiösen Motivs nicht entbehre. Zu den weiteren Stationen seines Lebens hat Löwith selbst ausführlich Stellung genommen.[11] Erwähnt werden soll noch, daß Löwiths Aufenthalt in Japan – die zweite Station seines Exils, zu dem er nach 1933 gezwungen wurde und das die erfolgreich begonnene akademische Laufbahn jäh unterbrach – ihn mit dem östlichen Denken vertraut werden ließ und zugleich ein distanziertes Verhältnis zur europäischen Geistesgeschichte ermöglichte.

Im folgenden werden nun die Motive und Ergebnisse der Religionskritik Löwiths dargestellt. Löwiths zentrales Anliegen ist die kritische Auseinandersetzung von Philosophie und Theologie, Denken und Glauben. Seine Herkunft sowie die frühen Anstöße, die er durch Nietzsches Religionskritik empfing, lassen vermuten, daß er selbst keine prägende religiöse Beeinflus-

10 Ebd. 54.
11 Vgl. *K. Löwith*, Curriculum vitae (1959): Archives de Philosophie 37 (1974) 181–192.

sung erfahren hat. Im Gegensatz zu seinem Lehrer Heidegger ist Löwith nie genötigt gewesen, sich von einer existentiell erlebten und ‚erlittenen‘ Christlichkeit zu lösen. Obwohl seine Kritik der christlichen Tradition durch Heidegger bestärkt wurde und die Mitte seines Werkes ausmacht, ist Löwith nicht in dem Maße ‚Renegat‘ dieser Tradition, wie es Heidegger war. Diese Differenz – die ich für entscheidend halte – zeigt sich bereits in Löwiths Sprachgestus und Stil wie auch in dem Grundtenor seiner Kritik. Besonnenheit, Gelassenheit und Distanz sind die hervorstechenden Eigenschaften seines Denkens. Indem er die Geschichte der philosophischen Religionskritik und die Geschichte der theologischen Abweichungen der Philosophie aufarbeitet, macht er einerseits bewußt, daß der militante metaphysische Atheismus bereits ein historisches Phänomen ist. Andererseits vergegenwärtigt er durch das Ende dieses Atheismus zugleich die heutige Erfahrung, in einer Zeit des Übergangs zu leben, in der die Suche nach neuen Wegen stärker ist als die leidenschaftliche und radikale Auseinandersetzung mit der christlichen Vergangenheit. In der Löwithschen Stellungnahme zum neuzeitlichen Atheismus, die sich freilich nur im distanzierten Nachvollzug artikuliert, zeigt sich jedoch eine bestimmte Tendenz: Löwith erkennt nur ein solches atheistisches Denken als redlich und aufrichtig an, das sich seiner eigenen Radikalität bewußt ist, das heißt die immense und totale Veränderung begreift, die durch den Wegfall Gottes für die Welterfahrung des Menschen entsteht.

In diesem Sinne kritisiert er jenen Atheismus, der den ‚Tod Gottes‘ vorwiegend als geglückte Befreiung des Menschen begreift. Der Ersatz Gottes durch Vernunft, Moralität oder den heroischen Kampf gegen das Leiden ist Löwith insofern suspekt, als diese Formen der Bewältigung immer noch durch das christliche Erbe bedingt sind. Demgegenüber fordert er, das radikal veränderte Verhältnis von ‚Mensch‘ und ‚Welt‘ nach dem Wegfall Gottes neu zu bedenken, indem die existentielle Erfahrung der Verlassenheit in einer vaterlosen Welt philosophisch ernst genommen wird.

Ohne Zweifel fand Löwith in Nietzsches Atheismus den Ausgangspunkt für seine eigene Religionskritik. Sieht er doch im Denken Nietzsches – eher noch als bei Feuerbach oder Marx – die *radikale* Verneinung der bürgerlich-christlichen Welt. Löwith hat mit Nachdruck die These vertreten, daß die neuzeitliche Philosophie von Descartes bis Heidegger auf dem Boden der christlichen Überlieferung stehe und daß sie trotz ihrer aufgeklärten Attitüde und ihrer Berufung auf Rationalität in vielfältiger Weise von den Inhalten der jüdisch-christlichen Tradition geprägt sei. Insofern bezeichnet Löwith den neuzeitlichen Emanzipationsprozeß als eine einzige Zweideutigkeit. ‚Säkularisierung‘ war für Löwith dementsprechend ein Begriff für eine durchaus widersprüchliche Bewegung, die trotz ihrer ausdrücklich antichristlichen Zielsetzung doch an ihre christliche Herkunft gebunden blieb. Das in dem Prozeß der Verweltlichung ‚verdrängte‘ Christliche tauchte in neuen Formen wieder auf, sei es in der „Anthropotheologie" des Deutschen Idealismus, sei es insbesondere in der „Geschichtstheologie" Hegels.

Christliche Strukturen wirken nach Löwith subversiv auch noch in denjenigen neuzeitlichen Entwürfen, die Welt und Mensch bewußt atheistisch oder anti-theistisch zu denken versuchen. Sowohl in dem Verständnis des schöpferischen Subjekts, das sich selbst und seine Geschichte ‚macht‘, als auch in der neuzeitlichen Fortschrittsideologie erkennt Löwith die Spuren des alten Schöpfungsglaubens und der christlichen Anthropologie und Eschatologie. Diesem komplexen, ambivalenten Geschehen, das mit dem Begriff ‚Säkularisierung‘ nur unzureichend beschrieben werden kann, insofern sich mit diesem Begriff zugleich Assoziationen und Wertungen verschiedenster Art verbinden lassen, hat Löwith den größten Teil seiner wirkungsgeschichtlichen Analysen gewidmet. Das Entscheidende dieser Analysen ist jedoch, daß er sich einer direkten – zustimmenden oder ablehnenden – Stellungnahme zu dem beschriebenen Prozeß enthält. Der Grund für seine Urteilsenthaltung liegt darin, daß er die Geschichte dieses widersprüchlichen Säkularisierungsprozesses in dem Bewußtsein schreibt, selbst am Ende dieser Geschichte zu stehen. „Auf dem Weg einer neutralen Darstellung der metaphysischen Tradition und doch geleitet von einem Problem kann sich allererst zeigen, *wie fremd und nicht mehr anzueignen* die Fragen geworden sind, die uns in der gesamten Geschichte der nachchristlichen Metaphysik als die wesentlichen begegnen – so fremd und fern gerückt, daß sie uns überhaupt nicht mehr unmittelbar ansprechen und angehen."[12] Löwiths Darstellung der Metaphysik von Descartes bis zu Nietzsche hat daher eine ausschließlich kritische Tendenz: „. . . sie destruiert explizit und bringt zum Bewußtsein, was heute jeder Denkende ohnedies nicht mehr glaubt, obwohl es die Wenigsten wahrhaben wollen: daß wir in einer gottlosen oder Gott losgewordenen Welt existieren . . ."[13] Ebenso geht Löwith bei seinem Nachweis, „daß die moderne Geschichtsphilosophie dem biblischen Glauben an eine Erfüllung entspringt und daß sie mit der Säkularisierung ihres eschatologischen Vorbildes endet", von der Überlegung aus, „daß wir uns mehr oder weniger am Ende des modernen historischen Denkens befinden."[14] Er

12 *K. Löwith*, Gott, Mensch und Welt in der Metaphysik von Descartes bis zu Nietzsche, Göttingen 1967, 68.
13 Ebd. 68f.
14 *K. Löwith*, Weltgeschichte und Heilsgeschehen (1949), Stuttgart [6]1973, 11f.

kann jedoch nicht zu denen gezählt werden, die das Ende der Metaphysik im Namen des Fortschritts oder der Wissenschaft begrüßen. Ebensowenig teilt er die Überzeugung, daß durch die Aufklärung und Säkularisierung der Mensch das Maß seines Vermögens überschritten habe und sich in hybrider Überschätzung selbst zerstöre.

Indem Löwith den vielfältigen Symbiosen und Metamorphosen von christlichem Glauben und philosophischer Reflexion in der abendländischen Geschichte nachgeht, ist er zugleich daran interessiert, die geschichtlichen Erscheinungsweisen des Christentums an dem zu messen, was das Christentum „ursprünglich" war. Indem er dies tut, wird zugleich die Unmöglichkeit einer Rettung oder Erneuerung des „Ursprünglichen" bewußtgemacht, das heißt, Löwiths Geschichtsschreibung geht vom Ende des Christentums aus. Andererseits versucht er, mit diesem Ende den Anfang eines nachchristlichen Philosophierens zu datieren, das einen ‚Weg ins Freie' weisen kann. Zukünftiges Philosophieren, dem Löwith den Weg weisen will, kann jedoch nicht mehr Systeme entwerfen, ohne sich vorher über die eigenen Möglichkeiten nüchtern und redlich Rechenschaft abzulegen. Löwiths Bewußtsein, in einer Zeit des Umbruchs und Übergangs zu leben und zu denken – einer Zeit, die zwar auf Neues verweist, jedoch das Neue nur fragmentarisch und zögernd zur Sprache bringen kann –, zeigt sich nicht nur in seiner ‚abschiedlichen' Geschichtsschreibung, sondern auch in seinem Versuch, an solche Denker anzuknüpfen, die abseits von den maßgeblichen philosophischen Strömungen und Schulen stehen.

Bei seiner Suche nach solchen Entwürfen, die seinem eigenen Bewußtsein des Umbruchs und Neuanfangs nahestehen, kommt er mit zwei ‚Nachdenklichen' ins Gespräch, die ihm Orientierung bieten können. Dem einen begegnet er schon früh während seiner Auseinandersetzung mit Nietzsche, dem anderen erst, nachdem er die Kritik der neuzeitlichen Philosophiegeschichte abgeschlossen hat. Beiden gemeinsam ist, daß sie keine ‚Philosophen' im herkömmlichen Sinne sind, kein abgeschlossenes Werk hinterlassen haben und bis in die sprachliche Formulierung ihrer Gedanken hinein als Vertreter des Unfertigen, Unsystematischen und Vorläufigen verstanden werden können. Für Löwiths Versuch einer unparteiischen Stellungnahme zur christlichen Religion wird der „eigenwillige Basler Kirchenhistoriker" Franz Overbeck wegweisend. Im Denken Paul Valérys findet er zuletzt jene geistige Nähe, die sich in einer radikalen Skepsis, verbunden mit dem unermüdlichen Fragen nach dem ‚Menschenmöglichen', äußert.

Wenn im folgenden versucht wird, in Löwiths Gespräch mit Overbeck und Valéry einzutreten, so geschieht dies in der Absicht, auf dem Hintergrund dieser beiden Denker Löwiths eigene Stellungnahme zur Geschichte des

Christentums und zur Aufgabe einer emanzipierten nachchristlichen Philosophie zu verdeutlichen. Daß dabei die Gesprächspartner Löwiths ausführlich zu Wort kommen, ist in diesem Falle methodisch legitim. Löwith hat sich selbst im verstehenden Nachvollzug ihrer Gedanken weitgehend zurückgenommen, damit die wegweisende Bedeutung dieser beiden Denker für das zeitgenössische Philosophieren um so deutlicher zum Vorschein komme.

Bei seiner historischen Bilanz hat Löwith zwischen folgenden Erscheinungsweisen des Atheismus unterschieden: der „Rebellion gegen Gott", die selbst „religiösen Charakter" hat (Holbach, de Sade, Proudhon, Dostojewskij), dem „frommen Atheismus" Feuerbachs, der zwar „Gott als Subjekt verneint", aber seine Prädikate aufrechterhält, und dem radikalen Atheismus Nietzsches, der mit seinem „Angriff auf das latente Christentum der bürgerlich-christlichen Moral . . . den selbstzufrieden gewordenen Atheismus der Religionskritik des neunzehnten Jahrhunderts erst wieder zum Leben" erweckte.[15] Da die atheistische Religionskritik direkt oder indirekt noch an die „Frage nach Gott" gebunden bleibt, ist sie nach Löwith lediglich ein Übergang zu einem neuen Verständnis von Weltlichkeit. Dieses kann sich aber erst dann artikulieren, wenn die Philosophie sich endgültig von der jüdisch-christlichen Tradition gelöst hat.

Dieser für die Philosophie notwendige Prozeß der Loslösung wird nach Löwith gegenwärtig am besten durch die Enthaltung von allen religiösen Fragen gefördert. Die Aufgabe der heutigen Religionskritik kann demnach nur darin liegen, das Christentum als historisches Phänomen zu betrachten und das Ende des Christentums nachzuweisen. Franz Overbecks Entwurf einer solchen Religionskritik ist für Löwith letztlich konsequenter und der geschichtlichen Situation des Umbruchs und Neuanfangs gemäßer als Nietzsches leidenschaftlicher Angriff auf das Christentum. Overbecks Religionskritik zeichnet sich nach Löwith gerade durch ihre Unentschiedenheit aus: „Overbeck hat sich weder gegen das Christentum noch für die Weltbildung oder ‚Kultur' entschieden . . . Und doch liegt in dieser äußeren Zweideutigkeit eine radikalere Eindeutigkeit als in Nietzsches entschiedenem Angriff, der so umkehrbar ist wie Dionysos in den Gekreuzigten. Overbeck lebte in dem klaren Bewußtsein, daß die religiösen Probleme überhaupt auf ganz neue Grundlagen zu stellen sind", schreibt Löwith und fährt, Overbeck zitierend, fort: „. . . eventuell auf Kosten des-

15 Vgl. *K. Löwith*, Atheismus als philosophisches Problem, in: Moderner Atheismus und Moral, hrsg. v. der Arbeitsgemeinschaft Weltgespräch, Freiburg 1968, 9–21, bes. 14.

sen, was bisher Religion geheißen hat . . . Was nicht geschehen wird, solange nicht erkannt ist, daß wir Menschen überhaupt nur vorwärts kommen, indem wir uns von Zeit zu Zeit in die Luft stellen, und daß unser Leben unter Bedingungen verläuft, die uns nicht gestatten, uns dieses Experiment zu ersparen."[16]

Diese sich einer endgültigen Entscheidung entziehende Haltung Overbecks ist keineswegs als kruder Indifferentismus zu bewerten, vielmehr erscheint sie Löwith als einzig redliche „nach-antitheistische" Position. In der Forderung nach einer zeitweiligen Distanz zu allen religiösen und metaphysischen Problemen zeigt sich deutlich ein Grundzug, der es erlaubt, diese Stellungnahme als Agnostizismus zu bezeichnen. Jedoch darf dieser Agnostizismus bei Löwith und Overbeck weder als philosophischer Denkverzicht noch als Bedingung der Möglichkeit für eine freie religiöse Option verstanden werden. Agnostizismus äußert sich in ihrem Denken eher als Ausdruck eines geschichtlichen Bewußtseins, das auf Neues und Zukünftiges verweist. Für Löwith ist der Agnostizismus die methodische Voraussetzung für die Enttheologisierung der Philosophie, und Overbeck sieht in ihm die adäquate existentielle und intellektuelle Haltung in einer Zeit, die vom Ende des Christentums geprägt ist.

Overbecks Begründung dieser für sein Denken zentralen These vom Ende des Christentums liegt in dem Nachweis des radikal eschatologischen Charakters des ursprünglichen Christentums und dessen Scheitern durch die zunehmende Verweltlichung im Fortgang der Geschichte. In diesem Sinne ist er der Vollstrecker der Forderung Nietzsches: „Alle Möglichkeiten des christlichen Lebens . . . sind durchprobiert, es ist Zeit zur Erfindung von etwas Neuem oder man muß immer wieder in den alten Kreislauf geraten: freilich ist es schwer, aus dem Wirbel herauszukommen, nachdem er uns ein paar Jahrtausende herumgedreht hat . . . Da scheint mir nur eine rücksichtsvolle, ganz und gar ziemliche Enthaltung am Platze: ich ehre durch sie die Religion, ob es schon eine absterbende ist . . . Das Christentum ist sehr bald für die kritische Historie, das heißt für die Sektion reif."[17] Die kritische historische Aufarbeitung der christlichen Vergangenheit, die Overbeck im Bereich der Theologie geleistet hat, liegt Löwiths Kritik der neuzeitlichen Philosophiegeschichte zugrunde. Beiden erscheint die historische

---

16 Ebd. 20 f.

17 *F. W. Nietzsche*, Werke, Bd. X, Leipzig 1903, 298. Löwith zitiert nach dieser Werkausgabe; vgl. *K. L.*, Die philosophische Kritik der christlichen Religion im 19. Jahrhundert: Theologische Rundschau NF 5 (1933) 214. In der kritischen Gesamtausgabe der Werke von *F. W. Nietzsche*, Bd. III, 4, Berlin – New York 1978, 319, erscheint dieses Zitat in verändertem Wortlaut. Der letzte Satz lautet demnach: „Das Christentum ist ganz der kritischen Historie preiszugeben."

Arbeit als die notwendige Aufgabe eines agnostischen Denkens. Da für Overbeck „die bisherige religiöse Entwicklung der Menschen eine heillose und darum stillzustellende Verirrung"[18] ist und Löwith die Geschichte des philosophischen Denkens als Fehlentwicklung betrachtet, ist die Frage nach den Ursachen die Voraussetzung für das Ende dieser geschichtlichen Entwicklung. Diese historische Arbeit ist um so bedeutender, als Löwith und Overbeck um die Macht der Vergangenheit für die Gegenwart wissen. Löwith erkennt an, daß „im Kern unseres Wollens und Denkens" immer noch christliches Erbe steckt, und Overbeck spricht von den „eisernen Ketten", mit denen wir an die Vergangenheit „geschmiedet sind". In einer jüngst erschienenen Veröffentlichung, die in ausgezeichneter Weise an Löwiths Interpretation anknüpft und diese fortsetzt, wird Overbecks Geschichtsschreibung des entstehenden und vergehenden Christentums treffend beschrieben: „Franz Overbecks Versuch einer Bewältigung von christlicher Vergangenheit muß verstanden werden als der Versuch einer Metatheologie als Trauerarbeit am Ende des Christentums."[19] R. Wehrli begründet seine These folgendermaßen: „Trauerarbeit bezweckt nicht Wiederherstellung oder Idealisierung des Vergangenen, im Gegenteil, sie bringt den Menschen langsam dazu, die Veränderung der Realität gelassen hinzunehmen und den Verlust des ihm einst teuren Objekts zu akzeptieren."[20] Die existentielle Betroffenheit, die mit dieser ‚Trauerarbeit' für Overbeck verbunden war, äußert sich in folgender Notiz: „Ich darf wohl sagen, daß mich das Christentum mein Leben gekostet hat, sofern ich, wiewohl ich es nie besaß und nur durch ‚Mißverständnis' Theologe wurde, mein Leben gebraucht habe, um es ganz loszuwerden."[21]

Overbecks Arbeit, die sich in bezug auf das Christentum von jeder Polemik, aber auch Apologetik distanzieren will, kreist im wesentlichen um folgende Probleme: das antagonistische Verhältnis von Glauben und Wissen, die Unvereinbarkeit von Christentum und christlicher Theologie und die These vom Alter und Tod des Christentums. Liest man Löwiths Untersuchungen zum Verhältnis von Weltgeschichte und Heilsgeschehen sowie die Abhandlungen zur Kritik der christlichen Überlieferung und des geschichtlichen Bewußtseins, so ist der Einfluß Overbecks unverkennbar. Es sei daher erlaubt, die wichtigsten Themen Overbecks kurz darzustellen.

18 *K. Löwith*, Atheismus als philosophisches Problem, a. a. O. 20.
19 *R. Wehrli*, Alter und Tod des Christentums bei Franz Overbeck, Zürich 1977, 236. Im folgenden beziehe ich mich auf die Darstellung Wehrlis. Auch Overbeck wird meistens nach Wehrli zitiert, da dieser bisher unbekannte Texte von Overbeck aufgenommen hat, die aus dem unveröffentlichten Nachlaß stammen. Zu Löwiths Overbeck-Rezeption vgl. *R. Wehrli*, a. a. O. 63 f., und *A. Pfeiffer*, Franz Overbecks Kritik des Christentums, Göttingen 1975, 18 f.
20 *R. Wehrli*, a. a. O. 204.   21 Ebd. 227.

Aus den verstreuten Äußerungen Overbecks zum Begriff der Religion und des Glaubens läßt sich entnehmen, daß er Religion für eine im Bereich des Gefühls angesiedelte Einstellung hält, die die Grenzen der menschlichen Vernunft nicht nur überschreite, sondern eine Gleichzeitigkeit oder ein Nebeneinander von Glauben und Vernunft nicht zulasse. Die Lebendigkeit einer Religion äußere sich in ihrer Naivität und Unmittelbarkeit, die zugleich mit einem Desinteresse an Wissenschaft und Kultur gepaart sei. Achtet Overbeck auf der einen Seite einen lebendigen ursprünglichen Glauben, so ist ihm um so bewußter, daß sich – gleichsam von außen und vom Standpunkt der Vernunft betrachtet – ein solcher Glaube als Illusion erweist. Religion ist daher nur so lange lebendig, als sie unbefragt in der Form des Mythos existieren kann. Ihr Verfall wird jedoch in dem Moment eingeleitet, in dem sie einer rationalen Begründung ausgesetzt wird. Der Widerspruch zwischen Glauben und Wissen ist für Overbeck fundamental und nicht zu versöhnen. Aus dieser Voraussetzung ergibt sich für ihn die Frage: „Ist christliche Theologie ein mit der Nachfolge Christi aus dem Glauben vereinbares Unternehmen?"[22] Overbeck verneint diese Frage mit der Begründung, daß die Theologie, sofern sie „den Glauben mit dem Wissen in Berührung" bringe, das „Christentum als Religion problematisch" mache und als solches „überhaupt in Frage stelle".[23] Die Vermittlungsversuche der historisch-kritischen Theologie seiner Zeit verdeutlichen nach Overbeck nur, daß „das Wissen wohl eine Religion zerstören kann", sie jedoch niemals wieder als solche aufzubauen vermag.[24]

Overbecks Maßstab für die Unterscheidung zwischen Christentum als Religion und „christlicher" Theologie ist seine Auffassung vom Urchristentum und dessen Eschatologie. Wehrli hat darauf hingewiesen, daß Overbecks Thesen zum Urchristentum, die zuweilen apodiktisch und thetisch erscheinen, das Ergebnis sorgfältigster wissenschaftlicher Untersuchungen sind. Letztlich sind Overbecks Fragen, wie Wehrli und auch Löwith feststellen, immer noch unerledigt und seine Versuche ihrer Beantwortung aktueller als je.[25]

Nach Overbeck liegt die Mitte des Urchristentums in der Erwartung des nahen Weltendes. Die radikale urchristliche Eschatologie war mit einem fundamentalen Desinteresse an der Welt verbunden. Weltflucht und Weltent-

22 Zitiert nach *K. Löwith*, Atheismus als philosophisches Problem, a. a. O. 13.
23 Vgl. *R. Wehrli*, a. a. O. 224.
24 Vgl. *F. Overbeck*, Über die Christlichkeit unserer heutigen Theologie (1903), Darmstadt 1974, 41.
25 Vgl. *R. Wehrli*, a. a. O. 133, und *K. Löwith*, Atheismus als philosophisches Problem, a. a. O. 13 f.; *ders.*, Die philosophische Kritik . . ., a. a. O. 211–213. 223–226.

sagung entsprachen der „Empfindung der Nähe des erwarteten ewigen Lebens".[26] Der grundsätzlich weltverneinende Charakter des Urchristentums ist nach Overbeck für jede theologische und philosophische Auseinandersetzung mit dem Christentum von entscheidender Bedeutung. Mit der nicht eingetretenen Erfüllung der eschatologischen Erwartungen beginnt nach Overbeck eine Geschichte, die zunehmend zur Auflösung des ursprünglichen Charakters des Christentums führte.

Zunächst ermöglichte die Metamorphose des urchristlichen Glaubens in eine streng asketische Lebensbetrachtung noch eine genuine Fortsetzung, da der Erlösungsgedanke in der Askese lebendig gehalten wurde. „Die Erwartung der Wiederkunft Christi, unhaltbar geworden in ihrer ursprünglichen Form . . ., verwandelte sich in den Todesgedanken . . ., in das Memento Mori."[27] Die notwendig werdende Auseinandersetzung mit der antiken Kultur ist nach Overbeck der erste Schritt zur Verweltlichung des Christentums. Dieser Weg setzte sich fort mit der Entstehung der kirchlichen Organisation. Ebenso ist die Entwicklung der christlichen Theologie nach seiner Überzeugung ein Beweis für „die beginnende Überwindung des Christentums durch die Welt". Sie verfolgt eine Unmöglichkeit, nämlich „die Begründung des Glaubens mit intellektuellen Mitteln". Der Gipfel dieser Entwicklung und somit das Kennzeichen des sich einstellenden Endes ist für ihn in der modernen historisch-kritischen Theologie erreicht, die im 19. Jahrhundert einsetzt. Durch die Aufklärung wurde ein Prozeß eingeleitet, der die Weltlichkeit der Welt in zunehmendem Maß zum Vorschein brachte und somit die entsagende Haltung des Christentums zur Welt in den Hintergrund treten ließ. Overbecks Analyse des Verhältnisses von Moderne und Urchristentum führt zu der Erkenntnis, daß durch die völlige Verschiedenheit der Horizonte eine Gleichzeitigkeit oder Vereinbarkeit beider unmöglich und eine Rückkehr ausgeschlossen sei. Daher kann Overbeck feststellen: „Die Welt ist es, die sich behauptet hat, nicht die urchristliche Erwartung von ihr."[28] Der Prozeß der Säkularisierung, der schließlich zur Depotenzierung des Christentums führte, wird jedoch von Overbeck nicht unkritisch als geglückte Befreiung des Menschen eingeschätzt. Er weiß um den Verlust, der mit dem Prozeß der Verweltlichung verbunden ist. Der Preis, den der „moderne Individualismus" für seine aufgeklärte Mündigkeit zu zahlen hat, ist nach Overbeck die „Vereinsamung" und die Erfahrung der Trostlosigkeit. Bedenkenswert sind vor allem seine Äußerungen zum modernen Atheismus, der dem Individualismus korrespondiert: „Was grauen-

26 Vgl. *R. Wehrli*, a. a. O. 146.
27 Vgl. zum folgenden *R. Wehrli*, a. a. O. 144–176, hier 147.
28 *K. Löwith*, Atheismus als philosophisches Problem, a. a. O. 20.

voll empfunden wird, ist nicht . . . der Atheismus selbst, als der als unausweichliches Ergebnis einer radikalen Isolierung des menschlichen Individuums angeschaute Atheismus. Dieser Atheismus ist ja der einzig ernste . . . Denn als objektives Dogma besteht der Atheismus nicht mehr als der Theismus. Was er wirklich ist, ist er nur, als was er empfunden wird."[29] Aus Gründen der intellektuellen Redlichkeit muß jedoch nach Overbeck die subjektive Empfindung der Verlassenheit und Trauer ausgehalten werden. So warnt er vor neuen Illusionen, wenn er schreibt: „Am allerwenigsten kann das menschliche Individuum daran denken, es werde an sich je einen Ersatz für Gott finden können."[30] In seiner Beschreibung der menschlichen Situation in einer Zeit des sterbenden Christentums wird deutlich, daß sich für Overbeck eine religiöse Option nicht mit einer agnostischen Denkweise vereinbaren läßt: „Wer sich auf sich selbst stellt, muß es auch mit sich aushalten . . . Von Gott darf er nicht mehr reden . . . Manches kann ihm sein Leid ersparen oder doch mildern, nur ein Gott nicht. Der strenge Individualist muß Gott entbehren können . . . Nur ohne Gott vermag . . . (er) frei zu leben, was unter Umständen oder beim einzelnen vollkommen mit der Tatsache besteht, daß er ohne Gott nicht leben kann."[31]

Liest man Löwiths Schriften auf dem Hintergrund der hier nur unzureichend referierten Overbeckschen Analysen,[32] so wird deutlich, daß er sich nicht nur die Thesen vom unversöhnlichen Gegensatz von Denken und Glauben, von der Unhaltbarkeit einer liberalen verweltlichten Theologie und vom Ende des Christentums zu eigen gemacht hat, sondern darüber hinaus nach den Konsequenzen fragt, die sich aus den Overbeckschen Einsichten für die Geschichte und Zukunft der Philosophie ergeben.

Bestand nach Overbecks Einschätzung das Verhängnis des Christentums in seiner Verweltlichung, so ist nach Löwith das Eindringen christlicher Glaubensinhalte in das philosophische Denken nicht zu vertreten. Im Hinblick auf das zukünftige Philosophieren fand Löwith in Overbecks besonnener Skepsis einen Standpunkt, der sich vollständig von der christlichen Überlieferung zu lösen versuchte. Overbecks Forderung, „sich in die Luft zu stellen", und die damit verbundene Freiheit, die zugleich Gewinn und Verlust ist, auszuhalten, sind für Löwith wesentlich für eine zukünftige philosophische Perspektive.

---

29 *R. Wehrli*, a. a. O. 183. In dem von C. A. Bernoulli unter dem Titel ‚Christentum und Kultur' herausgegebenen Nachlaß von F. Overbeck (Basel 1919) erscheint dieses Zitat unter dem Stichwort: „Agnostizismus", 265.
30 *R. Wehrli*, a. a. O. 183.   31 Ebd. 184.
32 In meiner noch nicht erschienenen Dissertation über Karl Löwiths Kritik der Geschichtsphilosophie wird ausführlich auf die Löwithsche Rezeption von F. Overbeck und P. Valéry eingegangen.

Erst gegen Ende seines geistigen Weges fand Löwith im Denken Paul Valérys jenes Experiment gewahrt, von dem Overbeck meinte, daß es erprobt werden müsse, wenn man überhaupt vorwärtskommen wolle. Löwith nennt den französischen Dichter und Theoretiker den freiesten, von allen eingewurzelten und zu Konventionen gewordenen Traditionen unabhängigsten Denker.[33] Löwith sieht im theoretischen Werk Valérys eine Bestätigung seiner eigenen Gedanken, was vor allem durch seine zustimmende und nachvollziehende Rezeption deutlich wird.

Die von Löwith und Valéry gestellten Fragen nehmen unter philosophischem Vorzeichen diejenigen Probleme auf, die bereits durch Jean Pauls Schilderung der subjektiven Empfindungen des Atheismus angesprochen wurden. Die Verlassenheit des Menschen in einem gottlosen Universum wird von Löwith thematisiert, indem er „die Frage nach dem Verhältnis des *immerwährenden Seins* der physischen *Welt* zu dem *endlichen* Dasein des *Menschen*" stellt.[34] Dieses Problem wird von Valéry in den ‚Cahiers‘ unter den Stichworten „corps – esprit – monde" zur Sprache gebracht. Vorausgesetzt wird dabei die Vakanz, die mit dem Verlust des Glaubens an Gott gegeben ist. Diese Vakanz bedarf einer ‚philosophischen Bewältigung‘, indem nach den Gründen für die Erfahrung der Negativität gefragt werden kann. Sowohl Löwith als auch Valéry haben sich auf diese Fragen eingelassen, ohne voreilig eine Überwindung des im Atheismus tendenziell angelegten Nihilismus zu fordern. Eine Überwindung gleich welcher Art könnte nach der Überzeugung beider Denker nur scheinbar die Leerstelle ausfüllen, die mit dem bereits als historisch anzusehenden ‚Tod Gottes‘ zum Horizont eines Zeitalters geworden ist. Wenn Löwith und Valéry die neuzeitliche Situation in einer radikalen Weise ernst nehmen, so daß es manchmal den Anschein hat, daß ihre Kritik einer fast ‚unmenschlichen‘ Destruktion gleichkommt, so zeigt sich darin doch nur ihre ganz und gar unsentimentale ‚Treue zur Erde‘.

Durch die Lektüre der Löwithschen Valéry-Studie wird deutlicher, welchen Stellenwert Löwiths zahlreiche Verweise auf die ‚Natur‘ und das griechische Denken einnehmen. Sie artikulieren keineswegs eine Rückkehr zur Antike, die dem heutigen Bewußtsein nur als ungeschichtliches Unterfangen erscheinen müßte. Vielmehr haben diese Verweise (ähnlich wie im Werk Camus') die Funktion, einem überspitzt geschichtlichen und anthropozentrischen Denken als Korrektiv entgegenzutreten. Darüber hinaus umschreibt Löwith mit dem Begriff ‚Natur‘ ein materialistisch und sensualistisch inspi-

---

33 *K. Löwith*, Paul Valéry. Grundzüge seines philosophischen Denkens, Göttingen 1971, 5.
34 Vgl. *K. Löwith*, Aufsätze und Vorträge 1930–1970, Stuttgart 1971, 72f.

riertes Verständnis von Mensch und Welt. Wenn Löwith über Valéry schreibt: „Die leidenschaftliche Ambition seines imaginativen und radikalen Geistes war: das Äußerste an möglichem Bewußtsein von dem, ‚was ist‘, zu erreichen. Dies führte ihn zu der Erfahrung und Erkenntnis der undurchschaubaren und unüberschreitbaren Macht des nicht bewußten und an sich selbst bedeutungslosen Seins und zur prinzipiellen Unterscheidung dessen, was wir *sind* und von uns und den Dingen *wissen*",[35] so wird dadurch auch sein eigenes philosophisches Anliegen angesprochen.

Die Erkenntnis der Nicht-Identität von Welt und Mensch, Sein und Bewußtsein führt bei Löwith zu einer aporetischen Position. Die Frage des Menschen nach sich selbst kann nach Löwith nicht endgültig beantwortet werden. Das Rätselhafte des ‚Zufalls Mensch‘ findet keine Lösung, weil dem fragenden Menschen eine ‚schweigende Welt‘ gegenübersteht. Obwohl der Mensch Hervorbringung und Teil der Natur ist, kann er doch nicht völlig in ihr aufgehen, da er durch die ihn auszeichnende Möglichkeit des Fragens prinzipiell die faktische Bedingtheit überschreitet. Die Möglichkeit des Fragenkönnens als Aufgabe der Philosophie zu begreifen, so daß einerseits bis an die Grenzen möglicher Erkenntnis fortgeschritten wird, andererseits jedoch diese Grenzen anerkannt und *nicht* transzendiert werden, ist Löwiths Forderung. Dieses Verständnis zeigt sich auch im folgenden Aphorismus Valérys: „Unsere richtigen Antworten sind überaus selten. Die meisten sind schwach oder nichtig. Wir spüren das so genau, daß wir uns zuletzt gegen unsere Fragen wenden. Damit aber sollte man beginnen. Man sollte eine Frage in sich ausbilden, die allen anderen vorausgeht und jede auf ihren Wert hin befragt."[36]

Valérys erste Frage „Que peut un homme?" führte ihn schließlich zu der Einsicht in die Mängel des menschlichen Geistes, die „das eigentliche Herrschaftsgebiet des Zufalls, der Götter und des Schicksals sind."[37] Die Nicht-Identität von Denken und Sein ist auch für Valéry der entscheidende Grund für die Vorläufigkeit aller menschlichen Antworten. Die Bezeichnung ‚Sein‘ oder ‚das, was ist‘ wird dabei von ihm im materialistischen Sinne verstanden. Natur als allem zugrundeliegende Materie, besonders aber das Wirken dieser ‚Natur‘ im Menschen ist ein zentrales Problem seiner Schriften. Die Undurchsichtigkeit der Materie an sich und die Unmöglichkeit, im Akt des Denkens zugleich die verschiedenen Bedingungen der Ermöglichung eines bestimmten Gedankens zu erfassen, führt Valéry zu einem tiefen Mißtrauen gegenüber allen „Produkten des menschlichen Geistes". Für

---

35 *K. Löwith*, Paul Valéry, 5.
36 *P. Valéry*, Windstriche, Frankfurt a. M. 1971, 70.
37 Ebd.; s. dazu auch: *K. Löwith*, Paul Valéry, 58. 84f.

sich allein betrachtet, ist der Geist nach Valéry „trügerisch und sich selbst betrügend, fruchtbar an unlösbaren Problemen und illusorischen Lösungen."[38] Die antimetaphysische Erkenntnis, daß unser Bewußtsein letztlich gebunden bleibt an ein vorgegebenes rätselhaftes Sein, hat nach Valéry einen außerordentlich großen Wert, insofern sie vor den vielfältigen Illusionen bewahren kann, die einer nüchternen Betrachtung der ‚condition humaine' abträglich sind. Philosophieren heißt demnach für Valéry, „vom Vertrauten auf das Befremdende zurückkommen, im Befremdenden sich dem Wirklichen stellen".[39] In seinem Prosagedicht ‚L'Ange' schreibt Valéry über den Engel, der in seiner Lyrik das Symbol für die menschliche Erkenntnis ist: „Et pendant une éternité, il ne cessa de connaître et de ne pas comprendre."[40]

Liest man Löwiths Abhandlungen auf dem Hintergrund der Schriften von Overbeck und Valéry, so wird deutlich, warum ‚sein' Agnostizismus in der Schwebe bleibt und sich einer darüber hinausgehenden Entscheidung enthält. Ihm ist die Gewißheit der Sinnlosigkeit ebenso verschlossen wie die Möglichkeit zur Hoffnung. Die humanistischen Versionen des Atheismus und Agnostizismus können ihn nicht überzeugen, weil in einer „Gott losgewordenen" Zeit auch der Sinn von Humanität fraglich werden muß. Löwiths Kritik an den verschiedenen Versuchen der Sinngebung der Geschichte ergibt sich aus seiner Einsicht in die Dialektik geschichtlichen Handelns. Die Überschätzung der menschlichen Möglichkeiten führt nach Löwith dazu, daß sich humane Intentionen in inhumane Praxis verkehren können. In diesem Sinne sind Löwith jene Metamorphosen von Religion suspekt, denen das Interesse zugrunde liegt – wie Forberg schreibt –, „daß es besser werde, auch wenn die Natur nicht will". Die Ablösung des Glaubens an Gott durch den Glauben an den Menschen läßt sich auch an bestimmten Positionen des modernen Agnostizismus aufzeigen. Von einem solchen agnostischen Denken unterscheidet sich Löwith insofern, als seine Forderung nach einer radikalen Loslösung von der christlichen Tradition die nihilistische Version des Atheismus voraussetzt und weiterführt.

Der philosophische Ort Löwiths kann nur dann hinreichend erfaßt werden, wenn man die ihm durch Nietzsche vermittelte Einsicht ernst nimmt: *„Der Tod Gottes eröffnet, über den Nihilismus, den Weg zur Wiederentdeckung der Welt."*[41] Herkunft und Ziel des Löwithschen Agnostizismus sind damit

---

38 Vgl. *P. Valéry*, Zur Theorie der Dichtkunst, Frankfurt a. M. 1962, 163.
39 *P. Valéry*, Windstriche 144; vgl. *K. Löwith*, Paul Valéry, 64.
40 *P. Valéry*, Oeuvres, Paris 1957, Bd. I, 208. S. auch *Löwiths* Übersetzung in: Paul Valéry, 88.
41 *K. Löwith*, Gott, Mensch und Welt . . ., 185.

umschrieben. Zwischen dem Nihilismus und der Wiederentdeckung der Welt angesiedelt zu sein heißt für Löwith, „in diesen Zeiten der Ungewißheit"[42] ein skeptisches Fragen auszuhalten, das sich sowohl vor einem metaphysischen Nihilismus als auch vor seinen scheinbar ‚humanen' Überwindungen bewahrt. Ein sich selbst treu bleibendes Fragen, das die Möglichkeit des Transzendierens ausschließt, ohne sich selbst absolutzusetzen, kann nach Löwith die noch ausstehende „Wiederentdeckung der Welt" eröffnen. Der Nihilismus ist zwar die notwendige historische Durchgangsstation auf dem Weg „ins Freie", jedoch bleibt auch er noch jenem Denken in Alternativen verpflichtet, in welchem in der Negation das Negierte anwesend ist. Die Auflösung der Alternativen von Gott und Nichts, Natur und Geschichte, Glauben und Wissen wäre nach Löwith erst dann vollzogen, wenn der „kritische Überschritt zur Anerkennung eines zweckfreien und gottlosen Weltalls . . ., von dem auch der Mensch nur eine endliche Modifikation ist",[43] gelingen könnte. Daß Löwith diese Anerkennung als Perspektive für die Zukunft und nicht als gegenwärtige Denkmöglichkeit versteht, wird deutlich, wenn er schreibt: „Die in diesen Alternativen zu Wort kommenden Fragen würden erst dann aufhören, entscheidende Fragen zu sein, wenn es gelingen sollte, sich völlig zu emanzipieren, um jenseits von christlich und heidnisch einen neuen Standpunkt zu beziehen."[44]

Für den Prozeß der Wiederentdeckung der Welt haben jedoch die nihilistischen Erfahrungen, die sich aus dem ‚Tod Gottes' ergeben, wegweisende Bedeutung. Insofern ist Löwiths philosophisches Anliegen in jene Denkgeschichte einzureihen, in welcher – wie am Beispiel Jean Pauls gezeigt wurde – die fundamentale Verunsicherung, die mit dem Atheismus verbunden ist, maßgebend bleibt. Einem skeptischen Philosophieren, das an den Nihilismus anknüpft, stellt sich jedoch die Aufgabe, die Erfahrung der Sinnlosigkeit, die dem Verlust des Glaubens entspricht, durch Denkarbeit in dem Sinne zu wenden, daß der Verlust als bewußter Verzicht begriffen und angenommen wird. Dieser Verzicht auf Gewißheiten positiver und negativer Art ist für Löwith die wesentliche Voraussetzung für eine zukünftige ‚Philosophie der Welt', in der ‚Natur' keine defekte Rolle mehr spielt.

Abschließend bleibt zu sagen, daß sich jede weiterführende Beschäftigung mit dem Werk Löwiths von einigen Mißverständnissen distanzieren muß, die einer angemessenen Beurteilung seines philosophischen Anliegens bisher im Wege standen. Im Hinblick auf seine Stellung zur christlichen Reli-

---

42 *Ders.*, Weltgeschichte und Heilsgeschehen, 13.
43 *Ders.*, Atheismus als philosophisches Problem, a. a. O. 15.
44 *Ders.*, Weltgeschichte und Heilsgeschehen, in: Anteile. Martin Heidegger zum 60. Geburtstag, Frankfurt a. M. 1950, 116.

gion und Theologie bleibt zu beachten, daß er keineswegs als ‚christlicher Denker' mißdeutet werden darf. Seine agnostische Haltung, die sowohl den Glauben wie den Unglauben in Frage stellt, ist weit davon entfernt, eine Erneuerung des ‚ursprünglich Christlichen' oder auch die Vereinbarkeit von Moderne und Christentum für glaubwürdig zu erachten. Es kann daher weder im Interesse der dialektischen noch der liberalen Theologie liegen, sich auf Löwith zu berufen. Vielmehr hätte sich die zeitgenössische Theologie der Forderung Löwiths zu stellen, sich mit „Overbecks radikaler Besinnung" zu messen, „deren letzte Absicht der wissenschaftliche Nachweis des ‚finis Christianismi' am modernen Christentum war".[45]

Ein zweites Mißverständnis liegt in der voreiligen Beurteilung der Löwithschen Skepsis als stoischen Rückzugs vom historischen Bewußtsein. Seine skeptische Distanz zu allen positiven Sinngebungen der Geschichte wird getragen von dem Wissen um die eigene Vorläufigkeit. Daß Löwiths Skepsis offen ist für ein zukünftiges Denken, das nur durch das gegenwärtige Ertragen der Ungewißheit eröffnet werden kann, zeigt sich deutlich in seiner Frage: „Kündigt sich nicht . . . in vereinzelten Menschen der Gegenwart ein neues Experiment der Erprobung an, die es wirklich wagt, sich selbst zu versuchen und die Brücken der Tradition hinter sich zu verbrennen, um auf offenem Meer und im Reiche der Luft einen neuen Standpunkt zu gewinnen?"[46] Gegenwärtiges Philosophieren könnte Löwiths Frage aufnehmen, um in selbstkritischer Besinnung den eigenen ‚Standpunkt' zu bedenken.

45 *Ders.*, Von Hegel zu Nietzsche, Stuttgart [5]1969, 415.
46 *Ders.*, Weltgeschichte und Heilsgeschehen, in: Anteile, 14.

Michael Lauble

Einheitsideal und Welterfahrung
Zur Aporetik im Denken von Albert Camus

„. . . zum zweiten möchte ich auch festhalten, daß ich mich nicht im Besitz irgendeiner absoluten Wahrheit oder einer Botschaft fühle und deshalb niemals von dem Grundsatz ausgehen werde, die christliche Wahrheit sei eine Illusion, sondern nur von der Tatsache, daß ich ihrer nicht teilhaftig zu werden vermochte." Mit diesen Worten führte sich Albert Camus in seinem berühmt gewordenen Vortrag vor den Pariser Dominikanern im Dezember 1946[1] bei seinen Gastgebern ein und charakterisierte zugleich seine Stellung zum christlichen Gottesglauben (aber nicht nur zu ihm, wie wir sehen werden). Zehn Jahre später sagt er in einem Interview mit der Zeitung ‚Le Monde‘: „Ich glaube nicht an Gott, das ist wahr. Aber ich bin trotzdem kein Atheist. Ich würde sogar mit Benjamin Constant einiggehen, an der Irreligiosität etwas Vulgäres und . . . ja: Abgeschmacktes zu finden."[2] Und am 21. Dezember 1957 veröffentlicht der ‚Figaro Littéraire‘ eine Äußerung Camus' nach der Verleihung des Nobelpreises, in der es heißt: „Als ich aus dem Zug stieg, hat mich ein Journalist gefragt, ob ich konvertieren wolle. Ich habe nein gesagt. Nur dieses eine Wort: nein . . . Ich bin mir des Heiligen bewußt, des Geheimnisses, das im Menschen ist, und ich sehe nicht, warum ich nicht die Bewegung eingestehen sollte, die mich angesichts Christi und seiner Lehre ergreift. Leider fürchte ich, daß in gewissen Kreisen, besonders in Europa, das Eingeständnis eines Unwissens (ignorance) oder das Eingeständnis einer Grenze der menschlichen Erkenntnis, die Ehrfurcht vor dem Heiligen, als Schwächen erscheinen. Wenn das Schwächen sind, will ich sie uneingeschränkt auf mich nehmen."[3] Bei aller Reserve gegenüber den Selbstdeutungen eines Autors im allgemeinen und Camus' im

---

1 Der Ungläubige und die Christen, in: Fragen der Zeit, Reinbek 1970, 59–63, hier 59. Zur Datierung s. *A. Camus*, Essais, Paris 1965, 1597. Ich beziehe mich im folgenden, soweit deutsche Übersetzungen von Schriften Camus' vorliegen, auf diese, auch dann, wenn ich, der Deutlichkeit halber, in der Formulierung von ihnen abweiche. Texte, die bisher ausschließlich französisch ediert sind, werden von mir übersetzt zitiert.
2 *A. Camus*, Théâtre, Récits, Nouvelles, Paris 1962, 1879–1881, hier 1881.
3 Essais, 1615.

besonderen[4] darf man diese Erklärungen nicht außer acht lassen. Sie warnen davor, Camus allzu schnell das Prädikat ‚Atheist‘ zuzuschreiben.[5] Sieht man mit Gabriel Marcel nicht nur die Forderung und den Anspruch der Klarsicht als Charakteristikum des „philosophischen Atheismus“,[6] sondern auch die explizite Negation Gottes, das heißt den Aufweis, daß der Gottesglaube in sich widersprüchlich ist, und in diesem Aufweis die Prätention eigentlichen, wahren Wissens über die Wirklichkeit, dann tritt in den zitierten Aussagen Camus’ gerade die Absage an ein absolutes Wissen hervor. Dezidierter Atheismus beansprucht, zu wissen, was es um Gott, Freiheit, Unsterblichkeit sei; Camus dagegen erklärt seine „Ignoranz“.[7]

Wir wollen uns aber, was den Titel ‚Atheismus‘ angeht, nicht allein auf die gelegentlichen Selbstdeutungen unseres Autors verlassen, sondern auf das Ganze, auf die Sache seines Denkens blicken. Einen ersten Hinweis auf die Thematik des Nichtwissens gibt uns da Heinz Robert Schlette mit seinem Urteil: Camus’ „Position ist . . . nicht dezidiert atheistisch . . ., sondern die des Nichtwissens, der Agnosis . . .“[8] Wenn er jedoch fortfährt: „. . . die allerdings zum Atheismus tendiert“,[9] so zeigt er, zu Recht, schon im selben Satz die Problematik des Camus’schen Agnostizismus auf: Wohnt diesem nicht etwa doch eine Dynamik inne, die ihn schließlich dazu führen muß, die Realität Gottes abzulehnen?

Bevor wir aber der Agnostizismus-Atheismus-Frage bei Camus weiter nachgehen, ist ein besonderer Befund zu notieren: Camus’ ‚Agnostizismus‘ ist nicht einfachhin ein Agnostizismus in bezug auf die Gottesfrage, denn diese selbst ist bei ihm einer logisch umfassenderen Fragestellung eingeschrieben. Somit hat auch eine Diskussion über Camus’ ‚Atheismus‘ oder ‚Antitheismus‘ innerhalb eines umfassenderen Komplexes ihren Platz. Um es kurz zu sagen: Die Einheit ist das Thema, das Camus nicht losläßt. Seine fortgesetzte Auseinandersetzung mit den Themen des christlichen Gottesglaubens ist in diesem Zusammenhang lokalisiert. Nicht die Reflexion über Gott ist Camus’ fundamentales und zentrales Problem, sondern die Reflexion über Einheit, deren eine Deutung der christliche Glaube an Gott darstellt – neben den Versuchen, sie in die Verfügung des Menschen zu rücken,

---

4 Vgl. etwa: *H. Balz*, Aragon – Malraux – Camus. Korrektur am literarischen Engagement, Stuttgart–Berlin–Köln–Mainz 1970, 123. 137 f.
5 Es warnt auch *I. Di Méglio*, Antireligiosität und Kryptotheologie bei Albert Camus, Bonn 1975, 292.
6 *G. Marcel*, Tragische Weisheit. Zur gegenwärtigen Situation des Menschen, Wien 1974, 179.
7 Essais, 1615.
8 *H. R. Schlette*, Albert Camus heute, in: ders., Aporie und Glaube, München 1970, 79–101, hier 86.
9 Ebd.

sei es denkend in einer philosophisch-theoretischen Welt- und Wirklichkeitsauslegung, sei es handelnd in einem politisch-praktischen Konzept von Geschichte und Gesellschaft, sei es in einem ‚realistischen' oder ‚formalistischen' Kunstwerk.

Camus' so zentraler Begriff der ‚Einheit' erinnert an die in Philosophie, Wissenschaftstheorie und Theologie in den letzten Jahren viel diskutierte Sinnthematik. In der Tat steht mit der Frage nach dem Sinn eines einzelnen Gegenstandes oder Geschehens (wie ja auch eines Wortes) letztlich der umfassendste Zusammenhang zur Frage: die Einheit alles Wirklichen. Denn das Einzelne erhält seinen Sinn im Austrag des Beziehungsgeschehens zwischen ihm selbst und dem Ganzen. Wird nach dem Sinn des Einzelnen gefragt, so ist auch schon nach der Einheit des Wirklichen im ganzen gefragt, von der her jener sich letztlich bestimmt. Umgekehrt ist die Frage nach der Einheit der Wirklichkeit im ganzen auch die Frage nach dem Sinn alles Einzelnen.[10]

Wenn ich nun Camus' Denken auf die Thematik der Idee der Einheit und der Realität der Uneinheit beziehe, so hoffe ich, damit seine Position in der Frage nach dem Sinn von menschlichem Dasein in der Welt deutlich machen zu können, die er selbst zu Beginn seines ‚Mythos von Sisyphos' „die dringlichste aller Fragen" nennt.[11]

I.

Schon die frühesten Texte Camus' bezeugen mehrfach die Annahme, daß den Menschen ein grundlegendes Verlangen nach Einheit auszeichnet. So wird in einem Text von 1932, einem fiktiven Dialog, die Suche nach der Einheit im Denken angedeutet;[12] ein Jahr später heißt es, daß der Mensch, „dieser Einheitsmaniak (,) in sich ein Bedürfnis nach Zusammenhang trägt",[13] das ihn dazu drängt, logische Gesetze zu befolgen und persönliche Impressionen in die Gestalt kritisch-rationaler Studien zu überführen. Und von dem „Bedürfnis nach Einheit" (besoin d'unité) schlechthin ist meines Wissens an zwei Stellen die Rede.[14]

---

10 Vgl. *W. Pannenberg*, Wissenschaftstheorie und Theologie, Frankfurt a. M. 1973, 215–224; *H. Gollwitzer*, Krummes Holz – aufrechter Gang. Zur Frage nach dem Sinn des Lebens, München ⁶1973, 50–53 (unter Verweis auf W. Weischedel).

11 Der Mythos von Sisyphos, 9.

12 La volonté de mensonge, in: Écrits de jeunesse (Cahiers Albert Camus 2), Paris 1973, 189–191, hier 189.

13 L'Art dans la communion, in: Écrits de jeunesse, 251 f.

14 Notes de lecture, in: Écrits de jeunesse, 204, und: L'Art dans la communion, ebd. 253. Beide Texte stammen aus dem Jahr 1933.

In seiner philosophischen Examensschrift ‚Christliche Metaphysik und Neoplatonismus' von 1936[15] charakterisiert Camus den plotinischen Nous als auf das Hen bezogen. „Erkennen ist auch Verlangen. Daß der Geist nichts bedarf, heißt lediglich, daß er von der sinnlichen Welt unabhängig ist. Doch ist er aufs Jenseits gerichtet. Er bedarf des Einen. ‚Er lebte auf Es hin, er war an Es geknüpft und zu ihm gewandt.' Etwas fehlt ihm, nämlich seine Einheit. In ihm ist ein Mangel, unter dem er leidet und zittert."[16]

Das durch Einheitsintention gekennzeichnete Bewußtsein steht auch im ‚Mythos von Sisyphos' vor uns. Was den plotinischen Nous auszeichnete, leitet auch die Erkenntnisbemühung des neuzeitlichen Menschen: „Verstehen heißt vor allem einen. Das tiefe Verlangen des Geistes stößt selbst bei seinen kühnsten Schritten noch auf das unbewußte Gefühl des Menschen vor seinem Universum, das Bedürfnis nach Vertrautheit, das Verlangen nach Klarheit."[17] Klarheits- und Vertrautheitsverlangen sind die Weisen intellektuellen Einheitsverlangens, das das einigende Prinzip der Wirklichkeit zu entdecken oder die Wirklichkeit von einem einenden Prinzip aus deduktiv zu erklären trachtet.[18] „Wenn das Denken im schillernden Spiegel der Phänomene ewige Relationen entdeckte, die jene zusammenzufassen vermöchten und selbst in einem einzigen Prinzip zusammengefaßt werden könnten, dann könnte man von einem Glück des Geistes sprechen, demgegenüber der Mythos von den Seligen nur ein lächerlicher Abklatsch wäre. Diese Sehnsucht nach Einheit, dieses Verlangen nach dem Absoluten zeigt das wesentliche Movens des menschlichen Dramas."[19]

Die Forderung nach einem „rationalen, raisonnablen Prinzip",[20] nach dem „einzigen Prinzip",[21] finden wir wieder in ‚Der Mensch in der Revolte' in dem Ruf nach einem „Erklärungsprinzip",[22] das die „definitive Transparenz"[23] des Daseins in der Welt sichern würde, indem es deren Sinn voll und ganz verstehen ließe. Im Kontext wird betont, daß dieses Verlangen „ein unaufhörlicher Anspruch auf Einheit" ist,[24] insofern es sich vor allem auf das verstehende Integrieren der Phänomene des Bösen und des Todes richtet,[25] die als *die* Manifestationen von Diskontinuität erscheinen.

Im Einheitsverlangen überschreitet das Subjekt sich selbst auf die Welt als

---

15 Christliche Metaphysik und Neoplatonismus (rde 385), Reinbek 1978.
16 Christliche Metaphysik, 92. Camus' Plotin-Zitat stammt aus *Plotin*, Enneaden, VI 7, 16.
17 Der Mythos von Sisyphos, 20.
18 Vgl. *W. Post*, Kritische Theorie und metaphysischer Pessimismus. Zum Spätwerk Max Horkheimers, München 1971, 30.
19 Der Mythos von Sisyphos, 20.
20 Ebd. 47.   21 Ebd. 20.
22 Der Mensch in der Revolte, Reinbek ⁴1964, 110.
23 Ebd.   24 Ebd. 110. 111.   25 Ebd. 111.

das Objekt intendierter Erkenntnis hin, auf den anderen Menschen als Mit-Subjekt zu verwirklichender Sozietät hin, auf das aus ihm herausgesetzte Kunstwerk als Konzeption von endlicher Einheit hin.[26] Das Verlangen nach Einheit ist Anwesenheit der Idee von Einheit und Sinn im Modus subjektiven Fragens und Verlangens.

Dieses Fragen und Verlangen geht nun auch hinaus über das einzelhaft-vorläufig Zuhandene, über die Vielheit der mitseienden Objekte, über das einzelhaft-vorläufig verwirklichte Einheitliche auf Definitivität und Universalität von Einheit und Sinn. Der Mensch will nicht nur, daß Einheit sei in den verschiedenen Dimensionen und Relationen seines Daseins und Weltbezugs, sondern daß diese Einheit *Dauer* habe und *alles* Wirkliche und damit ihn selbst einbegreife. Er will diese Einheit erkennen können und als bleibenden Sinn der Wirklichkeit gesichert sehen, und er will an dieser Sinn-Einheit selbst teilhaben.

Bei allem bisher Gesagten bleibt eins zu beachten: Das unausrottbare Verlangen nach Einheit, dieses „wesentliche Movens des menschlichen Dramas",[27] das, weil es der Grundimpuls der Existenz ist und in deren verschiedenen Dimensionen und Relationen wirksam wird, auch in den verschiedensten literarischen Genera seine Gestaltung durch Camus erfährt, das also nicht nur reflektiert, sondern auch erzählt wird – dieses Einheits*verlangen* besagt nicht, daß es auch die verlangte *Einheit* gebe. „Ich weigere mich", schreibt Camus am 18. März 1943 an Pierre Bonnel, „. . . zu glauben, daß im metaphysischen Bereich das Bedürfnis nach einem Prinzip die Existenz dieses Prinzips erfordert."[28] Wie wichtig dieser Vorbehalt ist, werden wir gleich sehen.

II.

Schon in einem der frühesten Texte Camus' wird eine Grundweise der Welterfahrung artikuliert, die dem skizzierten menschlichen Urverlangen nach Einheit zuwiderläuft. Geradezu elementar mutet diese Erfahrung an in ‚Souhait', einem kurzen Essay aus dem Jahre 1932. Es heißt da: „. . . jene Welt, die ich mir zuerst wie ein Ganzes vorstellte, das mir gegenüberstand, erschien mir plötzlich aus unzähligen getrennten Elementen zusammengesetzt, die aber versuchten, sich wieder zu gruppieren. So hatte ich die

---

26 Ich kann diese Zusammenhänge hier nur andeuten. Ihre entfaltete Darstellung und Dokumentation am Camus'schen Schrifttum bleibt einer eingehenderen Studie vorbehalten.

27 Der Mythos von Sisyphos, 20.

28 Essais, 1424. Vgl.: Der Mythos von Sisyphos, 20: „Nur bedeutet das tatsächliche Vorhandensein dieser Sehnsucht nicht, daß sie unverzüglich gestillt werden müsse."

jähe Intuition einer Wahrheit."[29] Hier ist noch die Rede von einem Nacheinander der Annahme eines Welt-Ganzen und der Wahrnehmung disparater Vielheit. Die anfängliche Vorstellung, die Welt sei „ein Ganzes", erscheint, systematisch gesehen, interessenbedingt: Anzunehmen, daß die Welt eine ist und daß sie ein Ganzes bildet, heißt sich den Wunsch nach Einheit zu erfüllen, der bei aller Welterfahrung mitgegeben, da dem Menschen gleichsam eingeboren ist. Nun geschieht es aber, „plötzlich", in „jäher Intuition", daß die Welt, der eine ganze Kosmos, zerfällt in die Vielheit der „unzähligen" einzelnen Dinge der Erscheinungswelt, die isoliert nebeneinander stehen. Immerhin wird noch der Versuch neuer Gruppierung konstatiert. Die kurze Aussage weist vor auf das, was einige Jahre später ‚Der Mythos von Sisyphos' eindringlich reflektiert und was er die ‚Absurdität' nennt.

Das Problem einer Begegnung des Menschen mit einer Welt, die als „Infinität schillernder Bruchstücke"[30] erfahren wird, sieht auch Camus' philosophische Examensschrift. Dort erblickt der Autor bei seiner Darstellung von Plotins Denken in der Vielheitwerdung des Einen (des ‚Hen') „die wirkliche Schwierigkeit und die Mitte des Plotinischen Systems".[31] Schon im Blick auf Plotin erscheint also die schwierige Polarität von Einheitsverlangen und Wahrnehmung einer uneinen Welt.[32]

Berühmt geworden ist Camus beim Pariser, aber durchaus auch beim deutschen Publikum durch seinen ‚Versuch über das Absurde', den ‚Mythos von Sisyphos'.[33] Zum erstenmal finden wir Camus' Vorhaben einer philosophischen Arbeit über das Absurde jedoch schon im Jahr 1936 erwähnt,[34] lange also vor dem Erscheinen des Essays. Und in seiner Besprechung von Sartres Roman ‚La Nausée' im ‚Alger Républicain' vom 20. Oktober 1938 spricht Camus ausdrücklich von der grundlegenden Erfahrung des Absurden.[35] Im ‚Mythos von Sisyphos' lesen wir dann: „Ich kann den Teil *meiner selbst*, der von ungewissen Sehnsüchten lebt, rundweg leugnen, nur nicht jenes Verlangen nach Einheit, jenen Wunsch nach Lö-

---

29 Écrits de jeunesse, 193.

30 Der Mythos von Sisyphos, 21.

31 Christliche Metaphysik, 83.

32 Schon diese Beobachtung könnte uns daran hindern, bei Camus nicht nur neuplatonische Fragestellungen, sondern auch Lösungen zu sehen, wie dies etwa *P. Nguyen-Van-Huy*, La Métaphysique du bonheur chez Albert Camus, Neuchâtel 1968, 200–203. 234, tut.

33 Vgl. dazu: *H. R. Schlette*, Einführung, in: ders. (Hrsg.), Wege der deutschen Camus-Rezeption, Darmstadt 1975, 6f. Vgl. auch: *R. Quilliot*, Kommentar, in: Essais, 1610.

34 Tagebuch 1935–1942, Reinbek 1963, 32.

35 „La Nausée" de Jean-Paul Sartre, in: Essais, 1417–1419, hier 1419. Wie hier erscheint die Absurdität als ‚point de départ' auch in: Der Mythos von Sisyphos, 8, und in: Das Rätsel, in: Literarische Essais, 177, ebenso in: Der Mensch in der Revolte, 11. 12.

sungen, jenen Anspruch auf Klarheit und Zusammenhang. Ich kann *in dieser Welt* alles widerlegen, was mich umgibt, mich vor den Kopf stößt oder mich begeistert, nur nicht jenes Chaos, jenen König Zufall und jene göttliche Äquivalenz, die aus der Anarchie erwächst."[36] Das durch die Einheitsintention charakterisierte Subjekt versucht in Abhebung vom vitalen Lebensvollzug, sich seines Verhältnisses zur Welt denkend zu versichern. Und siehe da: Die Welt zerfällt ihm zu einer „Unzahl schillernder Bruchstücke"[37] – was die einzelnen Weltdinge in ‚ihrem Wesen‘ sind, ist nicht zu erkennen, sie bleiben „Phänomene", „Erscheinungen",[38] und diese Phänomene stehen gleichberechtigt, unverbunden nebeneinander: Die Weltdinge sind phänomenal und disparat.[39]

In phänomenologischer Einstellung läßt sich somit sagen: Die Einheitsintention wie auch die Wahrnehmung einer uneinen ‚Welt‘ sind unmittelbar evidente Bewußtseinstatsachen, und beider Verhältnis ist als Verhältnis zweier Evidenzen selbst wieder unmittelbar evident. Das Charakteristikum dieser Relation ist die Inkompatibilität ihrer Termini. Und eben darin besteht die Absurdität. „Das Absurde", sagt Camus, „ist im wesentlichen ein Zwiespalt. Es ist weder in dem einen noch in dem anderen verglichenen Element enthalten. Es entsteht durch deren Konfrontation. Im Bereich und auf der Ebene des Verstandes kann ich also sagen, daß das Absurde nicht im Menschen . . . und auch nicht in der Welt liegt, sondern in ihrem gemeinsamen und gleichzeitigen Vorhandensein."[40] ‚Der Mensch in der Revolte‘ wird diese Bestimmung des Absurden aufgreifen in der Formel von der „hoffnungslosen Konfrontation zwischen der Frage des Menschen und dem Schweigen der Welt".[41] Die „Konfrontation" als Relation zweier Evi-

36 Der Mythos von Sisyphos, 47; Hervorhebungen von mir.   37 Ebd. 21.
38 Essais, 110. 112. 117: „phénomènes"; 117: „apparence". Zum Phänomenalismus des jungen Camus vgl. einen Brief von Ende 1933/Anfang 1934 an Simone Hié, seine erste Frau: „Gibt es etwas hinter dem feucht glänzenden Himmel und den morgendlichen Wiesen, hinter dem Duft und den Blumen? . . . Aber ich glaube nicht an das, was hinter dem Duft und den Blumen ist, ich glaube an den Duft und die Blumen. Und das heißt: an die Erscheinungswelt" (Essais, 1173).
39 Bei einer solchen Grundweise der Wirklichkeitserfahrung und -deutung verwundert die Sympathie für den Ansatz der Husserlschen Phänomenologie nicht, die Camus im ‚Mythos von Sisyphos‘ ausdrückt (ebd. 40f.). Die anfängliche Zustimmung Camus' zu Husserls *beschreibendem* Ansatz beim Einzel-Phänomen wird allerdings zur Kritik an der *Erklärung* aller Dinge mittels des ‚Himmels‘ der außerzeitlichen, idealen Wesenheiten (ebd. 42), an der Behauptung einer sich selbst garantierenden Wahrheit, die Camus in Husserls ‚Logischen Untersuchungen I‘ erblickt. Camus zitiert *Husserl*, Logische Untersuchungen I, Halle [2]1913, 117 und 149, übrigens nicht nach einer Husserl-Edition, sondern nach *L. Schestow*, Le Pouvoir des Clefs, Paris 1928, zuvor deutsch München 1926. (Die deutschen Übersetzer des ‚Mythos von Sisyphos‘ haben ihrerseits – Ironie der Wirkungsgeschichte! – nicht Husserl selbst zitiert, sondern Camus' französische Husserl-Zitate ins Deutsche rückübersetzt.)
40 Der Mythos von Sisyphos, 31.   41 Der Mensch in der Revolte, 10.

denzen ist selbst „evident", wie Camus zu wiederholen nicht müde wird.[42] Die damit grundgelegte „Evidenzphilosophie"[43] sucht Camus im ‚Mythos von Sisyphos' auf den Begriff zu bringen. Mit der ihr zugrunde liegenden intellektuellen Evidenz kann ein Denken beginnen, das den Anspruch erheben will, ernst genommen zu werden: „Eine einzige Gewißheit genügt dem Forschenden."[44] Camus bezieht sich im ‚Mythos von Sisyphos' zwar nicht ausdrücklich auf Descartes, aber die Art, wie er die methodische Stellung und Verbindlichkeit seiner „einzigen Gegebenheit",[45] eben der Absurdität, betont, bringt deutlich zum Ausdruck, daß er sich in der Tradition des Descartes weiß. Doch merkwürdig genug: Schon im Ansatz wird der ‚Cartesianismus' zersetzt! Denn die „erste Wahrheit"[46] besteht ja gerade darin, daß es nicht mehr möglich ist, von einem tragfähigen „Urteilsboden"[47] aus die Gesamtheit des Wirklichen in den begreifenden Griff zu bekommen. Und gerade das Verlangen, „die in sich noch so differenzierte Wirklichkeit einem einzigen Allgemeinprinzip" zu subsumieren,[48] wird im ‚Mythos von Sisyphos' als stets scheiternd gedacht. Und in diesem Scheitern fallen Mensch und Welt auseinander, fällt der Mensch aus dem ihn bergenden Weltzusammenhang heraus: Die Welt erscheint mir als uneine, ich kann sie gar nicht anders wahrnehmen, und diese Unmöglichkeit, die Einheit, (das heißt: den Sinn) der Welt zu erkennen, macht die Diastase zwischen der Welt und mir aus. Ich erkenne zwar Einzelnes, wenn auch nicht dessen Wesen, und insofern wird die Spaltung in Subjekt und Objekt von Erkenntnis überwunden, doch ich erkenne nicht die Welt als ganze und somit weder den Sinn jenes Einzelnen noch auch den Sinn der Welt als ganzer, und insofern reißt die Kluft zwischen der Welt und mir erneut auf: „Die Welt entgleitet uns, sie wird wieder sie selbst",[49] das heißt das andere, Fremde.

‚Welt' – das bedeutete in unserer Überlegung bisher vor allem: Welt als

---

42 Vgl. folgende Äußerungen: „Meine Überlegung möchte der Evidenz, die sie aufgedeckt hat, treu bleiben. Diese Evidenz ist das Absurde" (Der Mythos von Sisyphos, 46). „. . . der Begriff des Absurden ist wesentlich und (stellt) die erste meiner Wahrheiten (dar) . . . Wenn ich urteile, daß etwas wahr ist, muß ich es bewahren" (ebd. 31). „Was ich für wahr halte, das muß ich festhalten. Was mir so evident erscheint, selbst gegen mich, das muß ich aufrechterhalten" (ebd. 47).

43 Tagebuch 1942–1951, Reinbek 1967, 74f.

44 Der Mythos von Sisyphos, 31. Vgl. *R. Descartes*, Meditationen II, 1.

45 Der Mythos von Sisyphos, 31.   46 Der Mythos von Sisyphos, 31.

47 *E. Husserl*, Pariser Vorträge, in: Husserliana I, Den Haag 1950, 7.

48 *W. Post*, Kritische Theorie und metaphysischer Pessimismus, 30 (über Descartes).

49 Der Mythos von Sisyphos, 18. Immer wieder findet sich bei Camus der Gedanke, daß diese Welt „gleichgültig" gegenüber dem Menschen sei. Vgl. etwa: Écrits de jeunesse, 278 (= Literarische Essays, Reinbek ⁴1973, 32); Essais, 1329; Der Fremde (rororo 432), Reinbek ¹⁰1967, 122 (Théâtre, Récits, Nouvelles, 1211). Man trifft das Thema auch bei *L. Kolakowski*, Die Gegenwärtigkeit des Mythos, München ²1974, 89–105.

Natur. Aber die disparaten Vielen – das sind bei Camus nicht nur die naturhaften Dinge. Das sind auch, ja aufs Ganze seines Werks und Denkens
gesehen vielleicht noch mehr, die geschichtlichen Ereignisse. Denn auch
diese entbehren, letztlich, eines „Erklärungsprinzips",[50] das sie verständlich machen und – als begriffene – zum Zusammenhang eines Geschichts-
Ganzen einen könnte. Als im September 1939 der Krieg ausbricht, bezeichnet Camus ihn als „absurdes Ereignis".[51] Und er stellt sich die Frage:
„Wo ist der Krieg?"[52] Die Antwort lautet: „Er ist nicht im blauen Himmel
über dem blauen Meer, im Zirpen der Zikaden, in den Zypressen auf den
Hügeln. Er ist nicht im jugendlichen Branden des Lichts in Algiers Stra-
ßen."[53] Die wesenhaft absurde Katastrophe des Krieges[54] ereignet sich in
der Welt als Geschichte der Menschen: Der Eintritt in den Krieg ist der
Eintritt in die Geschichte.[55] Camus' Roman ,Die Pest' erzählt diese Erfahrung als allegorische Darstellung des Krieges und des europäischen Widerstands gegen den Nationalsozialismus.[56] Er thematisiert das Grundgefühl,
das aus der Pestkatastrophe, dem Krieg, entsteht und die Pestzeit begleitet: „Es gab keine individuellen Schicksale mehr, sondern nur eine kollek-
tive Geschichte: die Pest und die von allen geteilten Gefühle. Das größte
war die Trennung und das Exil mit allem, was es an Angst und Revolte
mit sich brachte."[57] Das Gefühl der Fremdheit ist uns aus dem ,Mythos
von Sisyphos' bekannt[58]: Es ergreift den Menschen angesichts einer Welt,
deren Sinn-Einheit nicht zu verstehen ist, ob diese Welt nun, wie jener
,Versuch über das Absurde' bedachte, als Vielheit disparater Phänomene
gegenwärtig wird oder ob sie, wie vor allem ,Der Mensch in der Revolte'
reflektiert, die vom Menschen selbst gemachte und erlittene Geschichte
ist. Es geht mir hier nicht um die Antithetik zwischen Natur und Geschichte bei Camus,[59] sondern um Camus' These, daß dem reflektierenden Men-

50 Der Mensch in der Revolte, 111.   51 Tagebuch 1935–1942, 132.
52 Ebd.   53 Ebd. Vgl.: La Guerre, in: Essais 1376 f.
54 Tagebuch 1935–1942, 133.
55 Vierter Brief an einen deutschen Freund (1944), in: Fragen der Zeit, Reinbek 1970, 26–30,
    hier 28. Vgl. B. T. Fitch (Hrsg.), Journalisme et politique. L'Entrée dans l'histoire (Albert
    Camus 5), Paris 1972.
56 Tagebuch 1942–1951, 45.65; Brief an Roland Barthes vom 11. 1. 1955, in: Théâtre, Récits,
    Nouvelles, 1973–1975.
57 Die Pest (rororo 15), Reinbek ²³1967, 99 (Théâtre, Récits, Nouvelles, 1355).
58 Vgl.: Der Mythos von Sisyphos, 17 f.; ferner vor allem eine Tagebucheintragung vom März
    1940, in: Tagebuch 1935–1942, 162. Zahlreiche weitere Texte ließen sich hier nennen, etwa:
    Tagebuch 1935–1942, 43; Tod im Herzen, in: Literarische Essays, 48–56; Der glückliche Tod,
    Reinbek 1972, 55–66 (die Prager Episode); oder auch die späten Erzählungen ,Die Stummen'
    und ,Der treibende Stein', in denen die Fremdheit ein konstitutives Moment ist (nicht zufällig
    heißt der Titel der 1957 veröffentlichten Sammlung erzählender Texte ,Das Exil und das
    Reich').
59 Vgl. dazu R. Doschka, Naturmythos und Geschichte im Werk von Albert Camus (Diss.), Tü-

schen der Neuzeit nicht nur die Übereinkunft mit dem Kosmos zerbrochen ist, sondern daß ihm auch die Geschichte nicht den sinnsichernden, ihn bergenden Zusammenhang darzustellen vermag – allen Versuchen zum Trotz, ihr durch finale Ausrichtung in theologisch-religiöser Deutung oder in politisch-praktischem Handeln einen solchen zu verleihen. Hier trifft sich, wie mir scheint, Camus' Weise, auf die leidenerzeugende Seite geschichtlichen Geschehens zu reagieren, mit einem Geschichtsverständnis wie dem von Theodor Lessing[60] und Karl Löwith, welcher formuliert: „Historische Vorgänge und Geschehensfolgen enthalten nicht den mindesten Hinweis auf einen umfassenden letzten Sinn. Die Geschichte an sich hat kein Ergebnis. Eine Lösung des Problems der Geschichte hat es nie gegeben und wird es nie geben, denn die menschliche Geschichtserfahrung ist die Erfahrung stetigen Scheiterns."[61]

Das Unverstehbare gipfelt im Bösen und im Tod. ‚Der Mensch in der Revolte' sagt, daß Christus – in der Interpretation der christlichen Erlösungslehre – kam, „zwei Hauptprobleme zu lösen: das Böse und den Tod".[62] In der Tat: Böses und Tod erweisen sich als die Inbegriffe der Negation von Einheit. Das Leiden ist trennendes Moment im Dasein des Menschen: „Man regelt alles: Das ist einfach und klar. Aber das menschliche Leiden kommt dazwischen und ändert alle Pläne."[63] Das Leiden ist der Widerspruch zur Sinnerkenntnis, nach der der Mensch verlangt; indem es die Einheit des individuellen Daseins und der Sozietät zerreißt, sprengt es auch jede allgemeine Verstehensregel. Das *malum physicum* erscheint bei Camus deutlich herausgearbeitet in der Thematik des unverschuldeten Leidens – insbesondere des Kindes. Davon spricht ‚Die Pest' ebenso deutlich wie ‚Der Fall', ganz zu schweigen vom Vortrag ‚Der Ungläubige und die Christen': Ob es sich um das Sterben eines einzelnen Kindes oder der vielen Kinder Bethlehems handelt – es ist das tödliche Leiden von Unschuldigen.[64] Das *malum morale* nach Camus läßt sich mit einer gewissen Vorsicht als

bingen 1972. (Doschka scheint mir freilich den Dualismus von Natur und Geschichte als Prinzip seiner Camus-Hermeneutik allzusehr zu strapazieren und sowohl Natur als auch Geschichte als Erfahrung von Einheit bzw. Uneinheit einseitig festzulegen.) Vgl. ferner *R. Neudeck*, Die politische Ethik bei Jean-Paul Sartre und Albert Camus, Bonn 1975, 177–202; *H. R. Schlette*, Camus' Aktualität im Spannungsfeld der Antithese ‚Natur – Geschichte', in M. Lauble (Hrsg.), Der unbekannte Camus. Zur Aktualität seines Denkens, Düsseldorf 1979, 106–138.

60 Vgl. *Th. Lessing*, Geschichte als Sinngebung des Sinnlosen, München 1921.

61 *K. Löwith*, Christentum und Geschichte: Merkur 4 (1950) 1241–1252, hier 1241. Vgl. dazu: *R. Neudeck*, Die politische Ethik bei Sartre und Camus, 177–184.

62 Der Mensch in der Revolte, 38.   63 Tagebuch 1935–1942, 189.

64 Vgl. Die Pest, 124–129 (Théâtre, Récits, Nouvelles, 1391 ff.).

Leiden unter dem Verlust der Unschuld bestimmen. Auch das für den zum geschichtlichen Handeln gezwungenen Menschen geradezu unausweichliche Schuldigwerden[65] widersetzt sich jedem Verstehen: Es ist unmöglich, „eine höhere Vernunft zu bejahen, die ihre Grenzen nicht im Bösen fände".[66] Und schließlich: „Der *Tod* ist da, als die einzige Realität. Nach ihm ist alles vorbei."[67] Vom Tod her bestimmt sich für den Menschen das gesamte Leben. Er ist „der dunkle Atem", der „aus der Tiefe der Zukunft" den Menschen anweht.[68] Als die „einzige Fatalität",[69] das heißt als vom Menschen nicht gemachte und nicht überschreitbare Begrenzung des Daseins, widerstreitet er jeder Sinngebung, die ihn endgültig überwinden will. Daß das menschliche Leben endet, ist durch nichts zu rechtfertigen.[70] Der Tod negiert die Einheit des Verstehens, indem er die Einheit des individuellen Lebens zerstört und das Individuum aus der Einheit mit seinen Mitmenschen reißt. Gerade seine Negation des Daseins läßt ihn auch zur Negation des Verstehens werden. Camus' Bühnengestalt Caligula (in der endgültigen Fassung des Stücks) artikuliert das Leiden unter dieser Daseinsbedingung der „tödlichen Undurchsichtigkeit"[71]: „Die Menschen sterben, und sie sind nicht glücklich."[72] (Ein Gegengewicht gegen diese rein negative Charakteristik des Todes wird, im Gedanken des ‚natürlichen Todes', später zu erwähnen sein.)

III.

Ist Camus also doch der „Prophet des Absurden"[73]? Viele haben es geglaubt, glauben es noch.[74] Camus hat sich gegen diesen Titel und die in ihm

65 Vgl. dazu Tagebuch 1942–1951, 240: „Alles muß verziehen werden, angefangen beim Dasein. Das Dasein wird letzten Endes immer zur bösen Tat."
66 Der Mensch in der Revolte, 309.
67 Der Mythos von Sisyphos, 52; Hervorhebung von mir.
68 Der Fremde (rororo 432), 120. 121 (Théâtre, Récits, Nouvelles, 1210. 1211).
69 Tagebuch 1935–1942, 137.
70 Das betont *K. Schaub*, Albert Camus und der Tod, Zürich 1968. Vgl. auch *W. Müller-Lauter*, Thesen zum Begriff des Absurden, in: H. R. Schlette, Wege der deutschen Camus-Rezeption, 116–131, hier 120f.
71 Der Mensch in der Revolte, 111.
72 Caligula, in: Dramen, Reinbek ⁶1966, 21; vgl. auch die affirmative Wendung dieser Aussage ebd. 28.
73 Das Rätsel (1950), in: Literarische Essays, 177.
74 Um nur einige wenige Beispiele herauszugreifen: *F. Bondy*, Albert Camus und die Welt des Absurden: Schweizer Annalen 3 (1946) 150–159, auch in: H. R. Schlette (Hrsg.), Wege der deutschen Camus-Rezeption, 213–226 (man beachte aber die dort angebrachte „Zufügung" und „Korrektur" – 213f.); *A. Blanchet*, Albert Camus' Wette: Dokumente 16 (1960) 187–198. 273–282; *G. Wunberg*, Das Absurde und das Bewußtsein bei Camus: Die neue Sammlung 1 (1961) 207–221; *A. Espiau de la Maëstre*, Gott und Mensch bei Sartre und Camus, in: F. Hen-

ausgedrückte Interpretation seines Denkens gewehrt.[75] Mit Recht! Denn neben jenes erste grundlegende Strukturelement seines Denkens, das wir bisher skizziert haben, tritt ein zweites, gleich fundamentales, gleich wesentliches: Die Artikulation gelungener einzelhaft-vorläufiger Einheit des Menschen mit der Welt, die elementare „Präferenzphilosophie", von der das Tagebuch spricht.[76] In der Tat: Camus schreibt immer wieder von Momenten der Übereinkunft des Menschen mit sich selbst in der Übereinkunft mit seiner Welt – in eben den Dimensionen und Relationen des Daseins, in denen doch auch Uneinheit wahrgenommen wird und dauernde Einheit im Verstehen und Leben nicht hergestellt werden kann. Und dieser Zug des Camus'schen Oeuvres, der die „unversiegbare Sonne",[77] den „unvergänglich(n), unbesiegbare(n) Sommer"[78] reflektiert, ist nicht episodisch, etwa nur für die frühen Schriften kennzeichnend, er hält sich in der Werkgeschichte durch, bald dominierend, bald zurücktretend, nicht ganz leicht aufzufinden, aber immer präsent.

Vier Grundfiguren solcher endlicher Übereinkunft des Menschen mit seiner Welt zeichnen sich ab: Die Vereinigung mit der heimatlichen umfassenden Natur in sinnlichem und seelischem Erleben, die Vereinigung mit dem anderen Menschen in der erotischen Begegnung, die Erfahrung der Solidarität im Kampf gegen das Böse und den Tod, schließlich das künstlerische Schaffen.

Ich möchte die beiden ersten Weisen endlicher Einheitserfahrung an einem einzigen Text exemplifizieren, dem Essay mit dem bezeichnenden Titel ‚Hochzeit in Tipasa' aus den Jahren 1936/37.[79] Hier ist es Camus auf eine ausgesprochen glückliche Art gelungen, durch die Strukturen und den Inhalt eines Textes dem Leser die Erfahrung der Übereinkunft mit dem Kosmos, des Eingehens in ihn und des Aufgehobenseins in ihm zu vermitteln. Schon die einleitenden Sätze eröffnen den Horizont, indem sie die großen Räume Himmel und Meer und das motivisch so wichtige Chenouagebirge einführen. Nach dieser Exposition betritt der Erzähler das Ruinenfeld, und damit gibt er den beobachtend-zuschauenden Gegenüberstand zur Welt auf: er geht in sie ein.[80] Die Welt steht ihm nicht mehr in jener erkenntnis-

rich (Hrsg.), Moderne Literatur und christlicher Glaube, Würzburg 1968, bes. 108–115; W. Weier, Die Grundlegung des Nihilismus in der Existenzphilosophie: Theologie und Philosophie 50 (1975) 183–205, bes. 186f. 192–194; E. Feil, Zum Sinn der Sinnfrage: Stimmen der Zeit 102 (1977) 3–16, hier 10f.

75 Vgl.: Das Rätsel, in: Literarische Essays, 172–180; ferner: Rencontre avec Albert Camus (1951), in: Essais, 1337–1343, hier 1342f.

76 Tagebuch 1942–1951, 74.   77 Das Rätsel, in: Literarische Essays, 179.

78 Heimkehr nach Tipasa, in: Literarische Essays, 188.

79 In: Literarische Essays, 76–84.   80 Ebd. 77.

theoretischen Subjekt-Objekt-Relation gegenüber, die die Reflexion im ‚Mythos von Sisyphos‘ herausforderte und bestimmte, sie erscheint nun tatsächlich als der große Zusammenhang, in den der Mensch sich einordnet – selbst ein Naturwesen.

Drei Relationen treten in diesem Essay als tragende strukturelle Elemente hervor: Die innerkosmische Relation zwischen Himmel und Meer, die zwischenmenschliche Relation zwischen Mann und Frau, die umfassende Relation zwischen Mensch und Welt.

Das Herabströmen des Lichts vom Himmel auf die See signalisiert im Verhältnis von Oben und Unten den Gesamtraum des Kosmos und leuchtet zugleich den Schauplatz des Geschehens aus. Es ist der sinnlich wahrnehmbare Aspekt des kosmischen Lebens.

Die Bewegung der Umarmung zwischen Mann und Frau ist der sinnliche Aspekt der Vereinigung unter Menschen. *Der* Mann und *die* Frau vereinigen sich in der Umarmung, wie *der* Himmel und *die* See sich im Licht vereinigen. Und in dieser Umarmung partizipieren sie an der „unbegreiflichen Freude“,[81] die als der innere Aspekt des kosmischen Lebens vom Himmel auf die See herabströmt.

Der Umarmung des geliebten Menschen korrespondiert die ‚Umarmung‘ durch die Welt. Diese geschieht in zwei Bewegungen: dem Eintauchen und der Prostration.[82] In solcher mehrsinnigen Umarmung erwächst dem Individuum die Gewißheit: „Es gibt nur eine einzige Liebe in dieser Welt.“[83] Im Vollzug dieser einen Liebe kommt das Subjekt mit dem anderen, das heißt mit der Welt und dem anderen Menschen, und eben darin mit sich selbst überein. War zu Anfang des Essays noch die Rede von der Schwierigkeit, „der zu werden, der man ist“,[84] so wird am Schluß, nach der „Hochzeit mit der Welt“,[85] die dort gefundene Identität reflektiert und das darin gefundene Glück bedacht.[86]

Natur also zeigt sich gelegentlich dem Menschen als jener Raum, in dem er beheimatet ist. In ihrem Zusammenhang kann dann sogar der Tod als ‚natürlich‘ und damit als nicht schlechthin sinnwidrig gedeutet werden.[87] Freilich handelt es sich bei der Relation zwischen Mensch und Natur nicht ein-

81 Ebd. 80.
82 Zum Eintauchen vgl.: Die Pest, 151 f. 153; Das Meer, in: Literarische Essays, 192–203, hier 202. Zur Prostration vgl.: Der glückliche Tod, 117; Die Gerechten, in: Dramen, 234.
83 Literarische Essays, 80.
84 Ebd. 78.   85 Ebd. 81.   86 Ebd. 83 bzw. 81.
87 Texte, die diese Interpretation erlauben, finden wir nicht nur beim jungen Camus (vgl. etwa: Méditerranée, in: Écrits de jeunesse, 225 f.; Der glückliche Tod, bes. 137), sondern auch später: in dem um 1954 konzipierten und 1958 publizierten Vorwort zu ‚L'Envers et l'endroit‘ (vgl. Literarische Essays, 23).

fachhin und in jedem Fall um eine gänzlich fraglose, unproblematische Übereinkunft. Das Verhältnis des Menschen zur Welt ist, wie Camus weiß und ausdrückt, viel differenzierter, als der eine, hier etwas ausführlicher zu Wort gekommene Text uns auf den ersten Blick glauben lassen mag. Das sei in Parenthese notiert. Die „erotische Verständigung"[88] ist, wie wir sahen, die zweite Gestalt der Erfahrung endlichen Sinnes. Noch während des Krieges, zu einer Zeit also, da die Absurdität der conditio humana im blutigen Geschehen des Tötens und des Getötetwerdens in einer toll gewordenen Geschichte sich am deutlichsten zeigt, erblickt Camus in der körperlichen Vereinigung mit einer Frau die Möglichkeit eines fragilen und vergänglichen Glücks.[89] Freilich bedeutet Liebe nicht nur Erfahrung eines dem Menschen zufallenden Sinnes. Sie hat nicht nur affirmativen, sondern auch rebellischen Charakter. „Sie schreit nach dem Unmöglichen, dem Absoluten, dem Himmel in Flammen, dem unerschöpflichen Frühling, dem über den Tod hinausreichenden Leben, dem Tod selber, der ins ewige Leben verwandelt wird."[90] So heißt es in einer Notiz von Ende 1950. Liebe greift über den Tod hinaus, und in der Konfrontation mit der Endlichkeit aller menschlichen Beziehung[91] wird sie zum Protest. Der Schrei der Liebe nach dem definitiven Leben, nach dem Absoluten ist ein Akt der Sinnsetzung gegen die vielfache Evidenz von Nicht-Sinn. Damit nähern wir uns dem systematischen Höhepunkt Camus'schen Denkens, da im protestierenden Aspekt der Liebe eine Revolte gegen die reale Defektivität des Daseins aufscheint.

Weiter in diese Richtung bringt uns eine dritte Gestalt endlicher Erfahrung von Einheit: die Übereinkunft mit anderen Menschen in der Solidarität derer, die gegen das Absurde kämpfen. So heißt es in einer Tagebuchnotiz von Ende 1945 unter dem Eindruck der Jahre eines ganz konkreten historisch-politischen Widerstandes, der als Erfahrung der Einheit im Denken und Handeln mit den Mitkämpfern gedeutet wird: „Das Gegengewicht zum Absurden bildet die Gemeinschaft der Menschen, die dagegen kämpfen."[92] Gerade in der Konkretheit solchen alltäglich-politischen Handelns, also auf dem Feld geschichtlichen Engagements und geschichtlicher Verantwortung, kann einzelhaft-vorläufige Sinn-Einheit erfahren werden. Bei aller kritischen Distanz Camus' gegenüber der sogenannten engagierten Literatur findet sich auch in späten Texten der Gedanke von Identität durch Solidarität.[93]

88 *L. Kolakowski*, Die Gegenwärtigkeit des Mythos, 100.
89 Vgl. Tagebuch 1935–1942, 186f.   90 Tagebuch 1942–1951, 282.
91 Vgl. dazu wieder *L. Kolakowski*, a. a. O. 101f.   92 Tagebuch 1942–1951, 143.
93 Vgl. z. B. den Schluß der Erzählung ‚Der treibende Stein', in: Gesammelte Erzählungen,

Im Lauf der Jahre tritt, um es kurz und etwas schematisierend zu sagen, im Denken Camus' die Relevanz der Kunst für den Prozeß der Solidarität und für das Geschehen von Sinnsetzung und Sinnwahrnehmung (und somit die vierte Gestalt von elementarer Einheitserfahrung) immer mehr hervor. Kunst, die gerade um der Solidarität willen Kommunikation ist, basiert auf dem Vertrauen in sinnvolles Sprechen: „Sobald man behauptet, alles sei Unsinn, sagt man schon etwas, was einen Sinn hat."[94] So wird im sprachlichen Ausdruck selbst der Absurdität ein Sinn gesetzt. Sprechen als das wenn nicht rettende, so doch „ein Gegengewicht" zum Absurden setzende Geschehen hebt sich ab gegenüber der vollkommenen Absurdität, die „versucht stumm zu sein".[95]

Einheitserfahrung, wie wir sie bei Camus immer wieder bedacht und erzählt finden, ist, samt ihrem literarischen Niederschlag, weit entfernt von einem Programm universaler Einheitskonstitution. Doch auch solche einzelhafte und vorläufige Erfahrung von endlich Sinnvollem drängt mit innerer Logik zur umfassenden Frage nach einer definitiven und universalen Sinn-Einheit. Denn wie kann ein einzelner Bereich, ein einzelnes Geschehen, eine einzelne Relation in der endlichen Welt letztlich sinnvoll sein, wenn nicht die Wirklichkeit *im ganzen*, und zwar unverlierbar, aufgehoben ist in einem *bleibenden* Sinn? Würde doch die Nichtigkeit des Ganzen auch das einzelne entwerten: Was vom individuellen Dasein als Moment der Übereinkunft mit der Welt erfahren wird, wäre nichts als ein flüchtig-trügerisches Moment an einem Gang der Welt ins Nichts.

Wird aber nach dem definitiven und universalen Sinn der Welt als Natur und Geschichte gefragt, so wird damit eo ipso nach einer Instanz gefragt, die diesen Sinn garantiert, selbst un-bedingt in sich selbst sinnvoll ist, deren Sinnvollsein selbst nicht wieder von einer anderen Instanz abhängt, es wird also nach dem absoluten Sinn selbst gefragt. „An dieser Stelle, nämlich im Hinblick auf die einende Einheit alles Wirklichen, stellt sich für die Philosophie die Gottesfrage, die Frage nach der letztlich alles bestimmenden Wirklichkeit."[96] Sie stellt sich auch in der Systematik des Denkens von Albert Camus.

Reinbek [9]1977, 215–251, bes. 251; ferner: Der Künstler und seine Zeit, in: Fragen der Zeit, 217.

94 Das Rätsel, in: Literarische Essays, 178; vgl.: Der Mensch in der Revolte, 12f.

95 Ebd. 13. Vgl. als Gegenbild zum kommunizierenden Menschen den Erzähler und Protagonisten des Texts ,Der Abtrünnige oder Ein verwirrter Geist' in: Gesammelte Erzählungen, 127–145; vgl. dazu die scharfsinnige allegorische Interpretation von *L. Hutcheon*, „Le renégat ou Un esprit confus", in: B. T. Fitch (Hrsg.), Camus nouvelliste: L'Exile et le royaume (Albert Camus 6), Paris 1973, 67–87.

96 *W. Pannenberg*, Wissenschaftstheorie und Theologie, 306.

IV.

Von zwei Seiten sind wir vor die Thematik der definitiven und universalen Einheit gelangt.

Die Phänomenlogie des transzendierenden Verlangens des Menschen zeigte zuletzt diese äußerste und umfassendste Gestalt intendierter Einheit. Andererseits führte gerade die vorläufige und einzelhafte (also nicht-definitive und nicht-universale) Verwirklichung von Einheit, die wir im dritten Abschnitt bedachten, zur Thematik der definitiven und universalen Einheit: Ist die gelegentliche begrenzte Übereinkunft des Menschen mit der Welt letztlich ein Trug oder der Vorschein einer umfassenden, im einzelnen Erleben ungegenständlich mitgegebenen Einheit? Und zum andern: Gerade die Begrenztheit solcher Sinnwahrnehmung und Sinnsetzung bringt den Wunsch nach Verewigung hervor und motiviert so wieder jenes Verlangen nach definitiver und universaler Einheit: Nach Einheit zu verlangen heißt letztlich nach einer Einheit zu verlangen, die alles Wirkliche einbegreift und niemals unterbrochen werden wird. Im Aspekt der Definitivität wird die nicht endende seinsmäßige Partizipation des Individuums am Sinn gedacht. Im Aspekt der Universalität wird die Solidarität aller Seienden reklamiert. Nur ein Sinn, aus dessen Geborgenheit der einzelne nicht herausfallen kann in den Erlebnissen von malum (physicum wie morale) und Tod und in dem zugleich alles Seiende in Einheit solidarisch umfaßt ist, vermag den Anforderungen des Begriffs zu entsprechen.

Warum sollte man einem so tief menschlichen Verlangen nach Einheit und Sinn des Wirklichen nicht nachgeben? Warum nicht denken, daß jener Begriff definitiver und universaler Einheit auch verwirklicht sei oder in der Zukunft verwirklicht sein werde? Warum nicht glauben, daß jene Instanz, die die endgültige Transparenz und das endgültige Leben[97] garantiert, auch existiert oder existieren wird, sei es als Gott ,über uns‘ oder als innerweltliches Ziel der Geschichte ,vor uns‘?

In der Tat: Der Entwurf einer Einheit, in der die endliche Weltwirklichkeit aufgehoben (in einem doppelten Sinn aufgehoben) ist, erscheint als die große Versuchung des Denkens. Daß die Sehnsucht stärker ist als das Wissen,[98] begegnet in verschiedenen Gestalten, der philosophischen, der religiösen, der politischen und der ästhetischen. Wir können – ein wenig schematisch – die beiden ersten einem interpretativen, die beiden letzten einem aktiven Weltverhalten des Menschen zuordnen. Und wir können – wiederum abkürzend – sagen, daß die beiden ersten den Anspruch erheben, eine

97 Der Mensch in der Revolte, 111.
98 Der Mythos von Sisyphos, 44.

gegebene Einheit wahrzunehmen, während die beiden letzten Einheit erst tätig hervorbringen wollen. Ihnen allen ist gemeinsam, daß sie versuchen, sich die Frage und das Verlangen nach bleibender Einheit zu beantworten bzw. zu erfüllen. Zu diesem Zweck müssen sie sich über das „Irrationale" der Welt[99] hinwegsetzen oder es einfach ignorieren, sie müssen das Widerständige der Realität, das heißt vor allem das Böse und den Tod, entweder argumentativ-erklärend bewältigen, es also begreifend aufheben, oder aber einfach außer Betracht lassen, sie müssen damit aber auch andererseits das Individuelle, Besondere, Konkrete, Gegenwärtige, Relative dem Allgemeinen, Abstrakten, Absoluten opfern. Sie müssen also jenen Grundzug der Uneinheit, dem wir oben unter II. nachgingen, aufheben, indem sie ihm entweder einen Platz innerhalb ihres Systems anweisen oder aber ihn einfachhin ausschließen, was wiederum nur geht, wenn sie sich von der Welt überhaupt abwenden; und sie müssen die einzelnen Momente elementarer Identität, die wir unter III. registriert haben, zu einem System von Identität fortbilden und zusammenführen – um den Preis der Vergewaltigung des konkreten Gegenwärtigen.

Wenn im folgenden vor allem der kritische Aspekt des Camus'schen Denkens hervortritt, so hat das seinen guten Sinn. Denn in der Kritik an anderen wird die Grundposition des Kritikers selbst sichtbar; hat er den eigenen Verzicht auf absolutes Wissen ausgesprochen, so bleibt ihm doch (und gerade!) das Recht, den Anspruch anderer in Frage zu stellen. So wird sich in seinem Dissens auch die Aktualität Camus' zeigen.

Konstitution definitiver und universaler Einheit geschieht in der Philosophie. Philosophie, wie Camus sie vor Augen hat, ist systematische Philosophie[100] – eben jene Architektur des Denkens, wie sie zustande kommt, wenn man es für möglich hält, unter einem Prinzip das Wirkliche zu rekonstruieren. Von diesem Ideal ist der Mensch, trotz allen widrigen Erfahrungen, noch immer bestimmt. Was liegt näher, als sich den Wunsch nach Gewißheit und Ordnung zu erfüllen, indem man die Weltwirklichkeit unter dem leitenden Prinzip von Einheit und Sinn noetisch faßt und organisiert? Philosophie erscheint Camus in ihren herkömmlichen Gestalten als der Versuch des Menschen, das Ganze des Seins begreifend in den Griff zu bekommen, mit Hilfe der „gelehrten und klassischen Dialektik"[101] ins System

---

99 Ebd. 28.
100 Vgl.: Interview à ‚Servir' (1945), in: Essais, 1427–1429: „Ich bin kein Philosoph. Ich glaube nicht genug an die Vernunft, um an ein System zu glauben" (1427).
101 Der Mythos von Sisyphos, 10.

des Wissens zu fassen. Angestrebt und behauptet wird von ihr und in ihr, die Idee einer universalen Einheit von Sein und Bewußtsein als realisiert vorzustellen. Das Verlangen nach Einheit vermag sich nur in einem Entwurf definitiver und universaler Einheit niederzuschlagen, weil es ein grundlegendes Vertrauen des Menschen in die Kraft der Vernunft gibt. Husserl wird zum Exponenten dieses *Vernunftvertrauens*: Bei ihm „hat die Vernunft keine Grenze mehr".[102] Auch Hegel ist seines idealistischen Allwissens wegen hier zu nennen: „Man kann sicherlich sagen, daß Hegel bis ans Irrationale alles rationalisiert hat."[103]

Gerade eine Philosophie, die im Vertrauen auf ihr Wissen dem nach Einheit verlangenden Subjekt die Tröstungen einer in sich konsistenten und stringenten Konzeption bereithält,[104] ist schon auf dem Weg zum Vergessen des Seienden. Heideggers Vorwurf an die Adresse der alten Metaphysik kehrt sich hier gleichsam um: Ontologie vergißt über dem Denken des einen Seins die vielen konkreten Seienden. Denken in abstrakten Begriffen ist immer schon – und sei es ungewollt – auf dem Weg zum System. Das System aber ist der Ausdruck des Einheitswillens. Definitive und universale Einheit, die das philosophische System will, ist nur möglich in einer weltlosen Projektion. Nicht mehr die Welt, so wie sie ist, die Welt als Natur und Geschichte in ihrer Konkretheit und darum auch in ihrer Defektivität, ist der Gegenstand der Philosophie, sondern das Ideal ihrer Einheit.

So aber leistet die Philosophie, die doch gerade die Realität der Uneinheit oder die uneine Realität argumentativ bewältigen wollte, ihren aktiven Beitrag zur Verschärfung der Uneinheit. Indem sie alles versteht, kann sie auch alles rechtfertigen: Sie kann zu allem dienen, „sogar dazu, die Mörder in Richter zu verwandeln".[105] Ihres systematischen Charakters wegen bleibt sie immer in Gefahr, als Legitimationsideologie für die Real-Politik, die realiter gemachte Politik, in Gebrauch genommen zu werden.[106]

War Vernunftvertrauen das Kennzeichen der Philosophie, so ist *Gottvertrauen* das Charakteristikum des Christentums. Schon in seiner philosophischen Examensschrift sagt Camus über das Urchristentum: „Die

---

102 Ebd. 45.
103 Der Mensch in der Revolte, 144 f.
104 Der Mythos von Sisyphos, 43 („Tröstungsmetaphysik").
105 Der Mensch in der Revolte, 7.
106 In puncto Kritik des systematischen Denkens vgl. die Arbeiten der ‚Neuen Philosophen' in Frankreich, vor allem *A. Glucksmann*, Die Meisterdenker, dt. Reinbek 1977. Wie seinerzeit Camus sind auch diese Autoren durch den Bericht vom ‚sozialistischen' Zwangssystem erschüttert und zur Reflexion über dessen Zusammenhang mit dem Systemdenken angeregt worden.

Menschheit von damals bewegt sich auf einer gewissen tragischen Ebene und verläßt sich nur noch auf Gott, und indem sie die Hoffnung auf ein besseres Geschick in seine Hände legt, sehnt sie sich nur nach ihm, sieht im Universum nur ihn, gibt jedes Interesse außer dem Glauben auf und macht Gott zum Symbol selbst für diese immer wieder von Aufschwüngen unterbrochene Unruhe."[107] Damit wird Gott zur Instanz, die die Einheit und den Sinn alles Wirklichen garantiert. Dies ist die Thesis des Glaubens.

Die frühen Christen haben, so Camus, die Grenzen der Vernunft existentiell erfahren. „Unkenntnis und Verachtung jeder systematischen Spekulation charakterisiert (ihre) Geisteshaltung . . ."[108] Der Vernunftentgrenzung durch die Philosophie steht im christlichen Denken die klare Anerkenntnis der Vernunftgrenzen gegenüber: Augustins „crede, ut intelligas", das Camus in seiner Examensschrift zitiert,[109] spricht aus, daß wahre Einsicht nur im Glauben gewährt und gewährleistet ist. In diesem wird nun allerdings nicht nur ein logisches Absolutes gesetzt, sondern ein ontologisch Absolutes behauptet: Gott.

Wir haben gesehen, daß, in Camus' Deutung, das nach dem Wesen der Welt und nach der definitiven und universalen Einheit des Wirklichen fragende menschliche Subjekt mit seiner Frage immer an der Welt selbst scheitert. Ob es das Verlangte wirklich gibt, vermögen wir, kraft unserer begrenzten Erkenntnis, nicht auszumachen. Diese Agnosis wird so artikuliert: „Ich weiß nicht, ob diese Welt einen Sinn hat, der über mich hinausgeht. Aber ich weiß, daß ich ihn nicht kenne und daß ich ihn im Augenblick unmöglich erkennen kann."[110] Sucht sich der Mensch reflektierend über den Sinn seines Daseins in der Welt klarzuwerden, so bleibt ihm nur die Ratio als Mittel zur Erkenntnis. Aber diese Ratio ist und bleibt begrenzt. Jedem Rationalismus und Idealismus, mag dieser nun spekulativer oder transzendental-phänomenologischer Art sein, hält Camus entgegen: „Für den absurden Geist ist die Vernunft eitel . . ."[111] Das Element der Vernunftkritik, das hier im Ausdruck „eitel" (vaine) hervortritt, verbindet Camus mit einer ganzen Tradition vernunftkritischen Denkens von Pascal über Kierkegaard bis zu Dostojewskij und Schestow, um nur die Namen derer zu nennen, die für Camus von erheblicher Bedeutung waren und auf die er sich, in den ver-

107 Christliche Metaphysik, 31.
108 Ebd. 33.
109 Ebd. 118. Vgl. *Augustinus*, Tractatus in Ioannis Evangelium 29, 6.
110 Der Mythos von Sisyphos, 47; die deutsche Übersetzung bietet die Fassung der ersten Auflage vom Dezember 1942. In den Auflagen von 1948 und 1957 heißt es dann: „Ich weiß nicht, ob diese Welt einen Sinn hat, der über *sie* hinausgeht."
111 Ebd. 35 (Essais, 124).

schiedensten Texten, bezieht.[112] Diese Denker jedoch überspringen die Grenzen der Vernunft in den Glauben hinein, indem sie, Erben des Urchristentums, darauf „setzen, daß Gott ist",[113] wie Camus kritisch feststellt.[114] Tun sie nicht recht daran, die endliche Vernunft durch das Licht des Glaubens zu wahrer Erkenntnis führen zu lassen? Denn könnte nicht gerade die Erfahrung, daß die Frage und das Verlangen nach Einheit und Sinn permanent an der Welt scheitern, die Eröffnung einer welttranszendierenden Dimension von Einheit sein? Daß die Welt auf die Frage des Menschen nach ihrem Sinn schweigt, könnte ja gerade bedeuten, daß die Antwort ‚anderswo' zu suchen wäre und vielleicht eben da, wo sie das Christentum erblickt: in Gott. Was aber hindert Camus' Vernunft darin, sich zu „demütigen"[115] oder den Kierkegaardschen „Sprung"[116] über ihre eigenen Grenzen zu wagen? – Weniger noch der geschichtliche Umstand, daß der Gottesglaube obsolet geworden ist, oder die erkenntnistheoretisch motivierte Weigerung, sich unter Berufung auf den Glauben auf das der Vernunft Inevidente einzulassen,[117] die wir den ‚agnostischen' Zug in Camus' Stellungnahme zum Einheits- und Sinnproblem nennen können; ausschlaggebend für die Weigerung, eine definitive und universale Einheit der Welt durch Gott garantiert zu glauben, ist vielmehr die Tatsache, daß der ontologisch absolute Gott nur gegen die endliche Realität und auf ihre Kosten als real gedacht und anerkannt werden kann. Dies können wir das ‚antitheistische' Argument Camus' nennen.

Schon früh heißt es bei ihm: „Man muß wählen zwischen der Welt und Gott."[118] Das ist hier zwar zunächst auf die Bestimmung des Gott-Welt-Verhältnisses durch das Urchristentum bezogen, erweist sich aber als ein Schlüsselsatz für unser Problem.[119] Andere Aussagen erhärten diese Interpretation. Im Dezember 1942 spricht eine Tagebucheintragung von dem Entweder-Oder zwischen der Welt und Gott,[120] und 1943 ist die Rede von

112 Vor allem über die Beziehung zwischen Schestow und Camus wäre manches zu sagen. Vgl. *P. Dunwoodie*, Chestov et le Mythe de Sisyphe, in: B. T. Fitch (Hrsg.), Sources et influences (Albert Camus 4), Paris 1971, 43–50. Schestows Wirkung auf Camus reicht aber noch über den ‚Mythos von Sisyphos' hinaus, z. B. bis zu Camus' Hegel-Bild und -Kritik.

113 *B. Pascal*, Pensées, Ed. Brunschvicg, Frg. 233.

114 Vgl.: Der Mythos von Sisyphos, 34–40. 91–93.

115 Vgl.: Christliche Metaphysik, 118; Der Mythos von Sisyphos, 93 (über Dostojewskij).

116 Der Mythos von Sisyphos, 36 u. ö.

117 Vgl. das weiter oben gebotene Zitat aus dem ‚Mythos von Sisyphos', vor allem seine Variante (Anm. 110).

118 Christliche Metaphysik, 31.

119 Vgl. *H. R. Schlette*, Albert Camus' philosophische Examensschrift ‚Christliche Metaphysik und Neuplatonismus', in: ders., Aporie und Glaube, 155.

120 Tagebuch 1942–1951, 56.

der „Wahl", die der Glaubende trifft.[121] Auch das Schlußkapitel von ‚Der Mensch in der Revolte', das nicht zufällig „Jenseits des Nihilismus" überschrieben ist, bringt Begriff und Sache des Wählens vor.[122] Die Notwendigkeit der Entscheidungswahl setzt ein kontradiktorisches Verhältnis zwischen den beiden zur Wahl stehenden Größen voraus. Gott erscheint damit nicht mehr als der Garant, sondern als der Konkurrent des endlichen Daseins. Und vor dem Hintergrund dieses Entweder-Oder erhält die Entscheidung für Gott einen exklusiven Charakter.

Die Idee der durch Gott garantierten universalen und definitiven Einheit steht im *Widerspruch* zur uneinen Weltwirklichkeit. Wer jene verwirklicht denken will, muß diese begreifend aufheben in dem System seiner gottvertrauenden Weltdeutung.

Die Idee Gottes als der die universale und definitive Einheit garantierenden Instanz, als der absoluten Einheit also, *bedroht* die Weltwirklichkeit. Das Absolute ist der Feind des Relativen-Kontingenten. „Wer das ‚Absolutnotwendige' denkt, gerät tatsächlich in den Sog einer alle Realität an sich reißenden Idee . . ."[123] Das Absolute als real zu denken heißt dann wirklich, alle endliche Realität ihm zu opfern.

Nicht nur das Negative und Defekte in der endlichen Welt ist somit überspielt, sondern auch das eigentlich Menschliche: die Gegenwart als der Inbegriff des Vorläufigen.

Einen Weg des Glaubens, der das Festhalten an der Eigenständigkeit, am Eigengewicht des endlichen Daseins um des verabsolutierten Absoluten willen aufgäbe, kann Camus nicht billigen: „Ich weigere mich nicht", heißt es – und auch dies ist wieder ein Schlüsselsatz – im Tagebuch, „dem Höchsten Wesen (Être) entgegenzugehen, aber ich lehne einen Weg ab, der von den Menschen-Wesen (êtres) wegführt."[124]

Man mag diese Bestimmung des Gott-Welt-Verhältnisses für ein zeitbedingtes Mißverständnis Camus' halten, für das Produkt seiner mangelnden Bemühung um theologische Information, die hinausginge über das, was er schon in seiner Examensschrift über das Christentum wußte, für eine Nachwirkung des nominalistischen Gottesbildes oder eine unkritische Nietzsche-Rezeption – aber ist diese „Aporie der Absolutheit"[125] wirklich so zeitgebunden? Inhäriert sie nicht in der Tat an sich der Idee von Gott als der „al-

---

121 Portrait d'un élu, in: Essais, 1597–1603, hier 1602.
122 Der Mensch in der Revolte, 329; vgl.: Remarque sur la révolte, in: Essais, 1693.
123 *E. Biser*, Theologie und Atheismus, Anstöße zu einer theologischen Aporetik, München 1971, 70.
124 Tagebuch 1942–1951, 86f.
125 *E. Biser*, a. a. O. 70.

les bestimmenden Wirklichkeit", die W. Pannenberg in der abendländischen Tradition der philosophischen Gotteslehre wirksam sieht und selbst beibehält?[126] Und wird nicht andererseits gerade das Einzelne, Konkrete, Individuelle – auch des Leidens – als das in Wirklichkeit Unaufhebbare auch von einer ,Theologie nach Auschwitz' theologiekritisch hervorgehoben?[127]

Der neuzeitliche Mensch hat sich vom ,Gott über uns' emanzipiert,[128] aber auf eine absolute Rechtfertigung, das heißt: eine umfassende Sinngebung, hat er nicht verzichten können. Da jedoch die Wirklichkeit nicht mehr wie in der (griechischen) Antike als Kosmos, sondern als Geschichte verstanden wird (woran übrigens, wie Camus betont, die hebräisch-christliche Weltdeutung Schuld hat[129]), wird auch der Sinn der Wirklichkeit als werdender begriffen. Den Platz des alten Gottes als des Sinngaranten nimmt nun die Abstraktion der Weltgeschichte ein (so Camus gegen Hegel[130]). Konkret aber (im Marx'schen Sinne konkretisiert) heißt das: Der neue Gott ist der Mensch selbst, denn dieser macht ja die Geschichte und deren Sinn. (Freilich erleidet er sie auch wie eine anonyme Macht, eben als jene Abstraktion.) *Geschichtsvertrauen* ist in Camus' Augen die treibende Kraft dieser Antwort auf die Frage nach der Einheit. Im politischen Handeln sollen Idee und Realität versöhnt werden. Dieses neue und überaus faszinierende Programm faßt Camus in dem Satz zusammen: „Der Durst nach Einheit muß gestillt werden . . ."[131] Sogleich aber läßt er den Nachsatz folgen: „. . . und sei es im Massengrab",[132] der in einer beängstigenden Knappheit und Expressivität ausspricht, welcher Gefahr Camus die Prätention auf innergeschichtliche Verwirklichung dauerhafter und allumfassender Einheit ausgesetzt sieht: im Namen der Einheit die schlimmste Weise der Uneinheit zu vollstrecken: das Töten, in dem der Tod nicht mehr nur erlitten, sondern zugefügt wird (so Camus gegen den Marxismus[133]).

126 Vgl. *W. Pannenberg*, Wissenschaftstheorie und Theologie, 307 u. ö.

127 Vgl. *J. B. Metz*, Ökumene nach Auschwitz: Evangelische Kommentare 12 (1979) 137–140. Wenn Metz immer wieder an die Leidensgeschichte erinnert, so verbindet ihn das nicht nur mit Adorno und Horkheimer, sondern durchaus auch mit Camus.

128 Er hat sich „außerhalb der Kategorien des Heiligen gestellt" (Remarque sur la révolte, in: Essais, 1688).

129 Vgl. dazu schon: Christliche Metaphysik, 37; ferner: Der Mensch in der Revolte, 322, samt der Variante in: Essais, 1658f.

130 Der Mensch in der Revolte, 144–160.   131 Ebd. 266.   132 Ebd.

133 Vgl. dazu vor allem: Der Mensch in der Revolte, 110–114. 251–264. 264–271. 300–330. Die Auseinandersetzung mit den Weltdeutungen, die die Geschichte als das eigentliche Daseinsfeld des Menschen bestimmen, hat ihren Niederschlag gefunden u. a. in den Texten ,Helenas Exil' (1948) in: Literarische Essays, 165–171, ,Der Mensch in der Revolte', der Arbeiten aus den Jahren 1943 bis 1951 umfaßt, und ,Défense de ›L'Homme révolté‹ (nach 1952) in: Essais, 1702–1716.

Mit der Absolutsetzung der von ihm zu machenden Geschichte und damit letztlich seiner selbst kehrt sich der Mensch in Wirklichkeit gegen den Menschen. Die Ideologie[134] will, daß das Ziel der Geschichte und damit der Sinn der Welt vom Menschen produziert werde. Dieser absolute Anspruch involviert aber, Camus zufolge, die Negation jedes Einspruchs, jeder Skepsis und geht in seinem Durchsetzungswillen über das Individuum hinweg. Das unbedingte Wollen schlägt auf den Menschen zurück.[135] Auch dies gehört zur Dialektik der Aufklärung.[136]

Auf die vierte Gestalt der versuchten Verwirklichung von Einheit, die ästhetische, die ihr Heil in der *Form* sucht, in der „imaginären Schöpfung, die alle Wirklichkeit auszutreiben glaubt",[137] wollen wir hier nicht näher eingehen. Camus' langwährende Auseinandersetzung mit ihr steht unter demselben Titel wie seine Kritik an den Einheitsentwürfen, die uns bisher beschäftigte: der unauflösbare Konflikt von Ideal und Realität.

Nach der Skizze von Camus' Kritik an den ‚Wissenden' soll die Aporetik, die sein eigenes Denken in sich schließt, deutlicher herausgearbeitet werden.
Blicken wir zunächst zurück. Camus denkt den Menschen als das Wesen transzendierenden Verlangens nach der Einheit in den vielfältigen Relationen und Dimensionen des Daseins in der Welt. Die Idee der Einheit ist ihm und in ihm präsent im Modus des Verlangens.

---

134 Vgl.: Le siècle de la peur (1946), in: Essais, 331–333.
135 Man lese nur einmal in dieser Perspektive ‚Der Fall' und ‚Der Abtrünnige oder Ein verwirrter Geist' mit ihren monologisierenden, dissoziierten Erzählern.
136 Mit seiner Deutung des ‚Mechanismus' der neustzeitlichen Gottlosigkeit steht Camus nicht allein. Schon Dostojewskij hatte die Maxime eines modernen Atheismus ‚Wenn es keinen Gott gibt, ist alles erlaubt' festgehalten und in ‚Schuld und Sühne' (1866) episch exemplifiziert. Henri de Lubac hat in seinem Buch ‚Le drame de l'humanisme athée' von 1943 die Entwicklungsgeschichte vom Tod Gottes zum Tod des Menschen skizziert. (Vgl. *H. de Lubac*, Die Tragödie des Menschen ohne Gott. Feuerbach – Nietzsche – Comte und Dostojewskij als Prophet, dt. Salzburg 1950, 54–57. Dieser Band gehörte zur vorbereitenden Lektüre Camus' bei der Abfassung seines ‚Homme révolté' und hat in der Tat seine Spuren dort hinterlassen.) Neuerdings äußern sich ähnlich *Claude Bruaire* (Die Aufgabe, Gott zu denken, Freiburg 1973, 49–58) und *Leszek Kolakowski* (Die Rache des Heiligen an der profanen Kultur. Zur Lebensform als religiösem Problem, in: R. Volp (Hrsg.), Chancen der Religion, Gütersloh 1975, 17–31). Auf die Beziehung zwischen Kolakowski und Camus hat übrigens Gesine Schwan in ihrer Laudatio auf den Träger des Friedenspreises des deutschen Buchhandels hingewiesen (vgl. *G. Schwan*, Unbeirrbarer Nonkonformismus: Börsenblatt für den deutschen Buchhandel 33 (1977) 83, 9–48, hier 46). Schließlich ist auch eine Deutung wie die von *H. E. Richter*, Der Gotteskomplex. Die Geburt und die Krise des Glaubens an die Allmacht des Menschen, Reinbek 1979, hier zu nennen.
137 Der Mensch in der Revolte, 288.

Sie wird nun der Realität der uneinen Welt konfrontiert. In diesem „gemeinsamen und gleichzeitigen Vorhandensein"[138] von Einheitsidee und uneiner Realität besteht die Absurdität. Die Idee der Einheit scheitert an der Realität der Welt, so wie sie ist.

Doch gibt es immer wieder die Erfahrung einer Erfüllung jenes Einheitsverlangens in bestimmten, begrenzten Bereichen des Daseins in der Welt. Die Idee der Einheit ist darin also einzelhaft-vorläufig realisiert.

Mir scheint, daß in dieser Grundfigur einmal jener (quasi) religiöse Impetus reflektiert ist, von dem selbst neuszeitliche Philosophie nach dem ‚Tode Gottes' zeugt, ob sie ihn nun Utopie oder die Sehnsucht nach dem ‚ganz Anderen' nennt, daß in ihr aber auch der grundlegende Dualismus menschlicher Welterfahrung seinen Niederschlag findet: das Leiden an der Defektivität und Endlichkeit des Daseins einerseits und die trotz allem nicht zu leugnende Begegnung mit einem – wenn auch nur endlich erlebten – Sinn andererseits. Dem Zusammenhanglosen, Unverständlichen, dem mysterium iniquitatis und dem mysterium mortis stehen doch immer wieder Momente glückhafter Übereinkunft des Menschen mit seiner Welt, und zwar nicht nur naturhafter, sondern auch geschichtlicher Art, gegenüber. Diese Zweideutigkeit ist geradezu das Kennzeichen endlicher Existenz.

(Als Prolegomenon zu einer Kritik wäre immerhin anzumerken, daß Camus sich die Frage nach der Herkunft des menschlichen Urverlangens nach Einheit nicht stellt und daß er genausowenig darüber reflektiert, ob nicht in jedem als sinnvoll behaupteten Satz auch jener letzte umfassende Sinnzusammenhang unthematisch mitbehauptet wird.)[139]

Einheitsideal und Welterfahrung (letztere in ihren beiden Grundweisen von Differenz und Identität) werden zusammengebracht und aufeinander bezogen im Konzept der Revolte, genauer gesagt: in der „pensée de midi".[140] Systematisch gesehen darf dieser Entwurf darum als der Höhepunkt von Camus' Denken gelten. Wir erinnern uns: Die Absurdität wird konstituiert durch die Konfrontation von Einheitsverlangen und Wahrnehmung einer uneinen Realität. Wenn der ‚Mythos von Sisyphos' sagt: „Leben heißt, das Absurde leben lassen. Es leben lassen, heißt vor allem, ihm ins Auge sehen",[141] dann ist hier schon der Beginn der Revolte angedeutet. Nun, im Konzept der Revolte, wird der nach Einheit und Sinn verlangende Mensch dem Absurden nicht mehr nur konstativ ins Auge sehen, er wird kontestativ

---

138 Der Mythos von Sisyphos, 31.
139 Vgl. etwa die Thesen von *B. Welte*, Heilsverständnis. Philosophische Untersuchung einiger Voraussetzungen des Christentums, Freiburg–Basel–Wien 1966, und *W. Pannenberg*, Wissenschaftstheorie und Theologie.
140 Vgl.: Der Mensch in der Revolte, 300–330.
141 Der Mythos von Sisyphos, 49.

gegen es opponieren. Und so ist ihm die Idee der Einheit präsent im Modus des Protests. Wie das Absurde, so ist auch die Revolte eine Relation, und gerade ihre Relationalität macht, daß sie sich ganz und gar als Philosophie der Endlichkeit begreift. Beide Termini der Relation, Einheitsidee und Realität der Uneinheit, relativieren sich gegenseitig. Indem keiner von ihnen aufgehoben wird, wird keiner verabsolutiert. „Nichts wird somit absolut gesetzt."[142] Die Antithetik von Einheitsidee und Uneinheitserfahrung kann nicht aufgehoben werden.[143] Eben darin zeigt sich die Aporetik des Camus'schen Denkens. Die Revolte konfrontiert permanent die Idee von Einheit und Sinn mit der Realität der uneinen Welt und den sinnwidrigen Realitäten des Bösen und des Todes. „Der Welt der zum Tode Verurteilten, der tödlichen Undurchsichtigkeit der conditio hält der Revoltierende unablässig seine Forderung nach definitivem Leben und definitiver Transparenz entgegen."[144] Um des Menschen willen läßt sich die Revolte von der Einheitsidee nicht abbringen. Und kritisch begegnet sie den Interpretationen, die angesichts der Welt, so wie sie ist, das Ideal der Einheit aufgeben. Denn ebenso wie im Denken und Handeln die Idee der Einheit auf Kosten der Realität der Welt, so wie sie ist, verabsolutiert werden kann, kann auch die Realität, als Chaos ausgelegt, absolutgesetzt werden. Dies in den Modi der „absoluten Verneinung"[145] und der „absoluten Bejahung"[146]. Auch ein von der (uneinen) Weltrealität gleichsam behextes Denken, das darüber die Erinnerung an die Idee der Einheit und des Sinnes aufgibt, erweist sich als die Absolutsetzung eines einzigen Terminus der Relation von Mensch und Welt.

Wenn Camus im Blick auf de Sade, die „Literatur der Verdammnis",[147] die ‚schwarze Romantik',[148] und auf Dostojewskijs Iwan Karamasow[149] von der „absoluten Verneinung (négation)" spricht, dann hebt er sie von den oben beschriebenen Gestalten der Weltabwendung ab. In diesen wurde die Weltrealität aufgehoben oder ignoriert, in der totalen Negation wird sie insofern verabsolutiert, als sie ihres schlechten, ungerechten Charakters wegen vorgeblich die Reaktion des unbedingten Nein erzwingt, kein Moment möglicher Zustimmung darbietet und darum auch das Ideal der Einheit annihiliert.

142 Remarque sur la révolte, in: Essais, 1695.
143 Das Prinzip der gegenseitigen Relativierung der Termini kommt vielleicht am nachdrücklichsten und ausdrücklichsten zur Sprache in ‚Défense de l'Homme révolté', geschrieben in Reaktion auf die Kritik an, Der Mensch in der Revolte'.
144 Der Mensch in der Revolte, 111.   145 Ebd. 41.   146 Ebd. 69.   147 Ebd. 57.
148 Vgl. dazu *M. Praz*, La carne, la morte e il diavolo nella letteratura romantica, Florenz 1930, ³1948.
149 Der Mensch in der Revolte, 61–69.

Nietzsche dagegen, für Camus (nicht nur in dieser Beziehung) ungleich relevanter, bejaht ohne Vorbehalt und in einer „rasenden Zustimmung"[150] das, was ist – so, wie es ist. Seine Opposition gilt der ‚Hinterwelt' der Ideale, seine Affirmation dagegen der Welt, die des Grundes wie des Zieles, also, wie wir hier sagen dürfen: des Sinnes, entbehrt: „Des göttlichen Willens beraubt, ist die Welt gleicherweise ihrer Einheit und ihrer Finalität beraubt."[151] Und gerade als solche ist sie für Nietzsche das einzige, was zählt. Seine absolute Affirmation freilich wurde, gerade weil sie absolut war, von den faschistischen falschen Erben als Legitimation für ihr Morden mißbraucht. Trifft auch weniger Nietzsche die Schuld als vielmehr die ‚Realpolitiker', die ihn vernutzten,[152] so macht doch sein Fall deutlich, daß das unbedingte Ja zum Bestehenden, die Preisgabe des Ideals als der Vorstellung dessen, was sein soll, aber nicht ist, in die Negation des Wirklichen umschlagen kann.

Die Revolte erinnert dagegen an die Einheit als an das, was sein sollte, was auch, wie wir selbst unter III. bedachten, einzelhaft und vorläufig Wirklichkeit wird, was aber, wie wir unter II. sahen, als universal und definitiv nicht erkennbar und erfahrbar ist. Um dieser Inevidenz und um der Evidenz des Leidens, des Bösen, des Todes willen muß sich die Revolte aber andererseits die Ausbildung ihrer Präferenzen[153] zum Einheitssystem, das die Weltwirklichkeit als ganze in einem umfassenden Sinn aufgehoben dächte, versagen. Und kritisch hält sie jedem Anspruch, ein solches System von Einheit zu konstituieren, die Realität entgegen.

Konflikt, auch der von Ideal und Realität, ist Relation, und Relation bedingt Maß, wenn sie als Relation erhalten bleiben soll, was aber wiederum heißt: wenn die in ihr befaßten Termini erhalten bleiben sollen. So sieht es wenigstens Camus. „Das Maß ist nicht die ungenierte Auflösung der Gegensätze. Es ist nichts anderes als die Bejahung (affirmation) der Kontradiktion und der feste Entschluß, sich darin zu halten, um darin zu überleben. Was ich die Maßlosigkeit nenne, ist jene Bewegung der Seele, die blind die Grenze überschreitet, an der die Gegensätze einander im Gleichgewicht halten, um schließlich in einen Zustimmungsrausch zu verfallen, dessen feige und grausame Beispiele sich vor unseren Augen häufen."[154] Hier haben wir, in Kürze, alle Elemente der Revolte-Konzeption: Gegensätzliche Termini, Widerspruch (Konflikt), Grenze – und mit all dem das Bekenntnis zum Relativen, weil Relationalen.

150 Ebd. 85.   151 Ebd. 74.   152 Ebd. 84–89.   153 Tagebuch 1942–1951, 74 f.
154 Défense de ›L'Homme révolté‹, in: Essais, 1710; vgl.: Remarque sur la révolte, in: Essais, 1692.

Welches aber ist nun – nach Camus – jene Instanz, die die Aporetik des Denkens vertritt? Die Antwort mag überraschen, wenn man den philosophischen Charakter der Frage vor Augen hat. Sie überrascht weniger, wenn man auf die faktischen Vorlieben Camus', aber auch auf das philosophie-, theologie- und politik-kritische Element seines Denkens blickt. Es ist die Kunst, die zum Träger der Erinnerung an die Einheit angesichts der Negationen von Einheit wird. Ihre Rolle als Sachwalterin des Endlichen kann hier nicht mehr angemessen gewürdigt werden. Doch soll zumindest der Hinweis auf ihre zentrale Stellung in der Systematik des Camus'schen Denkens gegeben sein.[155]

„Der Künstler erschafft die Welt auf seine Rechnung neu",[156] er fabriziert eine freilich bewußt und notwendig vorläufige Einheit.[157] Indem er das tut, befindet er sich eo ipso im Widerspruch zur Weltrealität, die Disparatheit ist. Das Kunstwerk ist nicht einfach Schöpfung, sondern die „korrigierte Schöpfung".[158] Auf der Ebene höherer Bewußtheit und tieferer Reflexion, in der Konzeption der Revolte, heißt das: Kunst ist die Stil gewordene Revolte. Revolte gegen die irrationale Wirklichkeit im Namen der Idee von Einheit und Sinn aber bleibt sie nur in ihrem ausdrücklich vollzogenen Weltbezug.[159] Sprache als künstlerische Aussage (Camus hat vor allem den Romancier vor Augen) vermag, ich deutete das schon an, die Aporie des Denkens nicht zu überschreiten. Sie darf es auch nicht, würde sie doch sonst in den absoluten Anspruch verfallen. Ihre Funktion ist es, der Aporie Ausdruck zu verleihen.[160]

Erinnerung an die Erfahrung von begrenzter Einheit und endlichem Sinn in Natur, Mitmenschlichkeit und Sprache, Wachhalten der Frage nach der definitiven und universalen Einheit im Protest gegen alle Negationen von Einheit und gegen die Inevidenz bleibender, umfassender Einheit selbst, dies bleibt Sache eines Denkens, das vom Absurdismus so weit entfernt ist wie vom Glauben an Gott.

155 Vgl. u. a. *P. Kampits*, Der Mythos vom Menschen. Zum Atheismus und Humanismus Albert Camus', Salzburg 1968, 147–173; *A. Rühling*, Negativität bei Albert Camus. Eine wirkungsgeschichtliche Analyse des Theodizeeproblems, Bonn 1974, 247–251. Kritisch: *H. Balz*, Aragon – Malraux – Camus, 114–147, bes. 126. 142–147.
156 Der Mensch in der Revolte, 275.   157 Ebd. 286.
158 Tagebuch 1942–1951, 104; Remarque sur la révolte, in: Essais 1696, Anm.
169 Vgl.: Die Wette unserer Generation, in: Fragen der Zeit, 191–198.
160 So träfe sich denn Camus mit Adorno nicht nur in der Kritik am Begriff und am System (der Metaphysik), sondern auch im Rekurs auf die Kunst als die angemessene Weise, der Welt, wie sie ist, standzuhalten.

Werner Müller

Agnostizismus bei Maurice Merleau-Ponty

„Unsere Fragen schließen keineswegs immer schon ihre Antworten
ein, und mit Marx behaupten, der Mensch stelle sich nur Probleme,
die er zu lösen vermöchte, heißt nur einen theologischen Optimismus
neu beleben und eine Vollendung der Welt postulieren."
(*Merleau-Ponty*, Phänomenologie der Wahrnehmung)

I. Vom rechten Gebrauch philosophischer Etiketten

Bei Gelegenheit einer Diskussion mit christlichen Theologen hat Merleau-
Ponty sich selbst als Atheisten bezeichnet.[1] Dieses persönliche Bekenntnis
scheint in problemloser Übereinstimmung mit seiner „philosophie sans absolu" zu stehen,[2] die – vielleicht mehr als jede andere Philosophie in der
Moderne – den Gedanken eines Absoluten in konsequenter Weise von sich
ferngehalten hat. Versteht man unter Atheismus ganz generell die Leugnung eines weltjenseitigen, transzendenten Wesens, dann ist diese Philosophie mit Recht atheistisch zu nennen.
Doch welcher Erkenntnisgewinn ist damit verbunden? Ein höchst beschei-
dener, denn bei näherem Nachdenken stellt sich der Begriff ‚Atheismus' als
Etikett heraus, hinter dem sich recht Verschiedenes verbergen kann. Dieser

---

1 Vgl. La Connaissance de l'homme au XXe siècle (Vorträge und Diskussionen der Rencontres
internationales de Genève 1951), Neuchâtel 1952, 216–252, (abgek.: CH) hier 250. Merleau-
Pontys Werke werden im folgenden durch Sigel im Text selbst zitiert: SC = La Structure du
comportement, 1942 (dt.: Die Struktur des Verhaltens, Berlin 1976); PP = Phénoménologie de
la perception, 1945 (dt.: Phänomenologie der Wahrnehmung, Berlin 1966); SNS = Sens et
non-sens, 1948, ⁵1966; HT = Humanisme et terreur, 1947 (dt.: Humanismus und Terror, Bd. I
und II, Frankfurt a. M. 1966); EP = Éloge de la philosophie, 1953, als Taschenbuch 1967 (dt.:
Lob der Philosophie, in: Vorlesungen I, Berlin 1973, 15–50); AD = Les Aventures de la dialec-
tique, 1955 (dt.: Die Abenteuer der Dialektik, Frankfurt a. M. 1968); S = Signes, 1960; OE =
L'Oeil et l'esprit, 1961 (dt.: Das Auge und der Geist, Reinbek 1967, mit einigen Essays aus S);
VIV = Le Visible et l'invisible, 1964; RC = Résumés de cours. Collège de France 1952–1960,
1968. (In den Anmerkungen: M-P = Merleau-Ponty. Falls nicht eigens vermerkt, stammen die
Übersetzungen vom Verfasser.)
2 *X. Tilliette*, Une Philosophie sans absolu: Études 94 (1961) 215–229; vgl. *R. C. Kwant*, De historie en het absolute: Tijdschrift voor Philosophie 17 (1955) 255–305.

Sachverhalt ist vielerorts bemerkt worden und auch Merleau-Ponty nicht entgangen.[3] Wenn er dennoch ,Atheismus' als Selbstbezeichnung für seine Position verwendet, dann sicher nicht in der Meinung, damit eine hinreichende Bestimmung seiner Philosophie hinsichtlich des metaphysischen Wahrheitsproblems geliefert zu haben; er erklärt vielmehr andernorts ausdrücklich und lapidar: „Man geht an der Philosophie vorbei, wenn man sie als Atheismus definiert" (EP dt. 39).

Der Eindruck, hier liege ein Selbstwiderspruch vor, läßt sich nicht nur durch den Hinweis auf den rein negativen Begriffsinhalt von ,Atheismus' zerstreuen; es gilt auch den je verschiedenen Bezugsrahmen der beiden Aussagen zu beachten: Für seine *philosophische Theorie* lehnt Merleau-Ponty eine Qualifikation ab, die er für seine *persönliche Haltung* akzeptiert. Der Unterschied zwischen beiden Ebenen liegt in der unterschiedlich starken Vorgegebenheit der Rahmenbedingungen, unter denen Aussagen gemacht werden. Während eine Theorie diese in gewissem Maße selbst setzen kann, sind sie in einer bestimmten (Diskussions-)Situation weitgehend vorgegeben. Als Merleau-Ponty sich als Atheisten bekannte, war seiner Einschätzung nach die Situation, in der er seine Aussage machte, dadurch gekennzeichnet, „daß man als Gläubiger angesehen wird bis zum Erweis des Gegenteils. Heutzutage muß man erklären, daß man nicht gläubig ist, andernfalls sagt man: Er sieht so aus, als ob . . ., aber ihr werdet schon sehen!" (CH 251). Gegenüber dieser in der Zeitsituation liegenden, sozusagen atmosphärischen Gefahr einer heimlichen Vereinnahmung ins Christentum ist Merleau-Ponty um der Klarheit und Aufrichtigkeit des Gesprächs willen fast gezwungen, eine eindeutige Position zu beziehen. Diese ist nicht zu verwechseln mit seiner philosophisch-theoretischen Position, die sich – wie zu zeigen sein wird – wesentlich differenzierter, jedenfalls nicht so eindeutig negativ zur metaphysischen Wahrheitsfrage verhält. Aber sogar ein Denken, das tief von Dialektik und Ambiguität durchdrungen ist wie das Merleau-Pontys, kann keinen ,Etikettenschwindel' betreiben, sondern muß in einer ganz bestimmten Situation klar festhalten, was der eigentümliche Schwebezustand philosophischer Reflexion *nicht* meint.

---

3 Vgl. Zweites Vatikanisches Konzil, Pastoralkonstitution ,Gaudium et spes', Nr. 19–21, in: LThK, E III, 336–349; zur Interpretation vgl. *K. Rahner,* Zur Lehre des II. Vatikanischen Konzils über den Atheismus: Concilium 3 (1967) 171–180; *H. Fries,* Der Glaube und der Atheismus, in: ders., Herausgeforderter Glaube, München 1968, 203–233; für die heutige Behandlung des Atheismus in der Theologie vgl. statt vieler Einzeltitel: *H. Fries,* Die Gottesfrage in der heutigen theologischen Diskussion, in: G. Bitter/G. Miller (Hrsg.), Konturen heutiger Theologie. Werkstattberichte, München 1976, 135–143.

Wenn also Merleau-Pontys Selbstbezeichnung ‚Atheismus' polemisch-taktisch zu verstehen ist und durch sie lediglich ein wie auch immer gearteter Theismus ausgeschlossen ist, stellt sich die Frage nach einem Begriff, der Merleau-Pontys ‚Lösung' des Wahrheitsproblems positiv zu fassen in der Lage ist. Dieser Begriff müßte die Differenz zwischen theoretischer und persönlich-existentieller Ebene offenhalten und zugleich übergreifen, ohne die metaphysische Intention dieser Philosophie von vornherein in eine bestimmte Richtung festzulegen. Hier bietet sich der Begriff ‚Agnostizismus' an, obwohl er bei Merleau-Ponty selbst nur in einem relativ begrenzten Kontext[4] vorkommt. Begriffsgeschichtlich gesehen markiert ‚Agnostizismus' nämlich Positionen unterschiedlicher Provenienz, die darin übereinkommen, daß das metaphysische Wahrheitsproblem zwar nicht bestritten, doch die Möglichkeit seiner Lösung verneint wird, ohne deshalb Antworten auf nicht-theoretischer (zum Beispiel sittlicher oder religiöser) Ebene auszuschließen.[5]

Unterstützung erhält dieser Versuch, Merleau-Pontys Philosophie als Agnostizismus zu lesen, von verschiedenen kompetenten Interpreten seiner Philosophie, die von einem Agnostizismus bei Merleau-Ponty sprechen, freilich in recht divergenter Weise und ohne auf das Recht dieser Begrifflichkeit zu reflektieren.[6]

Zunächst jedoch besagt ‚Agnostizismus' als Bezeichnung für die Philosophie Merleau-Pontys ebenso wenig wie ‚Atheismus'. In der Tat ist dieser Begriff gleichfalls ein Etikett, wenn auch aufgrund seiner schärferen begriffsgeschichtlichen Konturen ein etwas markanteres. Es bleibt aber zu fragen, ob es überhaupt einen anderen Weg gibt, mit einem Denker ins Ge-

---

4 Vgl. AD dt. 223f. Hier zieht M-P in der Frage, ob das Interesse der Proletarier in der UdSSR gewahrt sei, eine „agnostische Schlußfolgerung", die er folgendermaßen erläutert: „Der Agnostizismus besteht demgegenüber [d. i. gegenüber Sartres grundsätzlicher Parteinahme für die UdSSR, die gegen die Erfahrung immun macht – W. M.] zunächst in der Verpflichtung, . . . alles, was man über die UdSSR *wissen* kann, zu prüfen . . . Der Agnostizismus ist – trotz des Wortes – eine *positive Einstellung*, eine Aufgabe . . . Es bleibt nur noch zu klären, welche *Politik* sich daraus ergibt." – Trotz des beschränkten Kontextes sind hier alle Elemente versammelt, die auch ein metaphysischer Agnostizismus-Begriff – wie zu zeigen sein wird – implizieren muß. Da nicht deduktiv verfahren werden soll, seien sie hier nur genannt: Anstrengung des Wissens – positive statt resignative Einstellung – Notwendigkeit einer Option.

5 Vgl. *Ch. Seidel*, Art. Agnostizismus, in: HWP I, 110–112; *R. W. Hepburn*, Art. Agnosticism, in: P. Edwards (Hrsg.), The Encyclopedia of philosophy I, New York–London 1967, 56–59; *J. de Vries*, Art. Agnostizismus, in: W. Brugger (Hrsg.), Philosophisches Wörterbuch, Freiburg––Basel–Wien [14]1976, 5f.

6 *C. Lefort*, L'idée d'être brut et d'esprit sauvage: Les Temps modernes 184 (1961) 255–286, hier 285: „Une telle philosophie . . . est un agnosticisme . . . mais cet agnosticisme n'est pas un quiétisme, il est l'expression d'une pensée en révolution." *X. Tilliette*, M-P ou la mesure de l'homme, Paris 1970, 165: „athéisme pratique, agnosticisme plutôt . . ."

spräch zu kommen, als über Etikettierungen.[7] Wenn für die folgende Untersuchung der metaphysischen Wahrheitsfrage bei Merleau-Ponty als leitender Gesichtspunkt der Begriff ‚Agnostizismus' gewählt wird, dann mit mindestens ebenso großem Recht wie jeder andere hier sich anbietende, einschließlich des gängigen ‚Atheismus'.[8] Einer näheren Explikation bedarf ein jeder allemal; eine solche geschieht gerade in der Anwendung auf den jeweiligen Autor. Im Zirkel des Verstehens zeigen sich dann Rückwirkungen auf den Ausgangspunkt, die über den historisch fixierten Bedeutungsgehalt des Begriffs hinausführen.

Im Blick auf die Begriffsgeschichte von ‚Agnostizismus' darf jetzt schon vermutet werden, in welche Richtung die Anwendung auf Merleau-Pontys Denken den Agnostizismus-Begriff weiterentwickelt: Sowohl das positivistische Stigma, das dem Begriff infolge seines ersten Auftauchens bei Th. H. Huxley anhaftet, als auch die kritizistischen Konnotationen, die Kants Beschränkung der Erkenntnis auf den Bereich der Erfahrung in der ‚Kritik der reinen Vernunft' als die Grundfigur agnostischen Denkens erscheinen lassen, dürften von einer Philosophie überwunden werden, die sich ständig gegen die klassische Alternative von Realismus und Idealismus zur Wehr setzt. Von Merleau-Ponty, der auf epistemologischem und anthropologischem Gebiet die unvermittelt sich gegenüberstehenden traditionellen Lösungen zu vermitteln bzw. zu unterlaufen sucht, darf erwartet werden, daß er auch in der metaphysischen Wahrheitsfrage ein falsches Entweder-Oder vermeidet und so den Agnostizismus, der historisch als Kennzeichen von Positivismus und Kritizismus festgelegt ist, auf eine neue Basis stellt. Mit dieser Erwartungshaltung soll im folgenden der Möglichkeit einer agnostischen Lektüre von Merleau-Pontys Philosophie und ihrer Auswirkung auf das Verständnis von Agnostizismus nachgegangen werden.

II. Negation des Absoluten

Grundlegend für den Agnostizismus im gängigen, durchschnittlichen Verständnis ist die Unterscheidung zwischen dem Bereich des Bedingten, Kontingenten und Endlichen, innerhalb dessen Erkenntnis möglich ist, und dem

---

7 M-P hat bezüglich eines anderen Etiketts (‚Existentialismus') geäußert, man habe kein Recht, dieses zurückzuweisen, da es schließlich ausdrücke, was die anderen von einem Denken wahrnehmen. Vgl. SNS 84.

8 Vgl. z. B. nur die Titelformulierungen von *J. Arntz*, Atheismus im Dienste des Menschen? Der Atheismus des J. P. Sartre und des M. M-P: Concilium 2 (1966) 422–425; *M. Montull*, El ateismo de M-P: Ciencia Tomista 90 (1963) 115–181.

des Unbedingten, Transzendenten und Absoluten, in dem menschliche Vernunft nichts mehr ausmachen könne. Demgegenüber ist bei Merleau-Ponty die Grundkonstellation insofern eine andere, als er die Existenz eines Absoluten schlechterdings negiert. Dies ist im Grunde die unausweichliche Konsequenz seines methodischen Ansatzes[9]: Fällt Philosophie zusammen mit phänomenologischer Deskription der ursprünglichen Erfahrung, das heißt der Wirklichkeit, wie sie vor aller ausdrücklichen Reflexion und Stellungnahme rein „erscheint", dann ist sie mit dem Begriff eines Absoluten im strengen Sinne unvereinbar, da „Erfahrung" zunächst rein formal zu bestimmen ist als *Beziehung* – als Beziehung nämlich eines Subjekts, das als „Zur-Welt-sein" ausgelegt werden muß, zu einem Objekt, das auf höchster Abstraktionsebene als „Welt-für-mich" erscheint. „Die Welt ist untrennbar vom Subjekt, von einem Subjekt jedoch, das selbst nichts anderes ist als Entwurf der Welt, und das Subjekt ist untrennbar von der Welt, doch von einer Welt, die es selbst entwirft. Das Subjekt ist Zur-Welt-sein, und die Welt bleibt ‚subjektiv'" (PP dt. 489).

Nimmt man in diesem Sinne die Erfahrung zum Ausgangs- und Zielpunkt der philosophischen Analyse, dann gilt es nachzuweisen, daß ein außerhalb dieser ursprünglichen Relationalität gelegenes Absolutes nichts zur Aufhellung der konkreten Erfahrungen beiträgt.

Merleau-Ponty führt diesen Nachweis gegen die beiden grundsätzlichen Möglichkeiten philosophischer Inanspruchnahme eines Absoluten.[10] Faßt man es nämlich im Sinne eines metaphysischen Realismus als absoluten Gegenstand, transzendentes Sein, Wahrheit schlechthin oder ähnliches auf, dann muß – so argumentiert Merleau-Ponty – zugegeben werden, daß es nicht *als solches*, sondern nur in *bedingter, endlicher Form* Eingang in die menschliche Erfahrung und Erkenntnis findet. Dies bedeutet aber, daß der Mensch in letzter Instanz auf seine endlichen und bedingten Erfahrungen von Sein und Wahrheit angewiesen bleibt. Die Extrapolation auf ein welt- und geschichtsloses Seiendes und Wahres, das heißt die Setzung eines Absoluten, macht die entsprechenden Erfahrungen nicht verständlich; im Gegenteil, sie entwertet die Endlichkeit durch den ständigen unausdrücklichen Vergleich mit einer vermeintlichen unendlichen Vollkommenheit. Versteht man andererseits das Absolute idealistisch als absolutes Subjekt, transzen-

---

9 Vgl. bes. PP dt. 3–18 (= Vorwort). 75–88; S 201–228. M-Ps allgemeinste Zielsetzung knüpft an einen programmatischen Satz aus Husserls ‚Cartesianischen Meditationen' an, der leitmotivisch immer wiederkehrt: „Der Anfang ist die reine und sozusagen noch stumme Erfahrung, die nun erst zur Aussprache ihres eigenen Sinnes zu bringen ist" (vgl. PP dt. 12. 257; VIV 171).

10 Vgl. vor allem PP dt. 410f. 424–426. 449; SNS 162–168; S 257.

dentales Ego, universales Bewußtsein oder ähnliches, dann zeigt sich ebenso seine Überflüssigkeit. Denn der Rückgang auf ein transzendentales Subjekt, der die Wahrheitsfähigkeit des empirischen Subjekts garantieren soll, ist seinerseits Vollzug eines konkreten, empirischen Ich. Dieses erweist sich somit als das eigentliche Subjekt, dem sich auch noch das absolute verdankt. „Der zu Gott hinführende Weg der Reflexion . . . macht den Gott selbst, zu dem er hinführen will, zu einer Unmöglichkeit" (PP dt. 411).

Die beiden einander ausschließenden Wege, die menschliche Erfahrung auf ein Absolutes gründen zu wollen, zerstören im Grunde das, was sie eigentlich begründen wollen, wie besonders die negativen Konsequenzen auf *praktischem* Gebiet zeigen: Die Behauptung eines Absoluten läßt menschliches Handeln zwischen totalitärer Überheblichkeit und totaler Verunsicherung schwanken, weil sie den der condition humaine allein angemessenen Maßstab der Wahrscheinlichkeit sprengt. „Das metaphysische und moralische Bewußtsein stirbt im Kontakt mit dem Absoluten" (SNS 167).

Ein Absolutes ist nicht nur nicht erfahrbar, sondern auch keine zur Denkbarkeit der Erfahrung notwendige Annahme.

III. Philosophie der Endlichkeit

Die Setzung eines Absoluten ist deswegen nicht nötig, weil menschliche Erfahrung *von sich aus* denkbar ist. Die Aufgabe, die Endlichkeit ohne Rekurs auf eine absolute Wahrheit bzw. ein absolutes Denken zu denken – die folgerichtige positive Ergänzung der Negation des Absoluten –, nimmt bei Merleau-Ponty den größten Raum ein. Dabei verbleibt seine „Philosophie der Endlichkeit"[11] nicht auf der begrifflich-abstrakten Ebene, sondern sucht die konkreten Erfahrungen im einzelnen, nicht zuletzt die geschichtlichen und politischen Erfahrungen seiner Epoche, zu „denken". Mit anderen Worten: Diese Philosophie stellt den Versuch dar, „die spekulative, aber auch nicht nur spekulative *Erfahrung des Chaos*" (PP dt. 80) rational zu verarbeiten. Hierin kann wohl das innerste Anliegen dieses Denkens und deshalb auch sein fruchtbarstes Wirkungsfeld gesehen werden.[12]

Merleau-Ponty gibt sich dabei freilich nicht der Täuschung hin, diese Aufgabe kurzschlüssig bewältigen zu können, sondern hat den dazu nötigen

11 Für diese M-Ps Philosophie wohl am besten charakterisierende Bezeichnung vgl. *R. Boehm*, Vorrede des Übersetzers, in: PP dt. V-XX; *P. Ricoeur*, Phénoménologie existentielle, in: Encyclopédie Française XIX, Paris 1957, 19. 10–8 bis 12.

12 Dieser Gesichtspunkt wird vor allem herausgearbeitet von *R. W. Meyer*, Maurice M-P und das Schicksal des französischen Existentialismus: Phil. Rundschau 3 (1955) 129–165.

‚langen Atem', indem er in der geduldigen Beschäftigung mit dem mensch-lichen Verhalten und der Wahrnehmung in den beiden Hauptwerken den einzig erfolgversprechenden Weg, zur Denkbarkeit endlicher menschlicher Erfahrung zu gelangen, beschreitet. Er scheint dabei, ohne sich ausdrück-lich darauf zu beziehen, einem Hinweis Nietzsches zu folgen, der als Ant-wort auf die Frage, ob man Gott denken könne, Zarathustra sagen läßt: „Eure eignen Sinne sollt ihr zu Ende denken." [13] Im konsequenten Zu-En-de-Denken der Sinnlichkeit, als das Merleau-Pontys gesamtes Werk ange-sehen werden kann, konstituiert sich menschliche endliche Erfahrung *von sich selbst aus* und hört damit auf, bloßes Gegenstück eines absoluten Wis-sens zu sein.

Die Durchführung dieser Philosophie der Endlichkeit im Ausgang von der sinnlichen Erfahrung braucht im einzelnen an dieser Stelle nicht zu interes-sieren. Es gilt lediglich festzuhalten, daß durch den Verzicht auf einen von menschlicher Erfahrung separierten Bereich des Absoluten die metaphysi-sche Wahrheitsfrage keineswegs suspendiert ist. Der Titel eines frühen Es-says zeigt an, wo sie sich auch innerhalb dieser Philosophie noch stellt: ‚Le metaphysique *dans* l'homme' (SNS 145–172). Die Wahrheit, als absolute negiert, kehrt wieder als relative, das heißt bezogen auf menschliche Erfah-rung und Praxis.

Was die Phänomenologie der endlichen Erfahrung vor dem Abgleiten in Phänomenologismus und Relativismus, für die keine subjektunabhängige Wirklichkeit mehr greifbar ist, bewahrt, ist die dem „Urglauben" (PP dt. 395 u. ö.) der natürlichen Einstellung entnommene *Gewißheit*, es in der sinnlichen Erfahrung mit der *Wirklichkeit selbst* zu tun zu haben. Philoso-phisch wird dieser Rückgriff legitimiert, indem – in Umkehrung des carte-sianischen Zweifelsversuchs – nachgewiesen wird, daß der Zweifel seiner-seits einen Begriff von Wirklichkeit voraussetzt, da er mit der Unterschei-dung zwischen Illusion und Wirklichkeit operiert. Dieses ursprüngliche Wissen vom Wirklichen kommt aus der Wahrnehmung; was ‚wirklich' meint, ist vorgängig durch wirkliches Wahrnehmen bestimmt. Die wahrge-nommene Welt bedarf keiner ausdrücklichen Affirmation, um wirklich zu sein; ihre Wirklichkeit ist in jeder Wahrnehmung implizit immer mitgesetzt. Zwar kann jede *einzelne* Wahrnehmung täuschen, doch der Horizont, in dem einzelnes erscheint, die *Welt*, ist unbezweifelbar.

In diesem ‚Weltglauben' geht die Gewißheit, prinzipiell Wirkliches wahrzu-nehmen, einher mit dem immer möglichen Zweifel an der Adäquatheit der

13 *F. Nietzsche*, Also sprach Zarathustra, in: Werke II, hrsg. von K. Schlechta, Darmstadt 1963, 344.

einzelnen Wahrnehmung. Beide Momente liegen auf verschiedenen Ebenen, die sich aus der allgemeinen Struktur des Bewußtseins als *Intentionalität* ergeben (vgl. PP dt. 14–16): Wenn alles Bewußtsein Bewußtsein von etwas ist, dann läßt sich unterscheiden zwischen dem, *was* erscheint, und dem, *als was* etwas erscheint. Die erste Ebene nennt Merleau-Ponty mit Husserl „fungierende Intentionalität" und identifiziert sie mit seinem Begriff der Existenz (PP dt. 15.148 f. Anm. 55); hier herrscht Gewißheit, weil selbst bei einer Täuschung nicht nichts, sondern *etwas* erfahren wird. Auf der Ebene der ausdrücklichen oder Aktintentionalität dagegen, die sich affirmativ oder negativ auf das erscheinende Etwas bezieht, ist nie unbezweifelbare Gewißheit erreichbar.

Die Relevanz des Weltglaubens für das Thema Agnostizismus wird deutlich, wenn Merleau-Ponty daraus den Schluß zieht, „daß Wahrnehmung nicht nur angeblich oder vermeintlich wahr, sondern für uns definiert ist als *Zugang zur Wahrheit*" (PP dt. 13). Die Wahrnehmung hält uns in Kontakt mit der Wirklichkeit und Wahrheit, ohne uns ihren sicheren Besitz zu garantieren. Gemäß der These, daß alles Bewußtsein in irgendeinem Grade Wahrnehmungsbewußtsein ist (vgl. zum Beispiel PP dt. 450), ist diese Erkenntnis auch auf das Denken übertragbar. Auch unser Denken hat einen unbezweifelbaren Anhalt an der Wirklichkeit. Was unserem Denken die Sicherheit verschafft, eine äußere, von ihm unabhängige Wirklichkeit zu treffen, ist nicht wie bei Descartes die *Selbstgewißheit* des denkenden Ich – der dazu bekanntlich noch einen wahrhaftigen Gott annehmen muß[14] –, sondern die *Weltgewißheit* des existierenden Ich; das letzte Unbezweifelbare, das fundamentum inconcussum, ist nicht ein „cogito me cogitare", sondern eine Tatsache, die Tatsache nämlich, daß mir in jeder Erfahrung etwas erscheint (vgl. PP dt. 344.421–465).

Wird in dieser Weise eine ursprüngliche Relationalität von Bewußtsein und Wirklichkeit zum Ausgangspunkt genommen, dann droht ein allgemeiner *Relativismus*. Doch diese Gefahr kann gebannt werden, indem die Philosophie sich bewußt auf den Urglauben des natürlichen Bewußtseins bezieht und auf den illusorischen Versuch einer Selbstbegründung des Denkens verzichtet. Sie wird „radikale Reflexion" (PP dt. 11 u. ö.), wenn sie auch noch ihre eigene Abkünftigkeit vom präreflexiven Leben mitreflektiert; als solche ist sie „phänomenologischer Positivismus" (PP dt. 14), der das Mögliche auf das Wirkliche, das Gedachte auf das Erfahrene gründet. Was dem

---

14 Vgl. etwa *R. Descartes*, Discours de la méthode, ed. L. Gräbe (Phil. Bibl. 261), 62–67; zur Interpretation: *W. Schulz*, Der Gott der neuzeitlichen Metaphysik, Pfullingen 1957, 31–41; PP dt. 63. 65. 235.

menschlichen Erkennen den Zugang zur Wahrheit sichert, ist nicht die Existenz einer absoluten Wahrheit, sondern der faktische Vollzug wahrer Erkenntnisse. „Ich denke, und dieser oder jener Gedanke scheint mir wahr; ich weiß wohl, daß er nicht unbedingt wahr ist und daß seine vollständige Explikation eine unendliche Aufgabe bliebe; doch das ändert nichts daran, daß in dem Augenblick, in dem ich denke, ich etwas denke, und daß jede andere Wahrheit, in deren Namen ich jene entwerten wollte, ihrerseits, soll sie für mich Wahrheit heißen können, mit dem ‚wahren‘ Gedanken wird zusammenstimmen müssen, dessen Erfahrung ich habe" (PP dt. 452f.).

Daß die Philosophie sich in dieser Weise auf den natürlichen Weltglauben einläßt, könnte andererseits den Verdacht eines naiven *Dogmatismus* aufkommen lassen. Da die Gewißheit der Welt als ganzer die Unsicherheit einzelner Wahrnehmungs- und Denkakte nicht aufhebt, besteht – so könnte vermutet werden – Merleau-Pontys Lösung darin, resolut die Thesen des sogenannten gesunden Menschenverstandes zu übernehmen. Doch begnügt sich Merleau-Ponty tatsächlich, wie manche Kritiker meinen,[15] mit dem unwiderstehlichen Glauben an die Wirklichkeit, so daß philosophische Reflexion im Grunde sich selbst überflüssig machen würde?

Die natürliche Einstellung ist sozusagen ‚gnostisch‘, indem sie Wirklichkeit als ein vollkommen explizites Universum an sich voraussetzt, zu dem wir mittels richtiger Erfahrungen Zugang haben und von dem wir eine – wenn auch in der Gegenwart vielleicht noch nicht erreichte – vollkommene Kenntnis erlangen können. Auf diese Einstellung mit ihrem „Welt-Vorurteil" (PP dt. 23 u. ö.), das übrigens sowohl eine sich positivistisch verstehende Wissenschaft als auch Intellektualismus und Idealismus stillschweigend übernehmen – letztere, indem sie die Objektivität lediglich in ein sie erschließendes absolutes Bewußtsein zurücknehmen –, darf sich die philosophische Reflexion nach Merleau-Ponty *nicht kritiklos* beziehen. Sie setzt auch *nicht unvermittelt* beim natürlichen Bewußtseinsleben ein, sondern gelangt nolens volens dahin auf dem Weg der Selbstreflexion, die auf eine ihr unüberwindliche Grenze stößt. Das Präreflexive ist – wie Merleau-Ponty ausdrücklich betont – „uns allein bekannt durch die Reflexion und darf nicht außerhalb ihrer als ein unerkennbares X angesetzt werden" (PP dt. 65). Diese Ausgangssituation hat nicht nur methodische Konsequenzen für die philosophische Reflexion, sondern auch Auswirkungen auf die Seinsfrage: Wenn die Philosophie das *Welt-Vorurteil* nicht mitmachen, sondern lediglich am *Weltglauben* festhalten kann, bedeutet dies, daß Wirklichkeit

15 Vgl. *R. Bubner*, Kritische Fragen zum Ende des französischen Existentialismus: Phil. Rundschau 14 (1967) 252f.; *G. Dux*, Hellmuth Plessners philosophische Anthropologie im Prospekt, in: H. Plessner, Philosophische Anthropologie, Frankfurt a. M. 1970, 266.

nicht von den Aspekten, *in* denen sie erscheint, definitiv abgelöst werden kann. Im Weltglauben ist das subjektive, die Reflexion ermöglichende und auslösende Moment der Erfahrung ja durchaus gewahrt. Es macht sich bemerkbar als die Bezweifelbarkeit jeder Einzelerfahrung. Gegen jeden Dogmatismus, der – auf welchem Weg auch immer – Wirklichkeit als ein *an sich* clare et distincte existierendes Gebilde voraussetzt, dem unsere Erfahrung (als clara et distincta perceptio) lediglich noch anzugleichen ist, ist, bildlich gesprochen, zu sagen: Der große Edelstein, die Welt, hat einen Fehler, der seine Transparenz stört (vgl. PP dt. 244). Die reine Objektivität ist durch subjektive Momente „verunreinigt" – was auch vice versa gilt. Das damit Gemeinte hat Merleau-Ponty unter den Begriff der *Ambiguität* gebracht, der wie kein anderer zur Kennzeichnung seiner Philosophie gedient hat.

Die Kernaussage dieses vieldiskutierten Begriffs dürfte nach dem Vorausgehenden einigermaßen klar sein: Da in der Erfahrung eine ursprüngliche *Relationalität* von Ich und Welt gegeben ist, müssen beim Versuch, sie zu denken, die traditionellen *Gegensätze*, in denen man bislang die Wirklichkeit zu fassen suchte – allen voran der von Subjekt und Objekt –, ins Wanken geraten. Dies formulieren die Aussagen, daß sowohl das Subjekt als auch die Wirklichkeit, vor allem aber der beide ursprünglich verbindende Bereich der Erfahrung, des Leibes, des sinnlich-zeitlichen Bewußtseins oder der Existenz zweideutig (ambigu)[16] sind. Dabei ist die Ambiguität keine lediglich begriffliche, etwa in dem Sinne, als sei eine in sich fixierte Wirklichkeit nur durch mehrere, zum Teil sich widersprechende Begriffe umschreibbar. Die Wirklichkeit selbst ist vielmehr zweideutig; die Ambiguität ist *ontologisch* zu verstehen. Das Wirkliche selbst „schwankt", das heißt: ist „niemals vollständig konstituiert" (PP dt. 462) und deshalb nicht völlig bestimmbar.

Wie ist aber ein im ontologischen Sinne Zweideutiges überhaupt faßbar? Die Antwort, die Merleau-Ponty aus der Analyse des Wahrnehmungsbewußtseins auf diese Frage gibt, lautet: als *Feld* (vgl. PP dt. 378–385). Wie dem Wahrnehmenden ein bestimmtes Wahrnehmungsfeld gegeben ist, das durch seinen Horizont begrenzt, aber nicht abgeschlossen ist, so ist die Wirklichkeit insgesamt als eine *offene Totalität* zu fassen.

Einem leiblich situierten Subjekt erscheint etwas immer nur unter einer bestimmten, seinem jeweiligen Standpunkt entsprechenden *Perspektive*. Diese ist streng genommen nicht identisch mit dem *Gegenstand selbst*, den es zu erfahren behauptet. Eigentlich bedürfte es, um von einem Gegenstand

---

16 Der ontologische Charakter kommt im deutschen Wort ‚zweideutig', das ja auf das nachträgliche Deuten abhebt, nicht angemessen zum Ausdruck.

sprechen zu können, einer „Konzentration einer Unendlichkeit mannigfaltiger Perspektiven in einer strengen Koexistenz" (PP dt. 94). Eine solche ist einem leiblichen Subjekt prinzipiell unmöglich; es kann nur eine begrenzte Anzahl von Standpunkten einnehmen. In jeder Erfahrung eines bestimmten Gegenstandes vollzieht sich somit eine *Präsumtion* auf weitere und im Grenzfall unendlich viele Erfahrungen. Die in der Perspektivität der Erfahrung sich zeigende Gegenstand-Horizont-Struktur verweist in letzter Instanz auf die Welt. Diese ist einem *in* der Welt seienden Subjekt nur partiell und indirekt gegeben, eben als „Horizont der Horizonte" (PP dt. 381) seines aktuellen Erfahrungsgegenstandes. Eine direkte und totale Erfassung der Welt wäre nur einem „überfliegenden Denken" (OE 12) möglich, das seinen Standpunkt außerhalb ihrer haben müßte. Doch ist auch das endliche Subjekt nicht eingeschlossen in den jeweils gegebenen „Ausschnitt" der Wirklichkeit, da es seinen Standort verändern und so immer neue Perspektiven der Wirklichkeit erfahren kann. Die Wirklichkeit ist ihm nicht als geschlossenes, transparentes Universum, sondern als unvollendetes Feld gegeben. „So ist es dem Ding und der Welt wesentlich, nur ‚offen' gegenwärtig zu sein, uns über ihre bestimmten Bekundungen hinaus zu verweisen und stets noch ‚anderes zu sehen' zu versprechen" (PP dt. 384).

Dieser Gedanke einer *Transzendenz der Welt* über die subjektiven Weltperspektiven hinaus, von denen sie dennoch nicht ablösbar ist – Merleau-Ponty spricht von einer „prinzipiellen Immanenz" und einer „faktischen Transzendenz" (PP dt. 416f.) –, stellt die Verbindung zum Wahrheitsproblem her. Damit ist der Bogen geschlagen zur obigen Behauptung, die Wahrnehmung sei Zugang zur Wahrheit, die nun genauer verstanden werden kann: Die Wahrnehmung und die menschliche Erfahrung insgesamt sind lediglich *Zugang* zur Wahrheit, sofern die Wirklichkeit nicht aufgeht in den Perspektiven, in denen sie erfahren wird. Zwar sind wir beim allerersten Kontakt mit Wirklichkeit schon eingetreten in eine Dimension, in der wir auch noch die ‚letzte Wirklichkeit' werden suchen müssen, doch erreicht keine Erfahrung je die Totalität. – Der gleiche Sachverhalt läßt sich auch vom anderen Ende her sehen: Die Erfahrung ist Zugang zur *Wahrheit*. Wir besitzen zwar nicht *die* Wahrheit, aber wir haben tatsächlich wahre Ideen – eine Gewißheit, die uns der Weltglaube verschafft. Die tatsächlichen „Wahrheiten", die wir haben, sind zu verstehen aus einer *Bewegung auf die Wahrheit hin*. Merleau-Ponty spricht in diesem Zusammenhang verschiedentlich von einer „Teleologie des Bewußtseins" (PP dt. 15.341.344.450, AD dt. 166 Anm. u. ö.). Dieser von Husserl übernommene Ausdruck scheint mir, auch wenn die Unabschließbarkeit deutlich ausgesprochen wird, mehr zu behaupten, als von den Prämissen aus möglich ist, denn ein Telos meint ein fixiertes, vorgegebenes Ziel, das durch seine Implikationen die Philosophie der Endlichkeit wieder rückgängig machen würde. Den Gedanken treffender auszudrücken scheint die Redeweise von der Wahrheit als einem „präsumtiven Grenzbegriff"[17] der Leistungen des Bewußtseins oder von Rationalität und objektiver Erkenntnis als Idealen und nicht schon realisierten Möglichkeiten.

Doch jenseits terminologischer Kleinlichkeit, worin Merleau-Pontys Stärke wahrlich nicht liegt, ist der Grundgedanke hinreichend klar; er wird etwa in folgendem Satz zusammenfassend ausgesprochen: „Wahr ist allein, daß weder Irrtum noch Zweifel uns je von der Wahrheit gänzlich abschneiden, denn sie bleiben umfaßt von einem Welthorizont, in dem die Teleologie des Bewußtseins uns ihre Lösung zu suchen auffordert" (PP dt. 453).

Versucht man das Verhältnis des Menschen zur Wahrheit *positiv* zu fassen, so bietet die Gleichsetzung des Zur-Welt-Seins mit dem Sein-zur-Wahrheit einen ersten, allgemeinen Hinweis (vgl. PP dt. 449.517,VIV 28). Damit wird als *Ort der Wahrheit* die Welt selbst, also weder ein Jenseits noch ein Diesseits der Welt, angegeben. Weder in einer ‚Hinterwelt' noch einer privaten Innenwelt vollzieht sich die Bewegung auf die Wahrheit hin. Auch die Aufforderung Augustins „In te redi; in interiore homine habitat veritas" (zit. PP dt. 7) leitet in die Irre, wenn unter dem ‚inneren Menschen' nicht das zur Welt seiende Subjekt verstanden wird. Hier macht sich ein strenger, ja rigoroser Monismus, der an Merleau-Pontys gesamtem Denken von Interpreten der verschiedensten Lager konstatiert und kritisiert worden ist, auch auf metaphysischem Gebiet bemerkbar. Falls für die traditionelle Metaphysik eine dichotomische Wirklichkeitsauffassung konstitutiv ist, muß Merleau-Pontys Ontologie als anti-metaphysisch bezeichnet werden. Da er das Wort weiterhin benutzt, ist wohl besser von einer radikalen Verwandlung des Metaphysik-Begriffs auszugehen. Das auffälligste Kennzeichen dieser sozusagen ‚nachmetaphysischen' Metaphysik besteht darin, daß die *menschliche Existenz selbst* als metaphysisch bezeichnet wird. „Die Metaphysik – der Hervorgang eines Jenseits der Natur – situiert sich nicht auf der Ebene der Erkenntnis: sie beginnt mit der Offenheit für einen ‚Anderen', sie ist überall, und schon in der Eigenentwicklung der Geschlechtlichkeit" (PP dt. 200). Es macht ja gerade das Pathos dieser Phänomenologie der endlichen Erfahrung aus, daß sie überzeugt ist, nicht philosophische Präliminarien zu behandeln, sondern ‚erste Philosophie' im aristotelischen Sinn zu sein, weil alle Erfahrungen an das Sein heranreichen und umgekehrt die

---

17 PP dt. 225; direkt ist hier die Sprache gemeint, doch kann diese Bestimmung auf alle Bewußtseinsleistungen ausgedehnt werden.

ontologischen Grundstrukturen in eine jedermann zugängliche Erfahrung wie etwa die Sexualität ‚durchschlagen'. Metaphysik ist für Merleau-Ponty das Ausdrücklich-Machen der Grundstrukturen konkreter menschlicher Erfahrungen. Sofern diese mit einer nicht reduzierbaren Ambiguität behaftet sind, ist dieser charakteristische Begriff sein Pendant für die Dichotomie der traditionellen Metaphysik.

Ein weiteres Kennzeichen des Wahrheitsbegriffs, der Merleau-Pontys Metaphysik leitet, ist dessen *Intersubjektivität*. Da die anderen Subjekte aufgrund des je verschiedenen Standpunktes Seiten der Wirklichkeit sehen, die mir nicht explizit gegeben sind, haben sie für meine Bewegung auf die Wahrheit hin konstitutive Bedeutung. „Unsere Erfahrungsergebnisse stehen also seitlich in Wahrheitsbeziehungen: alle zusammen bilden wir – da jeder klar erfaßt, was den anderen verborgen ist – in unserem Zusammenwirken eine Totalität, die zur Aufklärung und Vervollkommnung führt" (AD dt. 166f.). Doch auch vom Konsens mit den anderen ist kein endgültiges Erreichen *der* Wahrheit, kein Abschluß der Wahrheitssuche zu erwarten. Selbst die Übereinstimmung aller und ihrer jeweiligen Wirklichkeitsperspektiven wäre immer noch nicht die absolute Wahrheit; stets blieben noch weitere, noch zusätzlichen Aufschluß über das Wirkliche bietende Perspektiven denkbar. Auch der consensus omnium, der selbst eine Grenzidee darstellt, verbleibt im Bereich des Kontingenten und Relativen. Außerdem fällt auch der Konsens – nicht anders als seine ‚Sedimentierungen' in sozialen Phänomenen, Institutionen usw. – in den Bereich eines individuellen Bewußtseins. Auch wenn ich ihn nicht *konstituiere*, erscheint er, wie jede Wirklichkeit, in subjektiver Perspektive. Mein Verständnis der gemeinsamen Wirklichkeit bleibt eben unreduzierbar das *meinige*; ich kann nie sicher sein, daß es mit dem des anderen völlig koinzidiert. Der Solipsismus besitzt ein bleibendes Wahrheitsmoment, das daran hindert, die Wahrheit einfachhin aus der Übereinstimmung mit den anderen erwarten zu dürfen. Dennoch bringen die anderen mich auf dem Weg zur Wahrheit voran.

Ein letztes Merkmal der Wahrheit im Verständnis Merleau-Pontys ist ihre *praktische* Ausrichtung. Die Wirklichkeit, wie sie ursprünglich erfahren wird, hat schon praktischen Charakter, und die Intentionalität des Bewußtseins ist ursprünglich als ein „Ich kann . . .", nicht als ein „Ich denke zu . . ." aufzufassen (vgl. PP dt. 166). Das ursprüngliche Weltverhältnis des leiblichen Subjekts ist nicht das eines „uninteressierten Zuschauers", der „bloße Sachen" wahrnimmt, sondern „Praktognosie" (PP dt. 170).

Die Bewegung zur Wahrheit hin ist zunächst ganz wörtlich zu verstehen als Ortsbewegung, denn das Erfassen eines Gegenstandes, wie er ‚in Wahrheit' ist, erfordert das Durchlaufen möglichst vieler Perspektiven und setzt damit auf seiten des Subjekts Änderungen des Standpunktes voraus. Bewegung ist somit die einfachste Form von *Tätigkeit*, die vonnöten ist, um einen Gegenstand immer genauer und richtiger kennenzulernen, das heißt sich seiner Wahrheit anzunähern.

Dieser Gedanke eröffnet grundsätzlich den Zugang zum Begriff der ‚Praxis‘ beim jungen Marx, den Merleau-Ponty folgendermaßen interpretiert: „Was Marx Praxis nennt, das ist der Sinn, der sich spontan im Schnittpunkt der Handlungen abzeichnet, in denen der Mensch seine Beziehungen zur Natur und den Anderen organisiert" (EP dt. 41). Was also schon für die sinnliche Erfahrung gilt, muß auch noch von der gesellschaftlich-geschichtlichen gesagt werden: Wahrheit ist nie einfach gegeben, sondern muß er-fahren werden, wobei im deutschen Wort die praktischen Implikationen noch mitschwingen.

Wahrheit ist „vérité à faire" (AD dt. 269). Ihre Herstellung ist, wie Merleau-Ponty mit dem jungen Marx weiß, nichts anderes als das Herausstellen eines der Geschichte schon immanenten, „spontanen" Sinns. Zwar ist der Sinn der Geschichte nicht ihr zuvor, das heißt absolut, realisiert, gibt es ihn vielmehr nur insofern, als die Menschen selbst ihn realisieren. Doch ist diese Praxis keine creatio ex nihilo, keine reine Aktion einer absoluten, wurzellosen Freiheit – wie etwa bei Sartre (vgl. AD dt. 159–244) –, sondern die Übernahme eines im geschichtlichen Feld des Handelnden angelegten Sinnes, der als latenter, offener und zweideutiger freilich jeweils der Explikation bedarf. „Die experimentelle Geschichtsphilosophie" – als die J. Habermas Merleau-Pontys Marxismus versteht – „fahndet nicht mehr nach einem verborgenen Sinn; sie rettet ihn, indem sie ihn herstellt." [18]

So leistet der phänomenologische Rekurs auf die ursprüngliche Erfahrung den Übergang sowohl vom „solitaire cartésien" (SNS 257) zur sozialen Existenz als auch von der theoretischen Spiegelung der Welt zu praktischer Weltveränderung, und in beiden Hinsichten ist das Verständnis von Wahrheit betroffen. Die Übereinstimmung von Bewußtsein und Wirklichkeit muß sich im geschichtlich-sozialen Feld vollziehen als der zu suchende und praktisch herzustellende „Einklang von Ego-cogitans, Cogitatum und Alter-ego".[19] Metaphysik ist im Sinne Merleau-Pontys kein Gegensatz zur Geschichtsphilosophie, sondern sogar nur voll entwickelt als „Metaphysik der Geschichte" (RC 65). Diese betreibt keine Metaphysizierung der Geschichte, sondern sucht die Wahrheit in ihrer einzig erfahrbaren, geschichtlich-kontingenten Form. Was dabei alles in ‚Einklang‘ gebracht ist, wenn Wahr-

18 *J. Habermas*, Theorie und Praxis, Frankfurt a. M. ⁴1971, 425.
19 *R. W. Meyer*, a. a. O. 146.

heit erfahren wird, hat Merleau-Ponty in seiner Antrittsvorlesung am Collège de France zum Ausdruck gebracht: „Unser Verhältnis zur Wahrheit führt über die anderen. Entweder wir gehen den Weg der Wahrheit mit ihnen – oder es ist nicht der Weg, der zur Wahrheit führt. Doch liegt der Höhepunkt der Schwierigkeit darin, daß, wenn das Wahre kein Idol ist, die anderen auch keine Götter sind. Eine Wahrheit ohne sie gibt es nicht; andererseits ist die Solidarität mit ihnen nicht zureichend, um die Wahrheit zu erlangen . . . Es ist wahr, daß es keinen Richter in letzter Instanz gibt; es trifft zu, daß ich weder gemäß dem Wahren allein noch ausschließlich meinen Intentionen folgend noch gemäß dem anderen allein denke. Jeder dieser drei Gesichtspunkte bedarf nämlich der beiden anderen . . .[20] Das Rätsel der Philosophie ist nämlich, daß das Leben angesichts seiner selbst, angesichts der Mitmenschen und angesichts des Wahren bisweilen dasselbe ist. Diese Augenblicke rechtfertigen die Philosophie" (EP 39f.).

IV. Kontingenz und Aporie, Ambiguität und Leben

Wieso ist eine solche Philosophie der Endlichkeit, deren Grundlinien im vorausgehenden Abschnitt mit Akzent auf dem Wahrheitsverständnis skizziert wurden, als agnostisch zu bezeichnen?

Entsprechend der im Agnostizismus-Begriff angelegten und umgriffenen Unterscheidung zwischen der Unlösbarkeit der Wahrheitsfrage auf theoretischer Ebene und gleichzeitiger Zulassung nicht-theoretischer Antworten – eine Unterscheidung, die bei Merleau-Ponty auch werkimmanent abgestützt werden kann[21] – zerfällt diese Frage in zwei Teilfragen: 1. Wieso ist in dieser philosophischen Konzeption die metaphysische Wahrheitsfrage zwar zu stellen, aber nicht zu beantworten? 2. Welche nicht-theoretischen Lösungsmöglichkeiten sind durch diese philosophische Theorie zugelassen, und in welches Verhältnis setzt sich philosophische Reflexion zu ihnen?

20 Diese Stelle ist in deutscher Übersetzung kaum ohne sprachliche Holprigkeit wiederzugeben. Sie lautet im Original: „Il est vrai qu'il n'y a pas de juge en dernier ressort, que je ne pense ni selon le vrai seulement, ni selon moi seul, ni selon autrui seulement, parce que chacun des trois a besoin des deux autres" (EP 40). – A. Métraux übersetzt: „. . . daß ich weder gemäß dem Wahren allein noch gemäß meiner selbst denke. Jeder dieser drei Gesichtspunkte . . ." (Vorlesungen I, 31). Hier ist die sprachliche Unmöglichkeit „gemäß meiner" und die völlig ungerechtfertigte Unterschlagung des dritten Gesichtspunktes zu kritisieren. Dies ist eines von leider sehr zahlreichen Beispielen, die diese Übersetzung, die im Rahmen der deutschen Gesamtausgabe M-Ps erscheint, trotz eines pompösen philologischen Aufwands (24 Seiten Vorwort und 143 Seiten Anmerkungen des Übersetzers bei 249 Seiten übersetzten Textes!) gerade angesichts eines horrenden Verkaufspreises höchst unbefriedigend erscheinen lassen. Dem negativen Urteil P. Goods über diesen Übersetzungsband (vgl. Phil. Jahrb. 82 [1975] 213–217) kann man nur beipflichten.

21 Vgl. Anm. 4.

1. Die Gründe dafür, daß die metaphysische Wahrheitsfrage überhaupt gestellt werden kann, müssen gegen einen Skeptizismus gewonnen werden, der diese Möglichkeit grundsätzlich ausschließt. Da Agnostizismus oft mit Skeptizismus identifiziert wurde und wird, muß nach dieser Seite hin die Grenze recht genau markiert werden, während das andere in der Frage implizierte Moment, die dogmatische Behauptung der philosophischen Beantwortbarkeit der Wahrheitsfrage, kursorischer behandelt werden kann.

Gegen die skeptische Auffassung, alles sei zweifelhaft und man könne nichts Wahres wissen, führt Merleau-Ponty zunächst das traditionelle Argument ins Feld, das die skeptische These auf diese selber anwendet (vgl. PP dt. 454). Einem total irrenden Bewußtsein könnten seine Irrtümer gar nicht zu Bewußtsein kommen, Wahrheit könnte gar nicht zum Problem werden, wenn Sein und Schein in eins gesetzt werden. Doch woher stammt die Gewißheit, die der Skeptiker hinterrücks in Anspruch nimmt und die, recht verstanden, den Zweifel zum Stehen bringt? Hier hilft die Anwendung des Zweifels auf ihn selbst nicht mehr weiter, denn der Zweifel selbst kann wieder zweifelhaft werden, es kann gefragt werden, ob der Zweifel seinerseits wirklich oder künstlich ist, und so fort bis ins Endlose. Zwar ist ein solches schwindelerregendes Zweifeln nur auf der reinen Erlebensebene schweigend vollziehbar, denn um denkbar oder formulierbar zu sein, bedarf es zumindest *bestimmter* Fragen, die als solche schon Behauptungen implizieren. Dies macht auf den für Merleau-Ponty entscheidenden Punkt aufmerksam: Schon um als *skeptisches* Schweigen identifizierbar zu sein, muß es sich, wenn auch noch so rudimentär, ausdrücken und damit „in die Äquivokation und ins Spiel der Welt" (PP dt. 343) zurückkehren. Das Bewußtsein kann als intentionales nicht rein bei sich verbleiben. In der Welt seiend, erfährt es jedoch in allem Schein auch Sein. Was den totalen Zweifel zum Stehen bringt, ist also nicht eine absolute, ebenso totale Gewißheit – etwa die seiner selbst *als* Zweifel –, sondern die *faktische* Gewißheit des Weltglaubens (vgl. PP dt. 435–437.454–458).

Dies hat der „große und gesunde Skeptizismus" etwa eines Montaigne (vgl. S 250–266) im Grunde immer gewußt, wenn er bei allem Zweifel nicht das Faktum übersah, daß wir Meinungen haben, die zwar kritischer Prüfung nicht standhalten können, die aber wenigstens den *Anschein* von Wahrheit haben und so deren Idee vermitteln. „Die Kritik des menschlichen Wissens ruiniert es nur, wenn man die Idee eines totalen und absoluten Wissens beibehält; wenn man sich im Gegenteil davon frei macht, dann wird es als das einzig mögliche zum Maßstab aller Dinge und zum Äquivalent eines Absoluten" (S 261). Dieser „wahre Skeptizismus" verbleibt nicht in der Absurdität, sondern ist „Bewegung zur Wahrheit hin" (S 262). Er trifft sich darin mit Merleau-Pontys eigener Intention.

Was der „schlechte Skeptizismus" heimlich supponiert, um unsere faktischen Irrtümer zu erklären, das nimmt der Rationalismus offen in Anspruch, um unsere faktischen Wahrheiten zu legitimieren, nämlich ein absolutes Wissen. Es wird vom Rationalisten in dem auch beim Irrtum unzweifelhaft gegebenen Wissen des Bewußtseins um sich selbst gesehen. Die Richtigkeit dieses Gedankens braucht gar nicht in Abrede gestellt zu werden; er leistet nur nicht, was er verspricht, nämlich die Legitimation der wahren Erfahrungen und Gedanken, die wir de facto haben. Denn diese beanspruchen nicht lediglich, als *Akte*, sondern auch bezüglich ihrer *Inhalte* wahr zu sein (vgl. PP dt. 427–430). Eine Wahrnehmung, deren Gegenstand sich als falsch herausstellt, bleibt auch als Wahrnehmungs*akt* nicht bestehen; die vermeintliche Wahrnehmung war eben nur eine Illusion, ein Traum oder dergleichen.

Die Wahrheit des gegenständlichen Bewußtseins läßt sich nicht vom Selbstbewußtsein aus legitimieren. Indem der Rationalismus es dennoch versucht – schon seine erste Formulierung als These überschreitet den rein immanenten Bereich und tritt ein „in die Äquivokation und ins Spiel der Welt" –, wird er zwangsläufig zum *Dogmatismus*, der mehr behauptet, als sich in der Reflexion nachweisen läßt (vgl. PP dt. 343.452, VIV 62).

Skeptizismus und Rationalismus nehmen beide ihre Suche nach Wahrheit in der Bewußtseinsimmanenz auf als dem Bereich, wo in der Tat absolute Gewißheit erlangt werden kann. Doch können sie aufgrund der Intentionalität des Bewußtseins darin nicht verbleiben und müssen sich als *ontologische* Thesen formulieren. Beim Skeptizismus, für den die Differenz zwischen Innen und Außen, also die Irrtumsmöglichkeit, bestimmend ist, kann diese These nur negativ ausfallen: Alles ist Unsinn, alles Seiende absurd. Der Rationalismus dagegen, für den Bewußtsein per definitionem mit Wirklichkeit koinzidiert, überträgt die absolute Selbstgewißheit in die äußere Wirklichkeit und kommt so zu der These: Alles, was ist, ist wahr und hat Sinn.

Beide Positionen lösen die eigenartige Spannung, die im Weltglauben zwischen der Gewißheit des Ganzen und der Zweifelhaftigkeit jedes einzelnen herrscht, einseitig auf, wobei sie jeweils ein Moment richtig wiedergeben, also nicht rundweg falsch sind, die ‚Gesamtsituation' aber verfehlen. Merleau-Ponty dagegen setzt sich sozusagen im Weltglauben der Wahrnehmung, der Kontaktstelle zwischen Innen und Außen, fest. Die Phänomenalität, *sein* Ausgangspunkt, hält gleichsam die Mitte ein zwischen Sein und Schein. Über die Wahrheit dessen, was in der Erfahrung erscheint, wird nicht vorentschieden; diese Entscheidung ist dem Fortgang der Erfahrung überlassen, mit der einzigen Einschränkung, daß die Wahrheit hier und nirgendwo anders zu suchen sei. „Wahrheit auf einem Untergrund von Absurdität, Absurdität, die eine Teleologie des Bewußtseins in Wahrheit zu wandeln beansprucht – das selbst ist das originäre Phänomen" (PP dt. 344).

Merleau-Ponty hat seine ontologische Grundaussage wiederholt auf die Formel gebracht: „Es gibt Sinn" (PP dt. 344.452). Damit hält seine Ontologie, synchron zum methodischen Vorgehen, die Mitte ein zwischen dem skeptischen ‚Alles ist sinnlos' und dem dogmatischen ‚Alles hat Sinn'. Damit ist zugleich die metaphysische Wahrheitsfrage, die der Dogmatismus überhaupt nicht stellt und der Skeptizismus für generell unbeantwortbar erklärt, offengehalten.

Diese Behauptung, die die Antwort auf unsere erste Teilfrage enthält, bedarf der Erläuterung. Sieht man als die Grundfrage der Metaphysik, auf die sich auch noch die traditionellen metaphysischen Fragen nach Gott, Freiheit und Unsterblichkeit zusammenziehen lassen, mit Heidegger die Frage nach dem Grund des Seienden an – etwa folgendermaßen formuliert: „Warum ist überhaupt Seiendes und nicht vielmehr Nichts?" [22] –, dann läßt sich diese Frage nur unter der Voraussetzung sinnvoll stellen, daß zum Seienden eine ‚Alternative' wenigstens denkbar ist. Diese entfällt bei einem Dogmatismus, der das Seiende zum *Notwendigen* erklärt, indem er es direkt aus dem Sein ableitet. Gegenüber dieser dogmatischen Metaphysik, deren Spitzensatz bei Spinoza etwa lautet: „Das Sein ist", hält die Formel „Es gibt Sinn" an der Kontingenz des Wirklichen fest. Als Phänomen verbleibt das Wirkliche ständig in der Ambiguität zwischen Sein und Nichts. Es bewahrt an sich jene minimale Differenz, die denknotwendig ist, um etwas überhaupt wahrnehmen und die Frage nach dem Grund des Seienden überhaupt stellen zu können.

Dem Skeptizismus ist die Differenz der faktisch gegebenen zu anderen möglichen Welten ständig präsent. Darin liegt ja das treibende Motiv der Infragestellung der Wahrheit der wirklichen Welt, die als bloße *Möglichkeit*, eine von unendlich vielen, angesehen wird. Hier ist von dem Gedanken der Kontingenz reichlich Gebrauch gemacht, doch diese wird lediglich als *ontische* verstanden. Die Erfahrung der Wirklichkeit wird bezogen auf unsere zufällige psychophysische Konstitution. Ebendiese Kontingenz ist der Anlaß für den totalen Zweifel. Die Frage nach dem Grund des Seienden ist damit gestellt, aber sie zielt ins Bodenlose, und eine Antwort ist grundsätzlich unzugänglich.

---

22 *M. Heidegger*, Was ist Metaphysik?, Frankfurt a. M. [8]1960, 42.

Die ursprüngliche Erfahrung ist – darin hat der Skeptiker recht – eine faktische und somit kontingent. Es sind durchaus andere – ‚wahrere‘ – Erfahrungen denkbar als die gegebenen, mein Leben und die Welt könnten anders sein, als sie tatsächlich sind. Doch – so lautet Merleau-Pontys Rückfrage – woher beziehen wir unsere Vorstellungen von einer „wahren Welt“ und einem „wahren Leben“ wenn nicht aus der tatsächlichen Erfahrung? Diese ist zwar eine Tatsache, aber nicht nur eine unter anderen, sondern eine „Geltungstatsache, die jede andere umfaßt und bedingt“ (PP dt. 453). Das alle Wirklichkeit Gründende ist eine Tatsache, ein ‚Es gibt . . .‘ – dies ist die Behauptung des Weltglaubens, den philosophische Reflexion zwar hinterfragen, aber nicht definitiv ‚hintergehen‘ kann. „Die *ontologische Kontingenz*, die der Welt selbst, als eine radikale, ist . . . das, was ein für allemal unserer Idee der Wahrheit zugrunde liegt. Die Welt ist das Wirkliche, innerhalb dessen das Notwendige und das Mögliche nur Provinzen bilden“ (PP dt. 453).

Wenn als letzte Auskunft auf die Frage nach dem Grund des Seienden nur auf dessen Faktizität im ontologischen Sinne verwiesen werden kann, dann ist ein *Wissen* um diesen Grund prinzipiell nicht möglich. Es macht ja gerade das Skandalöse eines Faktums aus, daß es jeden angebbaren Grund übersteigt. Gegenüber der Welt als ganzer ist darum das *philosophische Staunen* die letztlich einzig mögliche und angemessene Haltung (vgl. EP 53). Dieses Staunen ist jedoch nicht Ausgangspunkt der Philosophie, sondern ihr Ergebnis, insofern erst das Suchen nach hinreichenden Gründen auf die letzte Unbegründbarkeit stößt. Aber jede Form von Szientismus, der außer in einer ihre Grundlagen nicht genügend reflektierenden Wissenschaft auch im religiösen Glauben an eine Weltschöpfung und im marxistischen Geschichtsoptimismus anzutreffen ist, erscheint angesichts der letzten Faktizität verfehlt. Der Grund des Seienden ist unvordenklich und eine Synthese der Welt infolgedessen unmöglich.

Daß das philosophische Staunen sich auf die Welt selbst und nicht auf ein ihr vorausliegendes Prinzip richtet, daß also präzis die Frage nach dem Grund des *Seienden* offengehalten wird, kann durch einen Seitenblick auf Heideggers Ontologie verdeutlicht werden. Der Unterschied läßt sich zuspitzen auf den zwischen „ontologischer Differenz“ (bei Heidegger) und „ontologischer Kontingenz“ (bei Merleau-Ponty).

R. Boehm hat überzeugend aufgewiesen, daß Heideggers Rede von der ontologischen Differenz insofern nicht genau auf den entscheidenden Punkt der metaphysischen Grundfrage abzielt, als er nur die fundierende Priorität des Seins gegenüber dem Seienden herausstellt, nicht jedoch auf die Frage nach dem hinreichenden Grund des Seienden selbst eingeht, da das Sein erklärtermaßen auch ohne das Seiende wesen kann.[23] Heidegger hat zwar in einem späteren Nachwort zu ‚Was ist Metaphysik?' in Abänderung seiner früheren Aussage festgehalten, „daß das Sein nie west ohne das Seiende",[24] doch es bleibe dahingestellt, inwieweit dieser Gedanke in seinem Denken wirklich zum Tragen gekommen ist. Merleau-Ponty jedenfalls nimmt die Angewiesenheit des Seins auf das Seiende so ernst, daß das Kontingente ontologische Valenz erhält, die „ontologische Kontingenz" sich vor die „ontologische Differenz" von Sein und Seiendem schiebt. Er faßt das Grundverhältnis als eine *wechselseitige Fundierung* auf, das als solches erfahrbar und phänomenologisch faßbar ist in der Ambiguität oder Dialektik der menschlichen Existenz.

Für die metaphysische Grundfrage folgt daraus, daß sie unbeantwortet bleiben muß, nicht weil die tautologisch-änigmatische Formel „Das Sein ist" keine Antwort bereithält, sondern weil die „Meditation des Seins" (RC 65), da im Seienden mediatisiert, prinzipiell unabschließbar ist. Das Seiende muß in dialektischer Auseinandersetzung mit anderem Seienden seinen Grund selbst beibringen, und „indem es das entschiedene Wesen eines Seienden sich anzueignen vermag, vollzieht es selber das Geschehen gleichsam eines Umschlages mit, in welchem sich ihm sein eigenes Sein neuerlich in die Differenz entzieht. So steht es hoffnungslos mit dem Seienden und seinem Sein in diesem Konflikt. Doch dies besagt nicht, daß nichts zu tun ist. Es besagt allerdings, daß es mit nichts je getan sein wird. Es besagt aber, daß alles zu tun ist, Sache der Tat: Alles ist Tatsache."[25]

So weist die Kontingenz des letzten Grundes, welche die Unbeantwortbarkeit der metaphysischen Grundfrage mit sich bringt, auch schon den Weg – wenigstens wenn man der Etymologie des Wortes ‚Tatsache' folgt – zur Überwindung der philosophischen Aporie in der Praxis.[26]

23 Vgl. *R. Boehm*, Chiasma. M-P und Heidegger, in: V. Klostermann (Hrsg.), Durchblicke, Martin Heidegger zum 80. Geburtstag, Frankfurt a. M. 1970, 369–393.

24 *M. Heidegger*, a. a. O. 46.

25 *R. Boehm*, a. a. O. 392.

26 Hier ist auf eine auch die Ontologie betreffende Entwicklung in M-Ps Denken hinzuweisen: Das erste Werk, SC, ist ontologisch sozusagen neutral, da sein Interesse primär erkenntnistheoretisch ist. In PP ist M-Ps eigene Ontologie nur implizit entwickelt; die Zurückweisung einer falschen Ontologie, der „ontologie de l'objet" (Interview vom 17. 2. 1958, in: *M. Chapsal*, Les Écrivains en personne, Paris 1973, 207–209), steht im Vordergrund. In den letzten Werken, besonders VIV, wird dann das Sein selbst thematisch. Doch auch diese „neue Ontologie" (VIV 222) im Stil Heideggers ist kein völlig neuer Ansatz, sondern verdankt sich weitgehend einer vertiefenden Neuinterpretation der phänomenologischen Analysen. Den Grundgedanken der wechselseitigen Fundierung von Seiendem und Sein („Visible" und „Invisible") durchhaltend, kann auch sie nur indirekt vom Sein sprechen. Die Entwicklung der Ontologie M-Ps ist also eine weniger hinsichtlich des Inhalts als des Grades der Ausdrücklichkeit. Das gibt uns das Recht, in dieser Studie die werkimmanente Entwicklung zu vernachläs-

2. Die philosophische Reflexion, die ihre Aporie vor der metaphysischen Wahrheitsfrage bekennen muß, weiß sich umfaßt von etwas, das sich theoretisch nicht mehr beherrschen läßt, vor dem der Philosoph schweigen muß, wie die letzten Sätze der ‚Phänomenologie der Wahrnehmung‘ sagen. Es hat bei Merleau-Ponty verschiedene Namen – Zur-Welt-Sein, Existenz, Erfahrung –, die alle das gleiche meinen: das gelebte Verhältnis zur Welt und den Menschen, das sich – wenn man schematisieren will – in ein präreflexives Leben und eine postreflexive Praxis aufteilen läßt. Hier liegt das „letzte ontologische Vermögen" (VIV 148); hier wird Wahrheit *vollzogen*, insofern jeder menschliche Akt, angefangen von der einfachsten sinnlichen Wahrnehmung bis zur Entscheidung des ‚Helden‘ der Résistance, in einer Präsumtion über das hinausgeht, was gewiß gegeben und philosophisch-reflexiv aufweisbar ist. „Nicht anders ist ‚Aufrichtigkeit‘ zu erlangen, als durch Verabschiedung aller Skrupel: indem man sich geschlossenen Auges ins ‚Handeln‘ stürzt" (PP dt. 436). In einer Welt, die als solche gewiß ist, *in* der es aber nur Wahrscheinlichkeiten gibt (vgl. SNS 167, HT dt. I 139f.), hat jeder bestimmte Akt den Charakter einer *Entscheidung*, ist jeder Versuch, über die Wahrscheinlichkeit hinaus Sicherheit zu erlangen, *Ideologie*. Die Konsequenz für die Praxis muß dann, als Maxime formuliert, lauten: „Entscheidet euch im Risiko!" (HT dt. I 30). Ein reiner *Dezisionismus* scheint die unausweichliche Konsequenz einer aporetischen Philosophie zu sein.

Doch dies ist, wie Merleau-Ponty besonders auf geschichtsphilosophischem Gebiet herausarbeitet, nur „die halbe Wahrheit": „Beschriebe man die Geschichte als das Nebeneinander nicht zu rechtfertigender Entscheidungen, so verschwiege man die Tatsache, daß jedes Bewußtsein sich mit den anderen in eine gemeinsame Geschichte verstrickt fühlt, daß es Argumente anführt, um zu überzeugen, daß es seine und ihre Wahrscheinlichkeit wägt und vergleicht und . . . ein Terrain mutmaßlicher Rationalität inauguriert, wo ihre Debatte Statt und Sinn haben könnte. Die Dialektik von Subjektivem und Objektivem ist kein simpler Widerspruch, . . . sie zeugt vielmehr von unserem Wurzelfassen in der Wahrheit" (HT dt. I 139f.). Hier wird die Struktur des Weltglaubens erkennbar, die jede Entscheidung in einen umfassenden Horizont der Wahrheit einzuordnen und so grundsätzlich der Rationalität zugänglich zu halten vermag. Die generelle Gewißheit, daß „Unsinn oder ontologische Leere" (VIV 156) nicht das letzte Wort sein können, daß es, wenn schon nicht einen Sinn der Geschichte, so doch wenigstens

sigen und uns, der Fragestellung entsprechend, auf die mittlere Phase zu konzentrieren. Von einer ‚Kehre‘ oder M-P I und II kann sowieso keine Rede sein. Zum gesamten Problem vgl. *F. Heidsieck*, L'Ontologie de M-P, Paris 1971, 103–117.

eine fortschreitende Beseitigung des Unsinns gibt (vgl. AD dt. 50), bietet die Möglichkeit, das Nichtwissen selbst zu diskutieren. So ist zwar jedes konkrete Denken und Handeln Ideologie, aber umgekehrt auch keine Ideologie ohne jeden Bezug zur Wahrheit.

Dies besagt, daß Wahrheit Korrelat weder eines irrationalen, blinden Handelns noch einer spekulativen Vernunft ist, sondern ‚Wegweiser‘ einer *„rationalité engagée"*, die dann selbst nicht Prinzip, sondern *Methode* der Wahrheit ist. Diese Rationalität ist am Werk in den spontanen Sinnstiftungen der menschlichen Existenz und Geschichte. Sie kommt zum Ausdruck in den „symbolischen Systemen" (EP 65), die die menschliche Kultur ausmachen und unter denen Merleau-Ponty Sprache, Malerei, politische und religiöse Institutionen, Verwandtschaftsbeziehungen und Produktionsweisen besonders hervorhebt. Philosophie selbst ist eines dieser symbolischen Systeme, insofern auch die Reflexion an das Leben zurückgebunden und auf Praxis hingeordnet ist. Auch sie ist als Versuch zu werten, unsere Geschichte zu verantworten – „ein Akt der Gewalt, der durch die Tat sich bewährt" (PP dt. 18), eben Ontologie der Geschichte in praktischer Absicht.

Das Besondere der Philosophie als symbolisches System besteht nun jedoch darin, nicht auch noch Ideologie – selbst im neutralen, keineswegs pejorativen Verständnis genommen – zu produzieren, sondern allen Ideologiebildungen auf den Grund zu gehen. „Die Philosophie wendet sich zu der anonymen symbolischen Aktivität zurück, aus der wir hervortauchen, und zur persönlichen Rede hin, die in uns Gestalt annimmt und die wir selber sind, sie erforscht jenes Ausdrucksvermögen, das die anderen Symbolismen nur ausüben . . . Sie gewinnt zurück und treibt über jede Grenze hinaus das Werden der Wahrheit, das voraussetzt und bewirkt, daß es eine einzige Geschichte und eine einzige Welt gibt" (EP 67). Philosophie ist „Bewußtsein der Rationalität in der Kontingenz" (S 140) oder „Genealogie des Wahren" – wie ein bezeichnender Arbeitstitel für Merleau-Pontys letztes Werk lautet (vgl. VIV 9). Die für dieses Werk charakteristische Gleichsetzung von Philosophie mit „interrogation", der „Befragung" allen konstituierten Wissens nach seinem Ursprung, zeigt an, wie sich das philosophische Staunen konkret zu artikulieren hat.

Die Überschreitung der philosophischen Aporie in der Praxis bedeutet also keineswegs, daß diese nun als deus ex machina die Lösung der metaphysischen Wahrheitsfrage parat hält. Eine Philosophie, die kein Absolutes kennt, kann auch die menschliche Praxis nicht zu einem solchen hochstilisieren. Das Verhältnis von Theorie und Praxis ist selbst nochmals zweideutig und unauflösbar dialektisch.

Das Verhältnis der Philosophie zu Leben und Praxis und den daraus er-
wachsenden symbolischen Systemen kann vielleicht am besten an der *Religion* verdeutlicht werden. Philosophische Kritik der Religion geschieht
nicht ‚von außen', indem sie sie etwa als bloßes Epiphänomen einer bestimmten Verfaßtheit des menschlichen Bewußtseins oder der gesellschaftlichen Verhältnisse interpretiert. Dies hieße, die Kontingenz des religiösen
Bewußtseins lediglich ontisch verstehen. Ein solcher Reduktionismus, dem
die Denkfigur des „schlechten Skeptizismus" zugrunde liegt, „maskiert" lediglich das Problem (vgl. SNS 155 f.). Nach Merleau-Ponty *„versteht"* die
Philosophie vielmehr die Religion – nämlich als „eine der Ausdrucksformen
des zentralen Phänomens" (EP 54). Sie negiert nicht „das Problem, das
Gott im Bewußtsein hat entstehen lassen" (EP 53); es ist das Problem der
Kontingenz, das ja – wie gesehen – auch ihr Grundproblem darstellt. Sie
radikalisiert vielmehr dieses Problem, indem sie es *als Problem* bestehen
läßt. Religion dagegen *löst* es durch die Annahme eines notwendigen Wesens, auf das alles Kontingente zurückgeführt wird. Als „Lösung" verfällt
die Religion der philosophischen Kritik, während sie als „Schrei" (SNS 169)
und als „symbolischer Ausdruck des menschlichen und sozialen Dramas"
(SNS 225), das heißt als Problemformulierung, wahr bleibt.

Ohne in die inhaltliche Auseinandersetzung mit dieser Religionskritik einzutreten,[27] kann man doch feststellen, daß der Agnostizismus Merleau-Pontys, indem er auf dem Problem gegenüber jeder „Lösung" insistiert, einen
eigenen Typus von Religionskritik hervortreibt, der nicht auf den atheistischen zurückgeführt werden kann. Während der Atheismus auf gleicher
Ebene wie die Religion dieser nur ein anderes Erklärungsprinzip („der
Mensch") entgegensetzt und sich so als umgedrehter Theismus („Anthro-
potheismus" – EP 51) erweist, situiert sich die philosophisch-agnostische
Kritik auf einer anderen, *vor* allen „Lösungen" gelegenen Ebene.

Andererseits ist das philosophische Verstehen der Religion, das heißt die
„Genealogie" ihrer Wahrheit aus dem Kontingenzproblem, für diese nicht
so harmlos, wie es auf den ersten Blick scheinen mag. Merleau-Ponty selbst
verhehlt nicht, daß das „Verstehen" zur Praxis der Religion in größerer
Spannung steht als das „Erklären" (vgl. S 180). Das Verhältnis von philosophischer Theorie und religiöser Praxis ist nicht als eine – wie ‚locker' auch
immer gefaßte – *einlinige* Beziehung von Frage und Antwort zu sehen, denn

---

27 Es kann beispielsweise gefragt werden, ob mit dem ens necessarium wirklich das Zentrum des
christlichen Gottesgedankens getroffen ist. (Eine andere Frage freilich ist, wieweit damit eine
gepredigte und gelebte ‚Populartheologie' getroffen ist.) In späteren Texten identifiziert M-P
das Christentum nicht mehr völlig mit dem von ihm kritisierten Theismus und gesteht erste-
rem zu, in seiner religiösen Affirmation das Problem nicht zu überspielen. Vgl. S 176–185.

das Insistieren auf der Aporie stellt selbst wenn auch keine Antwort im üblichen Sinne, so doch eine Option dar, die mit der religiösen Option im Streit liegt. Was sich hier gegenübersteht, ist selbst jeweils zweideutig, da Religion keine beliebige Option, sondern *die* Wahrheit sein will und der philosophische Wahrheitswille sich nur in einer Option realisieren kann.

Dies sind auf einem konkreten Problemfeld die abenteuerlichen Wege einer Dialektik, die sich als Ausdruck der Zweideutigkeit des Lebens versteht und deshalb nicht in eine theoretisch befriedigende Synthese gebracht werden kann. Diese aporetische Philosophie setzt sich zu den nicht-philosophischen ‚Lösungen‘ des Wahrheitsproblems selbst nochmals in ein dialektisches Verhältnis. Endet sie damit – so drängt sich als abschließende Frage auf – nicht doch in einem „schlechten Skeptizismus“?

Der Wille zur Rationalität als der Methode der Wahrheit ist bei Merleau-Ponty unverkennbar. Seine Philosophie der Zweideutigkeit erwächst gerade aus dem Bestreben, die Zweideutigkeit nicht einfach zu „erdulden“ – das wäre „schlechte Ambiguität“ und „schlechter Skeptizismus“ –, sondern sie „aufzunehmen“ und zu thematisieren (vgl. CH 220, EP 10). Nur so ist die dem Menschen allein mögliche Form von Wahrheit zu gründen. Selbst wo diese Philosophie an ihre Grenze stößt, das heißt auf die Notwendigkeit der Entscheidung, fällt sie nicht in Resignation. Ihr Wille zu Wahrheit und Universalität kann sich mit dem Dilemma, zwischen partiellen Möglichkeiten wählen zu müssen, nicht zufriedengeben. Sie „stößt sich am Manichäismus des Engagements“ (S 180) und kann auf die Aufgabe der *Vermittlung* nur um den Preis ihrer Selbstaufhebung verzichten (vgl. S 184). Menschliche Erfahrung enthält beide Momente, das Engagement der Entscheidung und das Vermögen des Entzugs („arrachement“ – PP 516) durch die Reflexion. Indem die Philosophie diese Dialektik ausdrücklich macht, drängt sie auf ihre Überwindung.[28]

28 Hier ergibt sich von M-P her die Möglichkeit, die praktische Funktion einer agnostischen Philosophie noch einen Schritt weiterzutreiben, als sie in *H. R. Schlettes* Aufnahme und Weiterführung des älteren Agnostizismus schon gekommen ist (vgl. bes.: Aporie und Glaube, München 1970, 36–78; Skeptische Religionsphilosophie, Freiburg 1972, 13–43). Wenn Schlette den Sinn der Aporie in der Entscheidungsmöglichkeit und damit der Ermöglichung von Freiheit sieht (vgl. Aporie u. Glaube, 43f.), ist ein rein resignatives und quietistisches Verständnis des Agnostizismus abgewehrt. Aber er nimmt das Dilemma, in dem sich die Notwendigkeit der Entscheidung ergibt, als gegeben hin. Rebus sic stantibus kann sich Freiheit tatsächlich nur als Wahl realisieren; darüber kommt auch M-Ps Konzeption nicht hinaus. Aber das in jeder Wahl implizierte Entzugsvermögen drängt auf Veränderung des Kontextes der Entscheidung (vgl. etwa VIV 142). Angesichts schlecht gestellter Fragen ist die Wahl zu verweigern und statt dessen Aufklärung zu verlangen (vgl. HT dt. I, 23). Der Handelnde wählt sozusagen so, daß sich ihm das nächstemal andere, neue Wahlmöglichkeiten stellen. So verstanden, ist innerhalb einer Hermeneutik der Entscheidungen (vgl. *Schlette*, Aporie und Glaube, 45) die Kritik der Entscheidungsvorgaben zu akzentuieren. – Auf allgemeinster Ebene steht

Doch sind die philosophischen Mittel Merleau-Pontys dieser Intention angemessen? Ist das Bewußtsein, das die Situiertheit und Dialektik des Bewußtseins erkennt, von diesem nicht wenigstens graduell unterschieden? Merleau-Ponty, der diesen Gradunterschied nie geleugnet hat, sucht ihn in seinem Spätwerk in einem neuen, mehr Differenzierungen ermöglichenden Modell zu fassen: An die Stelle der Wahrnehmung tritt die *Sprache* als Grundmodell der Wirklichkeitserfahrung. Entsprechend wird auch der ontologische Monismus abgemildert, ohne in einen Dualismus zurückzufallen: In Sprache und Malerei manifestiert das „rohe" oder „wilde Sein" (VIV 10 u. ö., S 31) seinen eigenen Sinn, vorgängig zu den menschlichen Sinnentwürfen; das Sichtbare erscheint immer nur auf einem Hintergrund – nun nicht mehr von „Welt", sondern von „Unsichtbarkeit". In bisheriger Terminologie ausgedrückt, dürfte dies auf eine stärkere Differenzierung von Wirklichkeit und Wahrheit hinauslaufen.

Daß dennoch der aporetische Tenor damit nicht aufgegeben wird, kann an einem Zitat aus Merleau-Pontys letztem Werk gezeigt werden. Dort nimmt er den Gedanken, der unserem Versuch als Motto vorangestellt wurde, wieder auf, allerdings mit einem bezeichnenden Zusatz: „Wie es ausgeschlossen ist, daß die Frage ohne Antwort bleibt, pure Offenheit auf ein transzendentes Sein, so ist es auch ausgeschlossen, daß die Antwort in der Frage enthalten ist . . ." (VIV 161). Dies sind die beiden ‚Sicherheiten' eines Denkens, das zwischen skeptizistischer und dogmatischer Einseitigkeit den agnostischen Mittelweg geht.

hier das Verhältnis von Freiheit und Wahrheit zur Diskussion. Insofern bei M-P die Übereinstimmung mit sich selbst ein Moment der Wahrheit ausmacht, ist die Freiheit in der Wahrheit impliziert – wenigstens im „präsumtiven Grenzbegriff" der Wahrheit.

Rupert Neudeck

André Malraux'
heroischer Agnostizismus

Die bekannte und verbürgte Tatsache, daß sich André Malraux selbst als
Agnostiker bezeichnet hat[1] und von anderen als Agnostiker beschrieben
wurde,[2] sagt noch nichts darüber aus, in welcher Weise und wie qualifiziert
er diesen Agnostizismus verstanden hat. Dazu kommt eine Schwierigkeit,
die beim Schreiben über Malraux im Zusammenhang des Themas dieses
Buches besonders deutlich wird: Dieser Beitrag hat es nicht mit einem veri-
tablen Philosophen zu tun. Ich versuche also, in der mir von meinem Dar-
stellungsobjekt diktierten Sprache, die nicht die eines systematischen Zusammenhangs ist, sondern eine literarische, im Werk von André Malraux
bestimmte Strukturen herauszuarbeiten, die den Agnostizismus des Autors
kennzeichnen oder mit diesem Agnostizismus in einer engen Verbindung
stehen. Um die Verwirrung nicht zu steigern, möchte ich der allgemeinen
Verständigung dadurch dienen, daß ich einen kurzen Abriß des Lebens dieses Mannes und seiner wichtigsten Werke vorausschicke.

I. Biographisches

André Malraux ist kurz nach der Jahrhundertwende (3. November 1901) in
Paris geboren. Als Sohn reicher, gutbürgerlicher Eltern lebte er eine sorg-
lose, unbeschwerte Jugend, später das Leben eines Dandy und intellektuellen Farfelu in den Pariser literarischen Salons. Das ungebundene Leben,
die frühe Anerkennung aufgrund eigener literarischer Arbeiten befriedig-
ten ihn auf die Dauer nicht; er suchte das ‚Abenteuer‘ auf einer Reise nach
Südostasien, die zunächst der Entdeckung verborgener Kunstschätze gewidmet war. Infolge politischer Intrigen wurde er wegen eines sogenannten
Kunstraubs in Kambodgia angeklagt (sogenannt deshalb, weil ganz Europa
sich in der Dritten Welt bedient, nicht nur was Rohstoffe, Nahrungs- und

---

1 Malraux „se classe lui-même parmi les agnostiques". So *P. Bockel*, Métaphysique de l'Agnosticisme, in: Malraux – Être et Dire – Néocritique de Malraux, Paris 1976, 82.
2 *E. Mounier*, André Malraux – le conquérant aveugle, in: Malraux – Camus – Sartre – Berna-
 nos. L'Espoir des Désespérés, Paris 1953, 25.

Genußmittel angeht, sondern auch für europäische Museen und Zoos wird die Dritte Welt geplündert) und aus der Haft nur dank dem vereinigten Widerstand der Pariser Intellektuellen entlassen. In Saigon gab Malraux gemeinsam mit Edgar Mounin die progressive, antikolonialistische Zeitschrift ,L'Indochine' heraus (erste Ausgabe: 17. Juni 1925). 1928 – nach Beendigung seiner Abenteuer-Zeit in Indochina – kommt sein erster südostasiatischer Roman ,Les Conquérants' heraus, 1933 folgt sein zweiter: ,La Condition humaine' (deutsch unter dem Titel: ,So lebt der Mensch'). Seit seiner Indochina-Zeit engagiert sich Malraux politisch, 1934 wird er zum Präsidenten des weltweiten Komitees gewählt, das zur Befreiung des bulgarischen Kommunisten Georgi Dimitroff gegründet wird. 1936 organisiert Malraux die Luftwaffe im Dienst der Republikaner während des spanischen Bürgerkriegs; er nimmt selbst als Pilot an den Kämpfen um Spanien teil. Über diese Spanien-Erfahrungen schreibt er seinen Roman ,L'Espoir', zeitgleich mit den Kämpfen dreht er zudem den Film gleichen Titels, der Fragment bleibt. Unter der faschistischen Okkupation Frankreichs trifft man ihn an vorderster Stelle in der ,Résistance'. Unter dem Résistant-Namen Colonel Berger bekommt sein Name für die Franzosen legendäre Züge. Nach dem Kriege wendet er sich zur Überraschung vieler der politisch-konservativen Sammlungsbewegung de Gaulles zu und tritt für kurze Zeit als Informationsminister in die Regierung des Generals ein. Zwischenzeitlich versenkt er sich in umfangreiche Kunststudien. 1967 wird er noch einmal unter de Gaulle Minister, diesmal für die Kultur. Im selben Jahr beginnt er ein umfängliches Memoirenwerk zu publizieren (erster Band: ,Antimemoiren'), das bis heute nicht vollständig erschienen ist. Nach einer schweren Operation schreibt er als vom Tode Gezeichneter auf dem Krankenbett ,Lazare' (1974), Meditationen des alten, kranken Malraux über den Sinn seines Lebens, seiner ,aventures', seiner politischen Eroberungen.

Im Unterschied zu Jean-Paul Sartre hat Malraux in seiner Jugend und Kindheit den Glauben und die Kirche nicht als ihn überwältigendes, erdrückendes Erziehungsziel erfahren, sondern als Kunstform, als eine geschichtliche Bewegung, die in der Kunstgeschichte zu einem ungeheuren Reichtum geführt hat. In seiner Familie erfährt Georges André Malraux Toleranz und Offenheit. Man ist katholisch, gewiß, aber man will, daß alle Glaubensformen und Lebensweisen sich entfalten. So kommt es zu einem Erlebnis, das Malraux nie vergessen wird und das ihn geprägt hat – auch und gerade als toleranten Agnostiker: Man wollte in dem Pariser Viertel, in dem die Malraux' wohnten, der jüdischen Kommunität einen Saal verweigern, in dem sie sich hätte versammeln können; empört über eine solche Kleinigkeit, bot Malraux' Vater dem Rabbiner der Gemeinde einen großen Raum in seiner Wohnung als Versammlungsort an. Ähnlich verfuhr er, als ein Zirkus keinen Platz bekommen sollte, sofort wies er dem Ensemble einen Ort auf seinen Besitztümern zu . . .

Alle Religionen erlebt der Abenteurer und Farfelu Malraux zunächst als die von ihm so empfundene Apotheose der Kunst: Er kann deshalb die Religionen nicht genug rühmen und preisen, daß sie die Animatoren von soviel künstlerisch-kreativem Reichtum sind.

Auch als Malraux später mit den Werken von Nietzsche und Marx bekannt wird und dabei zwei Positionen kennenlernt, die die Religion verwerfen (Nietzsche) bzw. dialektisch als ,Opium des Volkes' klassifizieren, hat sich diese weltoffene und kunstbegeisterte Haltung schon so in ihn eingeprägt, daß er zeit seines Lebens – mit wichtigen Nuancen – „se classe lui-même parmi les agnostiques, encore que l'athéisme lui fasse horreur" (Pierre Bockel).[3] Der Atheismus als starre, intolerante Haltung erscheint ihm wie ein Spiegelbild zur dogmatisch-orthodoxen Haltung der Kirchenfanatiker. Er hat von seiner Erziehung her keinen Anlaß, auf Gott, auf den Gott der christlichen Kirchen, wütend zu sein; als Kind ist er nicht so erzogen und behandelt worden, daß er seine Situation so erlebt und empfunden hätte, wie es Jean-Paul Sartre in seiner Kindheitsbiographie ,Les Mots' beschreibt: „Ich hatte mit Streichhölzern gespielt und einen kleinen Teppich versengt; ich war im Begriff, meine Untat zu vertuschen, als plötzlich Gott mich sah. Ich fühlte Seinen Blick im Innern meines Kopfes und auf meinen Händen; ich drehte mich im Badezimmer bald hierhin, bald dorthin, grauenhaft sichtbar, eine lebende Zielscheibe. Mich rettete meine Wut: ich wurde furchtbar böse wegen dieser dreisten Taktlosigkeit, ich fluchte, ich gebrauchte alle Flüche meines Großvaters. Gott sah mich seitdem nie wieder an."[4] Eher trifft schon das auf Malraux zu, was Sartre von seiner Großmutter in diesem Zusammenhang schreibt: „Sie glaubte an nichts; nur ihre Skepsis verhinderte, daß sie zur Atheistin wurde." Malraux' Haltung zur Religion und zum Christentum läßt sich mit derjenigen Camus' vergleichen, der sich mit den Christen immer im Kampf um die Gerechtigkeit einig wußte oder zumindest die Christen auf diese mögliche und wohl nötige Einheit aufmerksam machen wollte. Mit dem Camus, der 1946 den Christen im Dominikanerkloster Latour zurief: „Es kann sein . . ., daß (das Christentum) beharrlich weiter Kompromisse schließt oder seine Verurteilungen weiter in

---

3 Für alle biographischen Details lese man die einzig zuverlässige Biographie von *J. Lacouture* nach, die 1975 in den Editions du Seuil herauskam (,André Malraux – Une vie dans le siècle') und die dringend einer deutschen Übersetzung bedarf. – *P. Bockel*, a. a. O. 81–91.

4 *J.-P. Sartre*, Les Mots, Paris 1964; hier zitiert nach der deutschen Übersetzung von H. Mayer, Hamburg 1965, 59.

das dunkle Gewand der Enzyklika kleidet. Es kann sein, daß es sich darauf versteift, sich endgültig die Tugend der Auflehnung und der Empörung entreißen zu lassen, die ihm vor langer Zeit eigen war."[5] Genau diese Anfrage hatte Malraux ausgesprochen/unausgesprochen an das Christentum. Vielleicht war er später gegenüber Camus in der besseren Situation, als er mit Christen zusammen war, die mit ihm den gemeinsamen Kampf auch wirklich kämpften. Pierre Bockel beschreibt Malraux als einen „aventurier des justes causes". Dieser Kampf formte Christen und Nicht-Christen zu einer brüderlichen Gruppe, zu einer „fraternité", die der Beginn war „d'une communication de l'incommunicable".[6]

Und Pierre Bockel war nicht der einzige ‚authentische Christ', der mit Malraux für die Gerechtigkeit kämpfte. Im Spanienkrieg war Malraux mit dem katholischen Schriftsteller José Antonio Bergamín befreundet, der im Spanienroman ‚L'Espoir' als Guernico auftaucht. Auch zeigt sich der Autor des Romans ohne jede atheistische oder agnostische Aggressivität mit vielen Haltungen und Nuancen von Haltungen zur Kirche vertraut. Manuel, der Kommandant einer Gruppe von Freiwilligen, der sehr schnell zum Brigadegeneral avanciert, kommt zum Kommunismus aus enttäuschter Liebe zur Kirche. Er behält und hütet eine Idee von der Kirche und vom Christentum, die er durch die konkrete, klerikale Kirche nur besudelt und aufgegeben sieht: Manuel beschreibt dem Leser seine von der Kirche zerstörte Kindheit und was sie, die Kirche, „mit unseren Frauen gemacht hat. Und mit unseren Frauen? Sie hat sie zwei Dinge gelehrt: zu gehorchen und zu schlafen."[7]

Wie andere Denker und Schriftsteller seiner Zeit hat Malraux das Drama der zerbrechenden Welt, des ‚monde cassé', erfahren, einer Welt, die den Schutz nicht mehr bietet, der aus der Eindeutigkeit politischer Werte hervorgehen kann. Im Gegenteil: Die Werte müssen erkämpft und erstritten werden, sie sind in jedem Moment auch wieder bedroht, weil es über sie keinen Konsens mehr gibt. Die totalitären Systeme halten sich für an keinen der Werte gebunden, die in der Geschichte der Menschenrechte in Europa kodifiziert und wenigstens postulatorisches Allgemeingut wurden. Die Romane der Frühzeit Malraux' – also vor allem ‚Les Conquérants', ‚La Condition humaine' wie auch ‚L'Espoir' – zeigen Menschen in diesem Kampf, „Heilige ohne Gott" (wie man sie mit Tarrou aus Albert Camus' Roman ‚La Peste' nennen könnte), die in diesem Kampf um die „menschliche Würde und die Gerechtigkeit ihre Einsamkeit sprengen und das Band

5 *A. Camus*, Der Ungläubige und die Christen, in: Fragen der Zeit, Reinbek 1970, 63.
6 *P. Bockel*, a. a. O. 83.
7 L'Espoir, Paris 1937, 612.

der Brüderlichkeit entdecken". Diese Frühromane zeigen allesamt dieses Drama des Kampfes und der Askese, bei dem die Kämpfer, brüderlich vereint, eine ‚Heiligkeit' erreichen und einen Heroismus, die nicht auf einen transzendenten Sinn bezogen sind, auch keinen ‚Grund' haben, kein „au nom de quoi" kennen, aufgrund dessen sie geleistet werden – außer der gemeinsam erfahrenen „condition humaine", die zur Solidarität und Brüderlichkeit führt.

Malraux hält den Spöttern und Realpolitikern, die abschätzig fragen, was denn das überhaupt sei: die Würde des Menschen, was es denn sei über das bloße Wort hinaus (so fragt der Polizist Kyo in ‚La Condition humaine'), mit Kyo entgegen: „Das Gegenteil von Erniedrigung. Wenn man von dort herkommt, wo ich war, will das einiges sagen." [8]

Und Hugo entdeckt zugleich – ähnlich wie der Journalist Rambert in Camus' Roman ‚La Peste' –, daß der Kampf und der mögliche Tod bei diesem Kampf um die „dignité", von der Einsamkeit befreit: „Er hatte für das gekämpft, womit er als mit dem starken Sinn und der großen Hoffnung beauftragt war. Er starb unter jenen, unter denen er hatte leben wollen. Er starb, indem er wie jeder dieser Menschen – seinem Leben einen Sinn gegeben hatte. Was wäre ein Leben wert, für das ich nicht akzeptieren würde zu sterben? Es ist leicht zu sterben, wenn man nicht einsam stirbt." [9]

Malraux hat im Lauf der Zeit mit Neugierde, ja manchmal mit Ehrfurcht die Religionen, ja auch und gerade das Christentum, studiert. Man könnte den potentiellen Konvertiten in ihm sehen, wenn man einige seiner Äußerungen im Sinn und Interesse einer proselytischen Kirche auswertet. Aber im Grunde ist er bei seiner Position geblieben, die er schon in dem Frühroman ‚La Tentation de l'Orient' so formuliert hatte: Der christliche Glaube ist „l'amour, et l'apaisement est en elle. Je ne l'accepterais jamais; je ne m'abaisserai pas à lui demander l'apaisement auquel ma faiblesse m'appelle." [10] Nichts deutet an, daß er, Malraux, diese Position verlassen hat. Am Schluß der ‚Noyers de l'Altenburg' heißt es: „Vielleicht ist die Angst immer

8 La Condition humaine, Paris 1933, 275.
9 Da er sich dem gemeinsamen Kampf um die „justes causes", um die „justice" einfügt, gewinnt Hugo in ‚La Condition humaine' das „wir", das „nous" der sich gegenseitig aus der Vereinzelung und Einsamkeit befreienden Individuen, versammelt im „donc nous sommes" des Revolte-Ansatzes von *Albert Camus*: „Je me révolte, donc nous sommes" (L'Homme révolté, in: Essais [Bibl. de la Pléiade], Paris 1965, 432). – Der Kampf um die Gerechtigkeit, um die politisch und mit dem Einsatz der eigenen Person zu gewinnende „justice" ist das Leitthema des Lebens von Malraux. Der Inder *G. Mookerjee* schreibt in seinem Aufsatz über die Beziehungen Malraux' zum indischen Denken: „La justice, le combat pour la justice, les justes causes et la reconnaissance de la primauté de la justice sont les idées auxquelles Malraux est le plus sensible et dont il fait le thème central de ses actes et de ses écrits" (in: Malraux – Être et Dire, 149).
10 La Tentation de l'Orient, Paris 1926, 175.

die stärkste Kraft, vielleicht ist sie vergiftet von allem Anfang an, vielleicht wurde die Freude nur dem Lebewesen gegeben, das weiß, daß es nicht ewig ist."[11] Es bleiben aber Bilder, die von einer geheimen Sehnsucht sprechen, Bilder, in denen Malraux von der Hoffnung oder Aufgabe eines Blinden spricht, eine Metapher, die in unserem Zusammenhang viel bedeutet. In den Tagen des Falls von Madrid hört der alte Alvear hinter den geschlossenen Läden die Internationale: „Wenn die Mauren gleich eintreten, dann wird die letzte Sache, die ich gehört habe, dieser Gesang der Hoffnung sein, den ein Blinder gespielt hat."[12] Nur die Blinden können diese letzte Hoffnung tragen, die, die sehen, müssen weiterkämpfen.

II. Der ‚point de départ': „l'absurde"

Dieser Ausgangspunkt im Frühwerk Malraux' ist total. Der Mensch ist ohne Aussicht auf Sinn: Er ist zwischen zwei Abgründe oder zwei Mauern geworfen. Er ist in das Gefängnis seiner selbst gesetzt, eingesperrt zwischen der Fatalität des Todes wie der der Geburt, wobei die erstere die letztere nur reproduziert. Oder, wie Sartre sagt: „C'est l'identité de la naissance et de la mort que nous nommons facticité."[13]

Kaum jemand hat den Ausgangspunkt aller ‚Existenzphilosophie' wie dessen, was man in Frankreich ‚l'existentialisme' nannte, prägnanter, unüberhörbarer gezeichnet als André Malraux in seinen frühen Romanen – und dies etwa zwanzig Jahre vor Sartres großen philosophischen Arbeiten.

Der Mensch ist in die totale Einsamkeit hineingehalten, jegliche Unterstützung von außerhalb der Aktion, sei es ein Glaube oder eine „fidélité" oder eine Frömmigkeit, sind dem Menschen in Malraux' Romanen genommen. Der Humanismus kann nicht mehr aufrechterhalten werden, sein Pathos fällt von ihm ab, er hat sein Licht schon lange ausgeblasen, das Drama des „humanisme athée"[14] hat sich nach Malraux lange erfüllt. Malraux gibt diesem Konstrukt den Abschied: „Die absolute Realität war für sie Gott, dann der Mensch; aber der Mensch ist nach Gott gestorben, und ihr wußtet nicht, wem ihr das merkwürdige Erbe des Menschen anvertrauen konntet. Eure kleinen Versuche, einen bescheidenen Nihilismus zu modellieren, scheinen mir nicht von langer Dauer zu sein."[15]

11 Les Noyers de l'Altenburg, Paris 1948, 78.   12 L'Espoir, 712.
13 *J.-P. Sartre*, L'Être et le Néant, Paris 1943, 630.
14 Ob Malraux später Henri de Lubacs bedeutendes und bahnbrechendes Buch ‚Le Drame de l'humanisme athée' (1944) gelesen und wie Camus schätzengelernt hat, ist nicht zu belegen, aber anzunehmen.
15 La Tentation de L'Orient, 174f.

Dieses „sentiment d'absurdité" findet sich zwanzig Jahre später unverändert in seinem Beitrag für die UNESCO-Konferenz[16] wie in der ‚Adresse aux intellectuels'[17]. Nach dem Tod Gottes also der Tod des Menschen: „le drame actuel de l'Europe c'est la mort de l'homme."[18] Nach Nietzsches Proklamation des Todes Gottes bricht über Europa – nach Malraux – zeitgleich eine zweite Finsternis herein: Der Mensch ist tot. „Le problème qui se pose aujourd'hui c'est de savoir si, sur cette vieille terre de l'Europe, oui ou non, l'homme est mort."[19] Das Scheitern der Kommunikation ist total: Die Menschen sind allein, ob sie Mörder oder Mystiker, Christen oder Atheisten, Direktoren oder einfache Leute des Volkes sind – sie sind alle ohne Ausnahme einsam. Kyo bekennt (in ‚La Condition humaine') wie später Garcia in Sartres ‚Huis clos' oder Hugo in ‚Les Mains sales': „Für die anderen bin ich, was ich gemacht habe. Die Menschen sind nicht meine Ebenbilder, es sind diejenigen, die mich anschauen und verurteilen."[20] Außerdem macht der Tod alles unwiderruflich: Diese Tragödie verwandelt das Leben in Schicksal. Sartre benutzt später die Todes-Analyse Malraux' in ‚L'Espoir' für seine Darlegung der Phänomenologie des Sterbens: „Das tote Leben ist getan und gelebt. Das bedeutet, daß die Würfel gefallen sind (les jeux sont faits). Nichts kann ihm mehr von innen zustoßen, das Leben ist vollkommen geschlossen."[21]

Kurz: Man kann sich den Pessimismus, der sich in diesen Bestimmungen ausdrückt, nicht groß genug vorstellen. Dennoch gibt es das für den Leser Malraux' fast unauflösbare Paradox: Schon die Titel der Werke und Romane Malraux' sind fast alle von einem Drang nach Hoffnung und Eroberung bestimmt. ‚Les Conquérants', ‚L'Espoir', ‚La Lutte avec l'Ange', „La Voie royale'. Das ganze Personal der Romane Malraux' ist bemüht, dem Nicht-Sinn ‚trotzdem', also heroisch, einen Sinn zu geben. In ihrem unersättlichen Verlangen nach Aktion – wie Malraux es Zeit seines Lebens verspürt – suchen sie natürlich etwas ‚hinter' der Aktion, um sich dadurch für die Aktion zu rechtfertigen. Emmanuel Mounier hat für die Personen aus den Roma-

16 L'Homme et la culture artistique, Paris 4. November 1946, zitiert nach: Les Conférences de l'UNESCO, Paris 1947, 75–89.
17 Adresse aux intellectuels (Discours prononcé Salle Pleyel, Paris 5. März 1948), zitiert nach: Le Cheval de Troie, Juli 1948, 973–998.
18 Adresse, a. a. O. 991.
19 UNESCO-Konferenz, a. a. O. 81.
20 La Condition humaine, 67; ein Satz, der in allen Satzteilen wie auch in jeder Formulierung in Sartres ‚Huis Clos' stehen könnte, wo der „Blick" (le regard) des anderen ebenfalls mich bedroht, mich zu vernichten trachtet, indem er mich objektiviert.
21 J.-P. Sartre, L'Etre et le Néant, 625.

nen Malraux' die geniale Bezeichnung „métapracticiens"[22] gefunden. Sie seien nicht „métaphysiciens", sondern „métapracticiens".

Es geht also darum, das Schicksal zu überwinden – nach einem von Malraux viel zitierten Satz Napoleons ist das Schicksal des modernen Europa die Politik. Aber der Sinn wird nicht über die Wahrheit hergestellt; das Schicksal wird durch die Intensität des Lebens oder des Bewußtseins vom Leben überwunden und gemeistert: „Ce n'était ni vrai ni faux, mais vécu",[23] heißt es in ‚La Condition humaine'. „Vivre le plus", heißt es später in Albert Camus' ‚Mythe de Sisyphe'; dieses Ideal des je intensiver zu lebenden und zu erlebenden Lebens tritt an die Stelle des vormaligen Ideals des „vivre le mieux".[24]

Doch liegen in dieser Begeisterung zur Aktion, in dieser „passion de l'action" auch die Gefährdungen einer solchen Lebensanschauung, weil eine solche Haltung zu faschistischen Konsequenzen führen kann. Zumindest kann in dieser theorie- und vielleicht werte-blinden Aktion eine „faschistische Mentalität"[25] entstehen. Malraux sieht diese Gefahren, aber er kann ihnen nichts oder nur weniges entgegensetzen – außer Mythen, die aber auch nur wieder in sich selbst rotieren, auf sich selber verweisen. „Sauf s'il y a une fidélité derrière lui . . ." heißt es an einer Stelle des Romans ‚L'Espoir'. Aber gibt es hinter dem Mythos der Aktion, des „héroisme libéral", der „fraternité" eine „fidélité"? Natürlich bemerkt Malraux schon während des Spanienkrieges das Abgleiten des Kommunismus oder der marxistischen Kräfte in die Disziplin, die Parteiblindheit und die „complicité". Hören wir dazu Garcia, der am weitesten der Stimme des Autors von ‚L'Espoir' entspricht: „Ich sage nicht, daß der Kommunismus eine Religion geworden ist, ich sage aber, daß die Kommunisten im Begriff sind, Priester zu werden. Für Bakunin und Kropotkin war das noch etwas ganz anderes. Ihr werdet aufgefressen von der Partei, von der Disziplin, von der Komplizität: für jemanden, der nicht zu euch gehört, habt ihr weder eine Aufgabe noch eine Ehrenhaftigkeit."[26]

22 *E. Mounier*, a. a. O. 25. (Der Malraux-Artikel Mouniers erschien zuerst in ‚L'Esprit', Oktober 1948, unter dem Titel ‚André Malraux – ou l'impossible déchéance'.)

23 La Condition humaine, 74.

24 *A. Camus*, Le Mythe de Sisyphe, in: Essais (Bibl. de la Pléiade), 143. – Malraux erweitert diesen Gedanken des bis in jede Phase intensiv zu lebenden Lebens bis in den Tod hinein: Leben und Tod müssen einander in der Intensität entsprechen. „En faire sa mort, une mort qui ressemble à sa vie, et comme vivre c'est vivre en hauteur." Tschen sagt es in ‚La Condition humaine', 74f.: „mourir le plus haut possible", so abenteuer- und lebenssatt wie nur möglich sterben.

25 *E. Mounier*, a. a. O. 40.

26 L'Espoir, 567.

III. Malraux: Wünscht das religiöse Gesicht der Zivilisation herbei

Malraux hat sich zeit seines Lebens als Agnostiker, nie als Atheisten gesehen. Weder seine enge Vertrautheit mit dem Denken und der Philosophie Friedrich Nietzsches in der Früh- und Spätzeit noch seine Anhängerschaft und Option für die von Karl Marx initiierte Bewegung und den Gedanken des Klassenkampfs, weder sein Engagement in Indochina (im Kampf gegen den französischen Kolonialismus) noch das im Spanienkrieg auf der Seite der republikanischen Kräfte, noch sein Einsatz im Maquis als Résistant während der Nazi-Okkupation Frankreichs (als Colonel Berger) – keine Phase seines Lebens war für ihn ein Anlaß, sich dem Atheismus zuzuwenden. Malraux' lebenslanger Freund und Mitkämpfer während der Résistance, Pierre Bockel, Priester der katholischen Kirche und selbst Untergrundkämpfer während der Résistance, hat von dem bemerkenswert offenen, selbst für den Glauben und seine Wirkkräfte aufgeschlossenen Agnostizismus Malraux' berichtet. Malraux habe ihm, Bockel, eine Kommunikation ermöglicht, die von der Basis (le relais) einer gegenseitigen Freundschaft getragen wurde.

„In der ganzen langen Zeit des gemeinsamen Abenteuers wie auch später im Prisma der Freundschaft hat Malraux, der Ungläubige, nicht aufgehört, für mich der Spiegel des Glaubens zu sein, den ich bekenne. Und sonderbarerweise – mehr noch durch seine Haltung als durch sein Denken hat Malraux immer vergessene Aspekte (dieses Glaubens) in Erinnerung gerufen oder unvermutete Dimensionen enthüllt: die Transzendenz, die er im Gesicht der Heiligkeit ergreift, die er in jedem menschlichen Herz erfährt wie auch in jedem künstlerischen Ausdruck, all das hat nachdrücklich sein Menschenbild verändert. In derselben Zeit befragte er mich zu meinem eigenen Glauben. Und heute wiederum wünscht er das religiöse Gesicht der Zivilisation herbei, als sei es die Bedingung für ihr Überleben, ihre Lebensfähigkeit."[27] Bockel hat in diesen wenigen Sätzen den Agnostizismus Malraux' treffend beschrieben, der eben – um es in einer Formulierung des Neuen Testaments zu sagen – seinen Agnostizismus nicht festhielt wie einen Besitz, sondern der diese Stufe seiner Haltung und seiner Weltsicht immer nur als eine Etappe auf dem Wege zu ‚etwas ganz anderem' begreift, zu dem, was er immer nur unter den Chiffren „aventure", „engagement", „héroisme" verstehen konnte. Malraux – so definierte es Bockel geradezu – war nicht etwa ein Gläubiger, der sich verbarg und verleugnete (dies das

27 Malraux – Être et Dire, 83.

immerwährende Mißverständnis der Proselytenmacher, in Frankreich wie anderswo: Paul Claudels gegenüber André Gide, katholischer Intellektueller gegenüber Camus, wie Julien Green in seinen Tagebüchern von der Konferenz in Latour berichtet hat,[28] so das Mißverständnis Hasenhüttls gegenüber Sartre[29]), sondern ein „Ungläubiger, der so unentwegt auf der Suche nach der Transzendenz war, daß die christliche Welt ihm sein vertrautes Universum geworden ist".

Dieses Universum ist von der Menschlichkeit, der humanitas, geprägt, die Christus auszeichnete, „diesen Christus, der den heiligen Johannes ebenso inspirierte wie den heiligen Bernhard und Franziskus von Assisi zum Initiator einer neuen Welt gemacht hat bei der Suche nach dem einen Glauben, der seine Quellen wiedergefunden hat."[30]

IV. „Passion de l'homme" an Stelle Gottes

In seinem frühen Werk und Leben (Leben und Werk sind so ungeschieden und aufeinander beziehbar, daß man immer von beiden sprechen muß, wenn man von Malraux spricht) ist Malraux von Nietzsches Denken beeinflußt. Für ihn ist Nietzsche (wie André Gide, den er mit Nietzsche immer in einem Zug erwähnt) nie die Quelle eines kämpferischen Atheismus, sondern „der verpflichtende Denker des agnostischen Weltbildes".[31] Beider Werke (das von Nietzsche wie das von Gide) sieht Malraux als eine „apologie de l'homme attaqué par les dieux".[32] Als eine der wichtigsten Aufgaben des Atheismus wie des Agnostizismus sieht der junge Malraux den Kampf gegen den Tod, gegen das „Unänderbare"; es heißt bei ihm: „un des grands problèmes humains: que peut l'esprit des hommes contre la mort?"[33] In dem schon zitierten Aufsatz über André Gide heißt es – in einer Polemik gegen Emmanuel Berl und katholische Philosophen –: „. . . puisque vous avez besoin de grands esprits, pourquoi allez-vous chercher Nietzsche?

28 *J. Green*, Journal, Paris 1952.
29 *G. Hasenhüttl*, Gott ohne Gott. Ein Dialog mit Jean-Paul Sartre, Graz–Wien 1972.
30 *A. Malraux*, Oraisons funèbres, Paris 1971, 85. – In einer ganz frühen Phase, zur Zeit der Indochina-Reise, ist Malraux von Nietzsche noch so beeinflußt, daß er den Kult des übermächtigen Menschen mitdenkt und mitvollzieht. Die in allen biographischen Details zuverlässige Clara Malraux (Malraux' erste Frau) berichtet in ihren Lebenserinnerungen ‚Nos vingt ans', Paris 1960, 179 f.: „A l'époque, mon compagnon croit à une hiérarchie, non pas sociale, mais établie en fonction de valeurs pour l'essentiel nietzschéennes. Avant de se révolter contre la condition humaine, avant de songer à l'aménager, il accepte un ordre qui permet et stabilise le triomphe des forts. La dignité de certains l'intéresse davantage que le bonheur d'un grand nombre. Le commun des mortels, à peu de choses près, se compose lui de marionettes qui se meuvent sans justification, sinon sans pittoresque."
31 *H. Hina*, Nietzsche und Marx bei Malraux, Tübingen 1970, 21.
32 *A. Malraux*, Aspects d'André Gide: Cahiers de la Quinzaine, 5. April 1930, 50 f.
33 *E. Mounier*, a. a. O. 27.

Manquez-vous de philosophes catholiques? Pascal ne suffit pas, ou le trouvez-vous pas trop enfermé? Vous avez plus de saints que de jours dans l'année, plus de philosophes que nous puisque vous revendiquez les nôtres; laissez donc Nietzsche tranquille dans la haine qu'il vous portait . . ."[34] Wenn also Malraux diesen atheistischen Haß nicht teilt – es gibt aus dem Werk jedenfalls keinen Beleg für diesen Haß –, so besteht er doch darauf, daß man Nietzsche diesen Haß läßt und ihn nicht verdünnt.

Zudem interessiert Malraux nicht die begriffliche Auseinandersetzung, weshalb die Vermutung Emmanuel Mouniers,[35] Malraux sei mehr von Heidegger denn von Nietzsche beeinflußt, wohl nicht zutreffend sein wird, allein schon deshalb, weil Heideggers Buch ‚Sein und Zeit' erst 1927 herauskommt, also zu einer Zeit, da Malraux' agnostisches Weltbild schon ‚fertig' ist – in dem vorsichtigen Verstand des Wortes, den wir angedeutet haben. Kenntnis von Heidegger bekam Malraux erst später durch die Vermittlung Groethuysens und Raymond Arons. Horst Hina schreibt in seiner Malraux-Studie: „Für den Künstler Malraux ist die Versuchung noch viel naheliegender, die Spekulation des Begrifflichen gegenüber der gelebten Erfahrung abzuwerten. Umso wichtiger ist es, neben Malraux' existentieller Betrachtungsweise das Augenmerk darauf zu richten, in welcher Weise Nietzsches konkrete Denkproblematik in Malraux' Werk schöpferisch geworden ist. Erst das Ineinanderwirken beider Methoden ergibt den Blick auf das Nietzsche-Bild Malraux' in seiner Gesamtheit."[36]

In ‚La Tentation des l'Occident'[37] hat Malraux diese Position stärker profiliert: „En face des dieux morts", so nimmt Malraux Nietzsche noch einmal auf, „l'Occident tout entier, ayant épuisé la joie de son triomphe, a préparé à vendre ses propres énigmes." Mit dem Tod Gottes (oder „dem Tod der Götter") ist der lang erhoffte Sieg des Menschen eingetreten. Diesen Sieg beschreibt Malraux in dieser Frühphase geradezu hymnisch.

V. ‚Lazare': „der Ausflug in den Archipel des Todes"

In seinem hohen Alter (1975) muß sich Malraux nach einem Zusammenbruch, der wie eine Krankheit zum Tode aussieht, in ein Pariser Krankenhaus begeben. Der große Abenteurer erlebt sich als reduziert, schwebt einige Tage und Nächte zwischen Tod und Leben, weiß, daß er keine lange Wegstrecke mehr vor sich hat. Seine Erinnerungen an diesen Krankenhaus-

34 *A. Malraux*, Aspects d'André Gide, a. a. O.
35 *E. Mounier*, a. a. O. 21.
36 *H. Hina*, a. a. O. 24.
37 La Tentation de L'Orient, 105.

aufenthalt sind wie der in Form eines Buches, einer Aufzeichnung geleistete Lebenstraum, es sind Erinnerungen, die die Erinnerung überhaupt thematisieren. Was ist das Leben anderes denn „gelebtes Leben", also erinnertes Leben? Insofern sind alle Bände des Zyklus ‚Antimemoiren' sowohl Erinnerung als auch immer eine Reflexion über Erinnerung. Was bewahrt Erinnerung auf, wie weit trägt uns Erinnerung über uns hinaus, wie weit hält Erinnerung etwas von uns fest, wie weit kann gelingende literarische, also festgehaltene Erinnerung säkularisierte Rechtfertigung bedeuten, das Leben rechtfertigen – so wie es eindrucksvoll Jean-Paul Sartre in seinen Kindheitserinnerungen ‚Les Mots' beschrieben hat? Eine Andeutung der gleichen Rechtfertigungsidee schimmert in Malraux' ‚Lazare' durch: „Jeder artikuliert seine Vergangenheit für einen unzugänglichen Gesprächspartner: Gott in der Beichte, die Nachwelt in der Literatur. Eine Biographie hat man nur für die anderen."[38]

Die Erinnerung oder das Bedürfnis nach Erinnerung, der Blick zurück, erscheint dem Autor wie ein erstes Anzeichen des herannahenden Alters: „Zum ersten Mal erinnert habe ich mich 1941 vor dem Feuer in meinem Haus in Roquebrune; schon lange habe ich keine Scheite mehr in einem Kamin brennen sehen: und ich dachte: Pocht jetzt zum ersten Mal das Alter an meine Tür?"[39]

Die Memoria ist ein seltsam Ding im Haushalt des modernen Menschen. Eine Welt wie die unsere, meint Malraux, „in der alle Scheidung so verbreitet ist, legt eher den Gedanken an die Diskontinuität als an die Kontinuität nahe." Der alternde, um sein Nach-Leben besorgte Autor und Zeitzeuge Malraux wird in diesem Buch nach einem Stück Kontinuität, nach einem Stück in Kontinuität geretteten Lebens nach-sehen. Es ist dem Autor bewußt, daß sein Leben „in der Schwebe ist und daß dieses Bewußtsein eine ebenso schlagende wie diffuse Antwort darstellt wie das Bewußtsein, sich im Gleichgewicht zu befinden, das wir gerade dann haben, wenn wir dieses Gleichgewicht verlieren." Wie aber steht es um uns, um ihn? Ist er ein einzelnes, zwar ruhmreiches, aber doch einsames Individuum? Nein: „Man ist nicht für sich selber seine eigene Geschichte."[40] Und immer wieder artikuliert der Autor Malraux den Gedanken an die Sterblichkeit oder Unsterblichkeit des Menschen. Der Tod, der ihm etwas zuraunt, „daß" nämlich „das Geheimnis unseres Lebens nicht weniger erregend wäre, wenn der Mensch die Unsterblichkeit hätte."[41]

Aber die Frage nach dem Sinn des Ganzen ist unabweisbar, auch in der

38 Lazare, Paris 1974 (das Buch wurde vom Autor für die zweite Abteilung seiner ‚Antimémoires' bestimmt, die den Reihentitel: ‚Miroir des Limbes' trägt), 125 f.
39 Ebd. 126.   40 Ebd.   41 Ebd. 132.

Form der skeptischen Infragestellung dieser Bemerkung. Auch hier wieder vermischt sich für Malraux beim Schreiben die gegenwärtige Frage nach dem Sinn mit der Erinnerung an diese Frage vor Jahren. „Im Angesicht des Schnees auf den Feldern des heiligen Bernhard von Clairvaux" hatte es Malraux ausgesprochen, der General de Gaulle hatte es bedächtig nachgesprochen: „Warum muß das Leben denn überhaupt einen Sinn haben?"[42] Doch bleibt der Stachel dieser Frage, für wen wir da sind, für wen wir unsere Vergangenheit artikulieren, für welchen Gesprächspartner.

Deshalb heißt es: „Jede Lebensäußerung ist für die anderen etwas Außerordentliches wie die Straße von Verrières, aber alle miteinander sind etwas Außerordentliches für . . . für wen, für was?" Und noch einmal oder schon wieder kommt die Religion, nein: kommen „die Religionen" in sein Blickfeld: „Sind die Religionen entstanden, um den Menschen Götter zu schaffen, für die sie nichts Außerordentliches sind?"[43]

Unaufgebbar, aber auch unbeantwortbar sind die Fragen nach dem ‚Warum?'; aber sie hören nie auf – weshalb sie eben nicht unbedingt auf eine mögliche Antwort verweisen. Denn: „Bei diesem Ausflug in den Archipel des Todes haben die Ereignisse keine logische Folge, allein und nackt bleibt das formloseste und intensivste Bewußtsein, das konvulsivische ‚Ich bin'".[44] So kreisen diese Gedanken des Agnostikers ständig um diese letzten Fragen, „aber doch nicht so, daß die andere Frage ganz verstummen würde: Was ist das Abenteuer des Menschenlebens?"[45] Ja, der Mensch ist durch die Fähigkeit zu dieser quälenden Frage erst richtig definiert: Wieder macht Malraux den Erinnerungsort aus, wo ihm diese Definition zum erstenmal in einer konkreten Umgebung bewußt wurde: Zwischen den Höhlen von Les Eyzies und Lascaux, wo die Résistants im Winter 1943 Waffen versteckt hielten, „da habe ich mich gefragt, indem ich mir ferne Rentierherden im prähistorischen Schnee ausmalte, ob nicht der Mensch geboren worden ist, als er zum ersten Mal beim Anblick eines Leichnams geflüstert hat: ‚Warum?'"[46] Seither hat sich der Mensch in dieser Lage oft und bei immer der gleichen Gelegenheit wiederholt.

Noch ein Versuch, den Menschen zu definieren, und noch ein weiteres Eingeständnis dessen, daß dieser Versuch ebenfalls nicht zureicht: „Am liebsten würde ich hinschreiben", bemerkt Malraux mitten in der Angst seiner schwersten Krankheitsagonie, „der Mensch, das ist das, was sich aufbaut auf diesem nachdrücklichen Bewußtsein, zu existieren, einfach zu existieren." Aber diese „liebste" (weil simpelste?) Definition tötet ja nicht die Frage nach dem ‚Warum?'. Denn das Bewußtsein gehört zum Menschen

42 Ebd. 134.   43 Ebd. 133.   44 Ebd. 134.   45 Ebd.   46 Ebd.

wie der Sockel zum Standbild. Angst ist die letzte Empfindung des Menschen Malraux, die er uns mitteilt: „Zur Vorstellung vom Tode gehört für mich immer die Agonie, und ich bin zutiefst überrascht von diesem Angstgefühl, in dem ich nur noch die nie gekannte Bedrohung ausmache, mir könnte plötzlich die Erde genommen sein."[47]

Exkurs
„Dans les jardins nocturnes des grands rêves de l'Inde . . ."

Es war keine oberflächliche Vorstellung, die sich André Malraux von den ostasiatischen Traditionen und Religionen, Lebensgewohnheiten und Mentalitäten machte. Die drei Autoren, die in dem Erinnerungsband ‚Être et Dire' über die Affinität Malraux' zum Denken Chinas, Indiens, Japans schreiben, bestätigen – oft in begeisterter, dithyrambischer Form – die Kenntnis und Empathie, die der Autor für diese Kulturen aufbrachte.[48]
Der Hinduismus begeisterte ihn, auf ihn kam er später in seinen ‚Antimémoires' noch intensiv zurück. Der Hinduismus kennt keinen Dualismus – dieses Moment kam seinem – man verzeihe die paradoxe Formulierung – ‚religiösen Agnostizismus' zugute. Das Sein des Menschen ist sein ewiges Werden. Sie, die Hindus, machen keinen Unterschied zwischen dem Schöpfer und dem Geschaffenen und sehen in Gott nicht den „absolut Anderen". Die Hinduisten sind nicht Dualisten, sie sehen Gott im Menschen. „Der Hinduismus scheint ein Humanismus zu sein, eine Art von innerem Humanismus, weil er sich auf der Suche nach der Perfektion des Menschen verzehrt."[49] Auf diese Bemerkung Malraux' – bei dem Empfang, den die französische Regierung aus Anlaß des Besuchs Nehrus in Paris 1960 gibt, oder aus Anlaß des Gangs der beiden Staatsmänner über die Ausstellung von indischer Kunst – antwortet Nehru: Die Gîta schreibt die ‚virtta marga' vor, den Weg der Versagung (renonciation) und der Introspektion, sie schreibt sie dem Zögling und demjenigen vor, der in der Zurückgezogenheit lebt. Aber in seinen besten Jahren muß der Mensch den ‚pravrtti marga', den Weg der desinteressierten Aktion wählen. Sowohl Vivekananda, der wichtige Reformer des Hinduismus des 19. Jahrhunderts, als auch Gandhi, der

47 Ebd. 142.
48 Es handelt sich um folgende wichtige Aufsätze, die nur Hinweise geben für eine umfängliche Untersuchung der wechselseitigen Beziehungen zwischen dem Denken Malraux' und den ostasiatischen Religionen und Philosophien, eine Untersuchung, die noch aussteht: *Ch. Mei-Yuan*, Des flots dans les fleuves sans âge. Malraux et la Pensée chinoise, a. a. O. 135–145; *G. Mookerjee*, Dans les jardins nocturnes des grands rêves de l'Inde, a. a. O. 146–156; *T. Takamoto*, Malraux et le Japon. Rencontre sous une cascade, a. a. O. 157–166.
49 *G. Mookerjee*, a. a. O. 152.

Mensch der Wahrheit, und der Dichter Rabindranath Tagore waren sich einig über die Pflicht zur sozialen Partizipation in der Gesellschaft.[50]

Malraux verstand Nehru, der sich über die primitive Struktur des Glaubens und Lebens der ‚bhaktas' beklagte, der hinduistischen Gläubigen, die unfähig seien, abstrakte Begriffe zu verstehen. „Sie haben eine theistische Exegese nötig. Ein Bauer braucht eine persönliche Gottheit, die eine menschliche Form und ein Gottes-Haus hat, in dem er seine Gemüse- und Blumen-Opfer darbieten kann."[51] Beide Staatsmänner – so bestätigt Mookerjee – waren sich in ihrem prinzipiellen Agnostizismus einig – wobei der Nehrus eben noch viel strikter war, weil sein Agnostizismus von einem Laizismus begleitet wurde. Sie waren sich einig in der Auffassung, daß die westliche Wissenschaft und Technologie unfähig seien, das Leben und die Gesellschaft zu ordnen. „Ein Leben wird geordnet von seinen Werten."[52]

Indien und der Hinduismus (wie die Kunst des Hinduismus) spielen in den Antimemoiren Malraux' eine große Rolle, und indisches Denken ist in diesem Buch so genau wiedergegeben, daß es in Indien ein moderner Klassiker geworden ist. Von Malraux fühlen sich Inder in ihrem innersten Kern verstanden, von Malraux, der die Upanishaden kannte; die Baghavad-Gîta galt ihm als eine Entsprechung zum Neuen Testament, die Râmayana als eine Vereinigung von Ilias und Odyssee.

Der Agnostiker Nehru war für Malraux' Lebensanschauung ebenso wichtig wie der gläubige Katholik de Gaulle. Nehru galt ihm als die „Personifizierung des wirksamsten politischen Idealismus", den die Welt je gekannt hat. Der Agnostiker Nehru wollte ebenso „einen gerechten Staat mit gerechten Mitteln" aufbauen, wie Malraux der Gerechtigkeit in der ganzen Welt von Indochina bis Spanien, von Frankreich bis Bangla-Desh durch den Einsatz des eigenen Lebens zum Sieg verhelfen wollte. Das Leben Malraux' war dieser lebenslange Kampf um Gerechtigkeit. „André Malraux hat sich immer um die Verteidigung der gerechten Fälle gekümmert, ob es in Frankreich oder in fremden Ländern war. Niemals hat er den Einsatz seines Lebens für eine Sache gefürchtet, die ihm gerecht zu sein schien."[53] Die Frage ‚au nom de quoi?' traf ihn nicht: Das Bewußtsein, daß Menschen nur zusammenleben können, wenn dieser Wert in Kraft ist, war ihm (verzweifelt) genug.

50 Ebd. 153.   51 Ebd.   52 Ebd. 150f.   53 Ebd. 147.

VI. Heroischer Agnostizismus

Malraux bleibt zeit seines Lebens seinem agnostischen Ansatz treu, sein brennendes Interesse an den Erscheinungsformen der Weltreligionen ändert nichts an dieser Haltung. Es gibt nur das Leben und den Tod, „und wir leben, wie Pascal uns erinnert, in unserem Gefängnis, geworfen in Zufall zwischen der Verschwendung des Lebens und den Sternen".[54] Es bleibt das Nichts (le néant) und die Sorge, den Tod einigermaßen ehrenhaft zu bestehen, „‚seinen‘ Tod zu sterben". Vielleicht bedeutet dies den Freitod, wie ihn die beiden großen literarischen und Aventurier-Vorbilder T. E. Lawrence und Ernest Hemingway sich gegeben haben: „Man findet immer ein Motorrad, um sich zu töten."[55]

Was bleibt, in dem Gewimmel der Geschichte und der Politik, der Kunst und der Publizistik, sind die Helden, die Helden der Literatur („les héros du romantisme: Michel Ange, Rembrandt, Beethoven, tous ceux que Victor Hugo appelle les égaux, depuis Shakespeare l'Ancien qui est Eschyle jusqu'au vrai Shakespeare sont des héros au sens hellenistique, des effigies de leur génie", so Malraux in einem seiner letzten Texte: ‚Néo-Critique‘[56]) und die Heroen des wirklichen Lebens. Deshalb rekurriert Malraux immer wieder auf den Heroismus der großen Einzelnen, die die Zeit aushalten und

---

54 Lazare, 129.   55 Ebd. 134.

56 *A. Malraux*, Néocritique, 300. – In diesem Bedürfnis nach dem Helden, nach dem heroischen Durchhalten der ‚condition humaine‘ drückt sich die Verzweiflung aus, die Malraux über den Niedergang, den Verlust der individualistischen Werte empfindet. Was „die Europäer aufrechterhält, ist weniger eine Idee als ein ausgeklügeltes Gebäude von Negationen. Fähig, bis zur Aufopferung tätig zu sein, aber voller Abscheu gegen den Willen zur Aktion, der heutzutage ihre Rasse auseinanderreißt, wollen sie hinter den Taten der Menschen einen tieferen Seinsgrund suchen. Ihre Verteidigungsmittel schwinden eines nach dem anderen . . . Die Kunst ist nur ein Vorwand und zudem der feinsinnigste", so umschreibt Malraux in ‚La Tentation de l'Orient‘ diese seine Verzweiflung. Es gibt keine Rettung und kein Heil aus diesem Dilemma, das Lucien Goldmann an Hand seiner Analyse der Romane Malraux' wie folgt beschrieben hat: „Solange das Individuum lebt, kommt seinem Leben Authentizität dadurch zu, daß es seine gesamte Kraft für den revolutionären Befreiungskampf einsetzt und seine Sorge allein auf den Sieg richtet. Diese Aktion verweist den Tod auf einen zwar realen, aber nichtsdestoweniger sekundären Platz. Er existiert für den Helden nur als gegenwärtige Grenze, und deren Einbeziehung in das Bewußtsein verleiht der Aktion allein den Charakter wirklichen Ernstes. Andererseits aber bildet der Tod auch eine unumgängliche Realität, die der Tat fremd ist und bei deren Aktualisierung notwendig jeder Wert einer Tat, die ihren Ausgangspunkt allein im Individuum hatte, rückwirkend aufgehoben wird. Der Tod existiert für Garin und Perken" – Goldmann exemplifiziert seine Haltung an diesen beiden Hauptgestalten der Romane ‚Les Conquérants‘ und ‚La Condition humaine‘ –, *„solange sie handeln*, nur als Gefahr und Grenze für die Aktion, und das ständige Bewußtsein dieser Grenze macht ihr Handeln ernsthaft und gültig. Mit dem Augenblick, in dem der Tod aktuell wird, büßt jedoch ihre Aktion rückwirkend jeden Wert ein, und sie finden sich in ihrer Blöße wieder wie der Mensch bei Pascal oder in Lukács' ‚Metaphysik der Tragödie‘" (*L. Goldmann*, Soziologie des Romans, Paris 1964, zitiert nach der deutschen Übersetzung, Neuwied 1970, 66).

Werte schaffen in einer Zeit, die den Sinn nicht mehr kennt. Das Heldentum ist für Malraux ein solcher Wert, daß er Helden, Heroen aus allen Lebensbereichen und Weltanschauungen entdeckt und schätzt. Der Agnostizismus hat ihn nie gehindert, andere Lebensbereiche, politische oder weltanschauliche Gruppen und Subkulturen in ihrer Eigenart zu erkennen und wahrzunehmen.

Auf die Frage: „Comment peut-on essayer de vivre?" gibt es für Malraux eine Antwort: Es gilt (so sagt es der Ethnologe Garcia, dieser subtile Analytiker menschlicher Verhaltensweisen, im Spanienroman auf eine Frage des Ästhetikers Scali) „transformer en conscience une expérience aussi large que possible, mon bon ami".[57]

Malraux hat lebenslang versucht, sein „champ de possible" (Sartre), sein Erfahrungsfeld, immer weiter auszudehnen. Erfahrungen sind dabei immer solche, die man selbst aktiv, mit den eigenen Aktionen, in seinem aktiven Leben macht, aber auch solche, die man erleidet, die den Teil des Schicksals ausmachen (oder dessen, was Malraux „Schicksal" nennt). Auch hier gilt es den gleichen Prozeß der Bewußtwerdung durchzumachen: Der Mensch muß das Schicksal, das er erleidet („le destin subi"), in ein von ihm, von seinem Bewußtsein akzeptiertes und damit beherrschtes („le destin dominé") ummodeln.

Die Erniedrigungen, die Demütigungen des Menschen nehmen zu; in ihnen verwirklicht sich für Malraux die „Hölle", die das Leben und den Sinn des Lebens immer fragwürdiger macht. „Der Sinn der Welt (nicht einmal das Gute), der das Gegenteil des Übels ist, ist hier weniger präsent als angestrebt." (Vorwort zu *Manès Sperber*, Wie eine Träne im Ozean.) Die Werte, deren Malraux sich vergewissern wollte, sind Postulate ihrer selbst – wie bei Albert Camus. Die ‚Konzentrationslagerwelt' flößt Malraux Schrecken ein; er, der zeit seines Lebens gegen diese Welt kämpfte, in der Menschen gefoltert werden, weiß auch, daß der Kampf *eines* Menschen nicht genügt. Die letzten Seiten der ‚Antimemoiren' widmet er dieser zeitgenössischen Erfahrung. „Hölle" nennt er den Versuch, „ein menschliches Wesen zu zwingen, sich zu verachten. Der Schrecken, der höllische Schrecken liegt einmal im physischen Schmerz, aber zugleich in der Unfähigkeit, der Ohnmacht des Opfers, dieser Gefängnissituation zu entgehen."[58]

Bedeutet dieser lebenslange Kampf Malraux' gegen diese Hölle dann eben doch, daß der Welt ein Sinn unterlegt wird? Würde Malraux diese Frage akzeptieren oder gar bejahen? Kaum: Der Agnostiker Malraux kann seiner „condition d'homme" nicht entgehen, die er in all seinen Romanen be-

---

57 L'Espoir, 764.   58 Antimémoires, Paris 1967, 450.

schrieben hat. Schon 1930 heißt es in ‚La Voie Royale‘: „Das, was auf mir lastet, ist, wie soll ich es sagen: meine menschliche Kondition, daß ich älter werde, daß diese harte Tatsache, die Zeit, in mir wuchert wie ein Krebs, unwiderruflich . . .“[59]

Und „condition humaine“ heißt dann auch: „Der Mensch ist ein Zufall (hasard), und im wesentlichen ist die Welt aus Vergessen gemacht.“[60] Dieser Satz gilt auch und gerade dann, wenn man alle intellektuellen und physischen Kräfte zeit seines Lebens anspannt, um seine Erinnerung zu aktivieren, um für sich selbst ganze vergessene und in Europa unbekannte Kunst- und Kulturwelten der eigenen Erinnerung zu erobern und dem Vergessen des Europäers zu entreißen. „Das Schicksal ist kontingent und absurd. Doch kann der Mensch nicht im Absurden leben, er muß sich das Absurde bewußtmachen.“[61] Im Alter meditiert Malraux darüber, ob der Mensch im Kosmos diese privilegierte Stellung einnimmt, von der Europa immer noch so überzeugt ist. In den dunkelsten, geheimnisvollsten, der rationalen Interpretation sich fast entziehenden Passagen von Malraux’ ‚Le Musée imaginaire de la Sculpture mondiale‘ (1952) bis zu den ‚Antimémoires‘ (seit 1967), besonders in der Unterhaltung Malraux – Méry, nährt sich der Zweifel, daß „la clef du cosmos n’est pas celle de l’homme“.[62]

Es gibt natürlich Möglichkeiten, sich gegen die Erniedrigung zu wehren, sich gegen sie zu verteidigen, der Hölle die Stirn zu bieten: Es gibt die Revolution gegen die soziale Erniedrigung, wie sie Malraux in Spanien während des Bürgerkriegs selbst mitgemacht hat, eine Revolution, die man beginnt, „um die Würde der Seinen zu erkämpfen“. Es gibt für die Revolutionäre die Atempause der „fraternité“, die Erfahrung also des Gegenteils von dem: „gequält zu werden“. Die Revolutionshoffnungen, wie sie die Marxisten hegen, stoßen bei Malraux schon bald auf Mißtrauen und Skepsis. Diese Erwartungen, Träume und Wünsche schwimmen für ihn bald schon „wie eine Träne im Ozean“. Malraux hat die Kommunisten ob ihres Kampfes „im Dienst der sozialen Gerechtigkeit“ bewundert. Aber ihre Abhängigkeit von Moskau und die finessenreichen Taktiken waren ihm zuwider, das Vertrauen, das er 1934 noch trug, war wenig später zerronnen. Nach dem Kriege, erst 1963, zieht er das Fazit: „Nicht Marx mit seiner Internationalen hat triumphiert, sondern Nietzsche, der sagte: ‚Das 20. Jahrhundert wird das Jahrhundert der nationalen Kriege sein‘.“[63]

59 La Voie Royale, Paris 1930, 87.
60 Les Noyers de l’Altenburg, 142.
61 Ebd. 142.
62 Le Musée imaginaire, 57.
63 Ebd. 57.

Aber die Frage nach dem Sinn, nach der Unmöglichkeit des Glaubens, nach dem Tod, der, je näher er rückt, die einzige Rechtfertigung des Menschen unmöglich macht, nach der heroischen Aktion, nach der Abwesenheit einer kollektiven Spiritualität beschäftigt ihn, je älter er wird, um so schmerzlicher, heftiger. „Die Existenz der Liebe, der Kunst und des Heroismus ist nicht weniger mysteriös als diejenige des Übels."[64] Es bleiben – und dies scheint die für einen ‚esprit agnostique‘ wie Malraux bezeichnendste Eigenschaft zu sein –, es bleiben die Bewunderung für diejenigen, die glauben, auch wenn man selbst nicht glauben kann, die Toleranz und die Neugier für alle Äußerungsformen des Glaubens. Und – so heißt es in den ‚Antimemoiren‘ – „wenn es wahr ist, daß für einen religiösen Geist die Konzentrationslager wie das Sterben eines unschuldigen Kindes ein äußerstes Zeichen sind, dann ist es ebenso wahr, daß für einen agnostischen Geist dieses selbe Zeichen aufflammt mit dem ersten Akt des Mitleids, des Heroismus oder der Liebe".[65] Die Existenz der Kunst – was vermag sie für einen ‚esprit agnostique‘, der sich in die Kunstepochen wirklich versenken und verlieben kann? Beantwortet sie etwa die ‚letzten Fragen‘? Nein, immer schon und von Anfang an war dies für Malraux klar: „Die Kunst löst nichts auf, sie transzendiert nur das Bestehende." Und: „Welche Rolle die Kunst auch immer spielt, sie bleibt notwendig die Frage ohne Antwort."

„Mein blutiges und vergebliches Leben", hat Malraux rückblickend, seine Biographie überschauend gesagt: Vergeblich – vielleicht meint das die Schlußfolgerung, die Sartre am Ende von ‚L'Être et le Néant‘ formuliert: „La vie est une passion inutile." Aber in der Wirkung auf die Leser ist dieses Werk Malraux' ermutigend, denn es gibt ihnen das „Bewußtsein der menschlichen Größe zurück, die sie in sich ignorieren".[67]

64 Discours de Brasilia, 25. 5. 1955 (zitiert nach *G. Mookerjee*, a. a. O. 151).
65 Antimémoires, 340.   66 Ebd. 343.   67 Ebd. 332.

Friedo Ricken

Agnostizismus in der analytischen Philosophie

Die folgenden Seiten wollen anhand einer Diskussion ausgewählter Positionen der analytischen Philosophie die Frage aufwerfen, ob Religionsphilosophie ohne Metaphysik möglich ist. Die Aufgabe ist eine ausschließlich kritische. Ich möchte keine Metaphysikbegründung vorlegen und auch nicht auf entsprechende Versuche in der angelsächsischen Religionsphilosophie[1] eingehen, sondern lediglich die analytische Metaphysikkritik auf Voraussetzungen hin befragen und Schwierigkeiten aufzeigen, in die Versuche einer Religionsphilosophie ohne Metaphysik führen. ‚Metaphysik‘ sei mit A. J. Ayer definiert als das Wissen oder die „Kenntnis von einer die Welt der Wissenschaft und der alltäglichen Erfahrung transzendierenden Realität".[2] Unter ‚Agnostizismus‘ wird also im folgenden eine erkenntnistheoretische oder semantische Position verstanden, die die Möglichkeit der Metaphysik bestreitet.

I.

Die analytische Religionsphilosophie beginnt mit der auf den Thesen des Wiener Kreises beruhenden Kritik der Metaphysik und der Theologie, die A. J. Ayer in ‚Sprache, Wahrheit und Logik‘ vorgetragen hat. Die Frage, inwieweit Ayers Position heute grundsätzlich überholt ist, kann vorerst offen bleiben;[3] unbestreitbar ist, daß die von ihm aufgeworfenen Fragen und angedeuteten Alternativen die analytische Religionsphilosophie bis heute bestimmen. Für Ayer ist die Frage nach der Möglichkeit religiöser Erkennt-

1 Vgl. z. B. *I. Ramsey* (Hrsg.), Prospect for Metaphysics, London 1961; *J. Richmond*, Theology and Metaphysics, London 1970.
2 Sprache, Wahrheit und Logik, Stuttgart 1970, 41 (Englische Originalausgabe: Language, Truth and Logic, London 1936, ²1946).
3 *M. L. Diamond*, Contemporary Analysis: The Metaphysical Target and the Theological Victim: The Journal of Religion 47 (1967) 210–232, ist der Ansicht, daß die oft gehörte Behauptung, der Positivismus sei tot, mit erheblichen Einschränkungen zu versehen sei. Zum Begriff der Transzendenz habe die gegenwärtige analytische Philosophie ebensowenig ein Verhältnis wie der logische Positivismus. Eine Verteidigung der positivistischen Religionskritik bringt *K. Nielsen*, Contemporary Critics of Religion, New York 1971.

nis identisch mit der Frage nach der Möglichkeit metaphysischer Erkenntnis. Seine Metaphysikkritik beruht auf seinem semantischen Ansatz. Eine Auseinandersetzung mit den Argumenten der Metaphysik ist seiner Ansicht nach für eine Kritik der Metaphysik unzureichend, „denn die Tatsache, daß eine Schlußfolgerung nicht aus ihrer vermeintlichen Voraussetzung folgt, reicht nicht aus, ihre Falschheit zu erweisen".[4] Ayer schlägt deshalb einen radikaleren Weg ein und behauptet, keine Proposition, die sich auf eine die Grenzen möglicher Sinneserfahrung übersteigende Realität bezieht, könne eine Bedeutung haben. Diese Kritik beruht auf dem Bedeutungskriterium für Propositionen, das die logischen Positivisten des Wiener Kreises aufgestellt haben. Danach gibt es nur zwei Klassen von sinnvollen Propositionen: 1. analytische Propositionen (Tautologien); in ihnen teilen wir unsere Bereitschaft mit, sprachliche Symbole in einer bestimmten Weise zu verwenden; 2. Propositionen über Erfahrungstatsachen; sie sind synthetisch und können immer nur wahrscheinlich, aber niemals gewiß sein.[5] Daß es sich hier um ein dogmatisch aufgestelltes, nicht gerechtfertigtes Kriterium handelt, ist inzwischen auch in der analytischen Philosophie weithin anerkannt. Wenn Ayer glaubt, er könne metaphysische Propositionen als ohne Bedeutung ablehnen, ohne sich mit der Argumentation, die zu ihnen führt, auseinanderzusetzen, so macht er sich die Sache zu einfach. Denn für metaphysische Begriffe und Propositionen ist es kennzeichnend, daß die Frage, ob sie eine Bedeutung haben, von der Frage nach der Gültigkeit des zu ihnen führenden Gedankengangs nicht getrennt werden kann.[6]

Ayers Kritik an den Gottesbeweisen ergibt sich aus seinen semantischen Voraussetzungen. Die wesentlichen Schritte seiner Argumentation lassen sich folgendermaßen zusammenfassen[7]:

1. Es kann keinen apriorischen Beweis für die Existenz Gottes geben. Ein apriorischer Beweis ist nur aufgrund apriorischer Prämissen möglich. Da apriorische Propositionen analytisch, Existenzpropositionen aber synthetisch sind, kann aus apriorischen Prämissen allein niemals die Existenz Gottes bewiesen werden. – Ich halte diesen Schritt, der sich mit einer verbreiteten Kritik am ontologischen Gottesbeweis deckt, für richtig. Da ich auf die Diskussion des ontologischen Gottesbeweises in der analytischen Philosophie nicht eingehen möchte, kann ich diese Behauptung nicht begründen.

2. Es kann aber auch keinen Beweis geben, der die Existenz Gottes auch

4 Sprache, Wahrheit und Logik (siehe Anm. 2), 42.
5 Ebd. 37.
6 Zur Charakterisierung und Kritik von Ayers Metaphysikkritik vgl. *G. J. Warnock*, Criticism of Metaphysics, in: D. F. Pears (Hrsg.), The Nature of Metaphysics, London 1957, 124–141.
7 Sprache, Wahrheit und Logik (siehe Anm. 2), 151–153.

nur wahrscheinlich macht. Wenn die Proposition, die die Existenz Gottes behauptet, sinnvoll sein sollte, müßte sie synthetisch sein. Die einzigen sinnvollen synthetischen Propositionen sind aber die empirischen Hypothesen. Aus jeder empirischen Hypothese müssen sich aber Erfahrungstatsachen herleiten lassen; es müssen sich Beobachtungen nennen lassen, die für ihre Wahrheit oder Falschheit von Bedeutung sind. Das ist bei der Proposition ‚Gott existiert' jedoch nicht möglich, da ‚Gott' ein erfahrungsjenseitiges Seiendes bezeichnet. Denn eine Proposition über die Existenz eines Seienden, das jenseits der Erfahrung steht, kann durch die Erfahrung niemals bestätigt oder widerlegt werden.

Ayer betont, daß seine Religionskritik sich von der des Agnostikers und des Atheisten unterscheidet. Für beide sei ‚Gott existiert' eine sinnvolle Proposition. Für einen Agnostiker sei die Meinung bezeichnend, daß es keinen guten Grund gebe, an die Existenz Gottes zu glauben; der Atheist halte die Nicht-Existenz Gottes zumindest für wahrscheinlich.[8] Für die Auffassung, daß Propositionen über Gott sinnlos sind, empfiehlt sich die Bezeichnung ‚metatheologischer Agnostizismus',[9] wobei unter ‚Metatheologie' die Lehre von der Bedeutung der theologischen Sprache verstanden sei.

Für das Verständnis der weiteren Entwicklung ist folgende Unterscheidung wichtig: Ayer bestreitet der Sprache der Metaphysik und Theologie nicht jede Bedeutung. Was er bestreitet, ist, daß echte metaphysische Propositionen, das heißt Sätze, bei denen sinnvollerweise die Wahrheitsfrage gestellt werden kann, möglich sind. Die Sprache der Metaphysik und Theologie kann keinen Wahrheitsanspruch erheben und folglich keine Erkenntnis vermitteln; sie ist, wie es in der Fachsprache heißt, nicht kognitiv. Dagegen können metaphysische und theologische Äußerungen dazu dienen, Gefühle auszudrücken oder bei anderen hervorzurufen.[10] Auf diese Unterscheidung Ayers lassen sich die beiden Richtungen der gegenwärtigen religionsphilosophischen Diskussion zurückführen: die Kognitivisten, die einen Wahrheitsanspruch der religiösen Sprache vertreten, und die Nonkognitivisten, die ihn bestreiten.[11] Die Nonkognitivisten können der neopositivistischen Metaphysikkritik zustimmen und dennoch das religiöse Sprachspiel als sinnvoll betrachten. Ayer weist auf einen weiteren Vorteil dieser Position hin: Sie schließt einen Antagonismus zwischen Religion und Naturwissenschaft

8 Ebd. 153
9 Im Anschluß an *R. S. Heimbeck*, Theology and Meaning, London 1969, der von metatheologischem Skeptizismus spricht.
10 Sprache, Wahrheit und Logik (siehe Anm. 2), 55; vgl. 154.
11 In dieser Auseinandersetzung sieht *J. Hick*, God and the Universe of Faiths, London 1973, 1–17, das zentrale Problem der gegenwärtigen Theologie.

aus. „Da nämlich die religiösen Äußerungen des Theisten gar keine echten Propositionen sind, können sie keinen logischen Bezug zu den Propositionen der Wissenschaft haben."[12] Die nonkognitive Deutung der religiösen Sprache erlaubt es, Religion und Theologie gegen alle Einwände der Philosophie und Naturwissenschaften zu immunisieren.

Eine entscheidende Schwäche der Metaphysikkritik des logischen Positivismus liegt darin, daß es ihm nicht gelang, das Kriterium, anhand dessen echte von nur scheinbaren synthetischen Propositionen unterschieden werden können (das sogenannte Verifikationsprinzip), zufriedenstellend zu formulieren. Um diesen Schwierigkeiten und dem Vorwurf des Dogmatismus zu entgehen, entwickelte A. Flew 1950 in einem kurzen Essay[13] einen neuen Ansatz einer semantischen Theologiekritik, den er durch seine inzwischen berühmte Gärtnerparabel veranschaulichte: Zwei Forschungsreisende kommen zu einer Lichtung im Dschungel, auf der Blumen und Unkraut wachsen. Der eine behauptet, die Lichtung werde von einem Gärtner gepflegt, der andere, es gebe keinen Gärtner. Sie schlagen daher ihre Zelte auf und halten Wache, sehen aber niemals einen Gärtner. Daraufhin behauptet der eine, es handle sich um einen unsichtbaren Gärtner, aber ein solcher läßt sich weder durch einen elektrisch geladenen Stacheldrahtzaun noch durch Bluthunde feststellen. Dennoch bleibt der Gläubige bei seiner Behauptung, die er jetzt folgendermaßen modifiziert: Der Gärtner ist unempfindlich gegen elektrische Schläge; Hunde können ihn nicht riechen; er verursacht kein Geräusch. Daraufhin fragt der Skeptiker, was dann von der ursprünglichen Behauptung noch bleibe und wie ein solcher Gärtner sich von einem nur eingebildeten oder überhaupt keinem Gärtner unterscheide.

Flews metatheologischer Agnostizismus unterscheidet sich von dem Ayers zunächst dadurch, daß Flew theologische Propositionen nicht von vornherein für sinnlos erklärt. Er versteht seine Gärtnerparabel vielmehr als Aufforderung an den Theologen, zu zeigen, worin der Sinn seiner Aussagen liege.[14] Das ist nach Flew nur so möglich, daß der Theologe Ereignisse nennt, die nicht eintreten dürfen, wenn seine Aussagen wahr sind, das heißt Ereignisse, durch die die ‚theologische Hypothese' falsifiziert wird. Die Parabel deutet jedoch zumindest an, daß die metaphysische Theologie nach Flews Ansicht sich dieser Forderung entzieht. Die ‚religiöse Hypothese' eines re-

12 Sprache, Wahrheit und Logik (siehe Anm. 2), 155.
13 A. Flew, Theology and Falsification. Zuerst erschienen in: University 1950/51, jetzt u. a. in: A. Flew/A. MacIntyre (Hrsg.), New Essays in Philosophical Theology, London 1955, 96–99; deutsch in: U. Dalferth (Hrsg.), Sprachlogik des Glaubens, München 1974, 84–87.
14 A. Flew, „Theology and Falsification" in Retrospect, in: M. L. Diamond/Th. V. Litzenburg, Jr. (Hrsg.), The Logic of God, Indianapolis 1975, 270–283; 276f.; ders., The Presumption of Atheism, London 1976, 78.

flektierten Theismus ist nach Flew in einem Ausmaß eingeschränkt, daß sie, wie die Behauptung von der Existenz des in keiner Weise wahrnehmbaren Gärtners, keine falsifizierbaren Folgerungen einschließt; sie ist „ein Schulbeispiel einer degenerierten Behauptung".[15] Den entscheidenden Unterschied seines Ansatzes gegenüber Ayer sieht Flew darin, daß er nicht von einem dogmatischen, sondern einem untechnischen, minimalistischen, im Begriff der Behauptung implizierten Bedeutungskriterium ausgeht: „Zu behaupten, daß das und das der Fall ist, ist notwendig äquivalent mit dem Verneinen, daß das und das nicht der Fall ist."[16] Das sei ein analytischer Satz über Aussagen, der weder Verifikation noch Falsifikation zum Bedeutungskriterium erhebe.[17] In der zitierten Form ist der Satz in der Tat eine Tautologie; die entscheidende Frage ist jedoch, wie Flew ihn im Zusammenhang seiner Argumentation versteht. Hier besagt er: „Zu behaupten, daß das und das der Fall ist, ist notwendig äquivalent mit dem Verneinen, daß der und der empirische Sachverhalt nicht der Fall ist." Dieser Satz ist alles andere als eine Tautologie. Für analytische Sätze trifft er nicht zu. Er gilt aber auch nicht, wenn man ihn auf Existenzsätze einschränkt. Denn Flew gibt zu, daß es sinnvolle Existenzsätze gibt, durch deren Behauptung kein empirischer Sachverhalt negiert wird. Ein solcher Satz ist zum Beispiel ‚Das Universum existiert', ein Existenzsatz, den Flew als sinnvoll anerkennt. Verstehen wir das Universum als Gesamtheit der Tatsachen, so kann dieser Existenzsatz durch keine Tatsache falsifiziert werden; jede Tatsache ist vielmehr notwendig eine Verifikation dieses Satzes.[18] Wir stehen also vor folgendem Dilemma: Entweder betrachten wir den zitierten Satz als analytisch. In diesem Fall stellt er kein Bedeutungskriterium dar. Die Behauptung der Proposition ‚Gott liebt die Menschen' ist äquivalent mit der Verneinung der Proposition ‚Gott liebt die Menschen nicht'. Durch diese Äquivalenz ist aber nicht entschieden, ob es sich um eine echte Proposition handelt. Oder wir verstehen den Satz so, wie es sich aus dem Kontext bei Flew ergibt. Dann gibt er ein Bedeutungskriterium an die Hand, ist aber nicht mehr analytisch. Es handelt sich dann vielmehr auch hier wie bei Ayer um ein dogmatisch festgesetztes positivistisches Sinnkriterium, und der einzige

15 *A. Flew*, God and Philosophy, London 1966, § 8.25; 8.28.
16 *A. Flew*, „Theology and Falsification" in Retrospect (siehe Anm. 14), 272.
17 Ebd. 276.
18 Vgl. *S. M. Ogden*, „‚Theology and Falsification' in Retrospect": a Reply, in: The Logic of God (siehe Anm. 14), 290–296. Zur Kritik an Flew siehe ferner *Heimbeck* (siehe Anm. 9), 77–123; *J. Kellenberger*, The Falsification Challenge: Religious Studies 5 (1969) 69–76; vgl. dazu die Erwiderungen von *A. Flew* und *Th. McPherson*, ebd. 77–79. 81–84; *J. Meyer zu Schlochtern*, Glaube – Sprache – Erfahrung, Frankfurt a. M. 1978, 51–54. – Zur Kritik am Verifikationismus vgl. auch *A. Kenny*, The Five Ways, London 1969, 2f.

Unterschied zu Ayer liegt darin, daß dieses Kriterium nicht die Verifizierbarkeit, sondern die Falsifizierbarkeit einer Proposition ist.

II.

Verlassen wir den metatheologischen Agnostizismus des logischen Positivismus, um uns der nachpositivistischen Phase der analytischen Philosophie zuzuwenden. Die Autoren, die im folgenden behandelt werden sollen, lehnen wie Ayer die Metaphysik und folglich die Gottesbeweise ab. Wenn auch die Methode der Sprachanalyse sich geändert hat, so bleibt Carnaps Forderung nach der „Überwindung der Metaphysik durch logische Analyse der Sprache"[19] doch weiterhin programmatisch. Ausgangspunkt der Metaphysikkritik ist nun nicht mehr ein apriorisches Bedeutungskriterium, sondern die These des späten Wittgenstein, daß philosophische und damit metaphysische Probleme entstehen, wenn die Sprache ihrer alltäglichen Verwendung entfremdet wird. Philosophische Probleme beruhen nach Wittgenstein darauf, daß wir uns in den Regeln der Sprache, die wir selbst aufgestellt haben, verfangen.[20] Philosophie ist Beschreibung der Sprache mit dem Zweck, zu zeigen, daß die philosophischen Probleme auf Mißverständnis und Mißbrauch der Sprache beruhen. „Alle Erklärung muß fort, und nur Beschreibung an ihre Stelle treten. Und diese Beschreibung empfängt ihr Licht, das heißt ihren Zweck, von den philosophischen Problemen. Diese sind freilich keine empirischen, sondern sie werden durch eine Einsicht in das Arbeiten unserer Sprache gelöst, und zwar so, daß dieses erkannt wird: entgegen einem Trieb, es mißzuverstehen . . . Die Philosophie ist ein Kampf gegen die Verhexung unseres Verstandes durch das Mittel unserer Sprache."[21] Die Analyse der Sprache soll die Fragen, auf die die Metaphysik eine Antwort geben will, als sinnlos erweisen. Die neue Methode bringt es mit sich, daß Mißverständnis und Mißbrauch der Sprache im einzelnen aufgewiesen werden müssen. Der metaphysikkritische Impetus des Neopositivismus wird aufgegriffen, aber ein allgemeines Verdikt der Metaphysik, wie es der Neopositivismus aufgrund seiner Bedeutungstheorie ausgesprochen hatte, ist selbst suspekt. In ihrem detaillierten Vorgehen zeigt die Metaphysikkritik der zweiten Periode der analytischen Philosophie eine gewisse Ähnlichkeit zu der von Hume und Kant.

19 So lautet der Titel seines programmatischen Aufsatzes in: Erkenntnis 2 (1931) 219–241; jetzt auch in: H. Schleichert (Hrsg.), Logischer Empirismus – der Wiener Kreis, München 1975, 149–171.
20 Vgl. *L. Wittgenstein*, Philosophische Untersuchungen, Frankfurt a. M. 1969, I § 125. 132.
21 Ebd. § 109.

Ich möchte auf ein Beispiel dieser Metaphysikkritik näher eingehen: die Kritik am kosmologischen Gottesbeweis. Dem Gebrauch von ‚kosmologischer Gottesbeweis‘ in der analytischen Diskussion liegt Kants Begriff[22] zugrunde. Danach handelt es sich beim kosmologischen im Unterschied zum moralischen um einen Gottesbeweis der theoretischen (spekulativen) Vernunft. Während der ontologische Beweis rein apriorisch vorgeht, schließen der teleologische (physikotheologische) und der kosmologische von der Erfahrung mittels des Kausalitätsprinzips auf eine höchste Ursache. Im Unterschied zum teleologischen Beweis, der von der Zweckbezogenheit der Natur ausgeht, legt der kosmologische „nur unbestimmte Erfahrung, d. i. irgendein Dasein empirisch zum Grunde“. Die analytische Diskussion schränkt den Kantischen Begriff verschiedentlich dahingehend ein, daß sie die Existenz des Universums als empirisches Ausgangsdatum nimmt. Es sind im wesentlichen zwei Fragen, die zum kosmologischen Beweis gestellt werden: 1. Läßt der Begriff der Kausalität einen transzendenten Gebrauch zu? 2. Ist der Begriff eines notwendig existierenden Seienden, dessen Realgeltung das kosmologische Argument aufweisen will, ein sinnvoller Begriff?

1. Die analytische Philosophie fragt, an den Einwand Kants anknüpfend, ob die nicht schematisierte Kategorie der Kausalität noch ein sinnvoller Begriff sei. Im Unterschied zur empirischen Kausalität ist die Beziehung Gottes zur Welt nicht zeitlich; Gott ist nicht erste Ursache innerhalb der zeitlichen Abfolge der empirischen Zweitursachen. Kann aber eine solche nicht zeitliche Beziehung, so fragt Penelhum, überhaupt noch als Ursächlichkeit bezeichnet werden? Ist nicht der Begriff der Ursache, wenn man von ihm die Vorstellung der zeitlichen Beziehung subtrahiert, ein nahezu leerer Begriff? Einen weiteren schwerwiegenden Unterschied in der Anwendung des Kausalitätsbegriffs sieht Penelhum darin, daß jede normale kausale Erklärung notwendig etwas unerklärt läßt, sei es eine einzelne Tatsache oder ein allgemeines Gesetz, auf die wir uns zur Erklärung einer (anderen) Tatsache berufen. Der kosmologische Gottesbeweis gehe dagegen von der Idee einer vollständigen Erklärung aus. Hier werde nichts mehr als bloß gegeben betrachtet, denn das erste Seiende, auf das alles andere zurückgeführt wird, solle sich selbst erklären. Penelhum fragt: Liegt beiden Erklärungsversuchen noch derselbe Begriff von ‚Erklärung‘ zugrunde? Oder ist die Vorstellung einer Erklärung durch ein sich selbst erklärendes Seiendes in sich widersprüchlich, weil es für eine Erklärung wesentlich ist, etwas seinerseits

22 KrV B 618f.

Unerklärtes als Grund anzuführen?[23] Handelt es sich, so lassen sich diese beiden Einwände zusammenfassen, bei der Frage nach der Ursache des Universums als Ganzen überhaupt um eine sinnvolle Frage? Oder ist nicht vielmehr mit Hume geltend zu machen, daß diese Frage auf einem unberechtigten Analogieschluß beruht? Können wir, ebenso wie nach der Ursache eines Hauses oder einer Maschine, nach der Ursache des Universums als Ganzen fragen? D. Z. Phillips beruft sich auf Humes Kritik im zweiten Teil der ,Dialoge über natürliche Religion'. „Wir können sagen, daß jemand das Haus gemacht haben muß, weil das für uns ein Teil der Bedeutung dessen ist, was wir mit einem Haus meinen. Es ist ein Artefakt und deswegen macht es Sinn, auf einen Hersteller zu schließen. ,Wie ist dieses Haus entstanden?' ist eine verständliche Frage, aber können wir in dieser Weise über das Universum sprechen? Wir können nicht sagen, daß das Universum von jemand gemacht worden ist, weil wir keine Erfahrung von Universen haben, die gemachte oder halbfertige oder unfertige Universen sind."[24] Der Schluß von einem fertigen Haus auf einen Hersteller ist legitim, weil wir an anderen Häusern den Prozeß der Herstellung verfolgen konnten, was für das Universum nicht zutrifft. Daß die Frage nach einer Ursache, auf das Universum übertragen, sinnlos wird, versucht Phillips über diesen empiristischen Einwand hinaus durch den Hinweis auf zwei ihrer Voraussetzungen zu bekräftigen[25]: Die Frage nach einer Ursache setzt einmal voraus, daß wir zwischen dem explicandum und dem explicans unterscheiden können. Ist das noch möglich, wenn wir nach der Ursache des Universums fragen? Der Begriff des Universums umfaßt nach Phillips alles, was existiert. Wenn wir von Dingen in der Welt sprechen, so meinen wir damit nicht eine bestimmte Klasse von Dingen im Unterschied zur Klasse der Dinge außerhalb der Welt, sondern wir meinen damit alle realen Dinge. Damit sei aber ausgeschlossen, daß es ein real Existierendes geben könne, das Ursache des Universums ist. Die Zirkularität dieses Einwandes liegt auf der Hand. Er beruht auf Phillips' Begriff des Universums. Der kosmologische Gottesbeweis hat das Universum nicht mit der Gesamtheit des Realen schlechthin, sondern des veränderlichen, nicht notwendigen Seienden gleichgesetzt. Die Frage nach der Ursache setzt zweitens voraus, daß das, nach dessen Ursache wir fragen, auch nicht hätte sein können. Wenn wir fragen, weshalb das Universum existiert, gehen wir davon aus, daß das Universum nicht existieren könnte. Unter Berufung auf den umgangssprachlichen Gebrauch von ,nichts' bestreitet Phillips, daß diese Voraussetzung

23 *T. Penelhum*, Religion and Rationality, New York 1971, 35–37.
24 *D. Z. Phillips*, Religion without Explanation, Oxford 1976, 18.
25 Ebd. 19f.; vgl. *D. Z. Phillips*, Faith and Philosophical Enquiry, London 1970, 40–44.

sinnvoll ist. Der normale Gebrauch von ‚nichts' sei ein relativer. Daß an einer bestimmten Stelle nichts ist, stellen wir dadurch fest, daß wir feststellen, daß etwas der Fall ist. Wir wissen, daß nichts in der Schublade ist, weil wir wissen, daß die Schublade leer ist. Diesem Einwand liegt eine verifikationistische Bedeutungstheorie zugrunde. Verifizieren läßt sich freilich nur die Nichtexistenz einzelner Gegenstände oder Sachverhalte, aber ist damit schon gezeigt, daß die sinnvolle Verwendung der Negation in dieser Weise eingeschränkt ist?

Erheblich größere Zugeständnisse an die traditionelle Position macht die Kritik von J. Hick.[26] Die kosmologischen Gottesbeweise beruhen nach ihm auf dem kosmologischen Prinzip. Es besagt, daß das Raum-Zeit-Kontinuum als kontingentes, sich nicht selbst erklärendes Phänomen nur verstanden werden kann, wenn es in Beziehung zu einem ewigen, aus sich existierenden Seienden gesehen wird, das es geschaffen hat. Das kosmologische Prinzip impliziert zwei Behauptungen: a) die Existenz des physikalischen Universums mit seinen naturwissenschaftlichen Gesetzen kann nicht als sich selbst erklärend angesehen werden; b) dagegen kann die Idee Gottes vernünftigerweise als sich selbst erklärend betrachtet werden. Der erkenntnistheoretische Status des Prinzips ist nach Hick der eines natural belief im Sinne Humes. Wir sehen oft den Hinweis auf den menschlichen Geist und seine Absichten als befriedigende Erklärung eines Vorgangs oder Zustands in der materiellen Welt an. Der Geist ist für uns als geistige Wesen einer Erklärung nicht mehr bedürftig; wir können Geister denken, die uns überlegen sind, aber wir können keine höhere Wirklichkeit als den Geist denken. Da das kosmologische Prinzip Ausdruck des menschlichen Selbstbewußtseins ist, ist es keineswegs irrational, es anzunehmen. Hick hält den transzendenten Gebrauch des kosmologischen Prinzips insofern für legitim, als bereits jede alltägliche Erklärung mit Hilfe des Geistes die kategoriale Grenze zwischen dem Physikalischen und Mentalen überschreitet. Hick geht so weit, zu behaupten, daß auch ein Atheist das kosmologische Prinzip annehmen und zugeben könnte, das Universum könne entweder durch den Rückgriff auf Gott oder gar nicht erklärt werden. Der Atheist würde sich jedoch für die zweite Alternative entscheiden und das Universum als letztes, unerklärbares Datum betrachten. Das kosmologische Argument konfrontiert uns nach Hick mit der Alternative: Das Universum ist entweder ein factum brutum oder göttliche Schöpfung. Es gebe uns jedoch keinen Grund für die zweite Alternative an die Hand. Es wird aus Hicks Text nicht deutlich, ob der Atheist auf eine Erklärung des Universums verzichtet oder ob er sie für unmöglich hält. Ist die Existenz des

26 Arguments for the Existence of God, London 1970, 46–52.

Universums für Hicks Atheisten eine unerklärte (unexplained) oder unerklärbare (unexplicable) Tatsache? Beide Wörter finden sich im Text. Für welche Interpretation man sich auch entscheidet: Hicks Position ist in jedem Fall unhaltbar. Wenn die Behauptung der Existenz Gottes die einzige Möglichkeit ist, die Existenz der Welt zu erklären, dann handelt der, der sich mit der unerklärten Tatsache der Existenz des Universums begnügt, irrational, denn er schlägt ohne Begründung die einzig mögliche Erklärung aus. Das Sichbegnügen mit der unerklärten Existenz des Universums ist dann eine irrationale Dezision. Meint Hick aber, die Existenz des Universum sei unerklärbar, so widerspricht er sich selbst, denn er behauptet ja, daß eine Erklärung des Universums, die theistische, möglich sei.

2. Ist der Begriff eines notwendig existierenden Seienden, dessen Realgeltung das kosmologische Argument aufweisen will, ein sinnvoller Begriff? Die wohl dezidierteste Antwort auf diese Frage hat J. N. Findlay vertreten[27]: Daraus, daß Gott nur als notwendiges Seiendes gedacht werden kann, ergibt sich, daß er notwendig nicht existiert. Findlay versucht, aus diesem Gottesbegriff zu zeigen, daß der theologische Agnostizismus unhaltbar ist; die Kritik der analytischen Philosophie am Begriff des notwendigen Seienden beweise vielmehr die Richtigkeit des Atheismus. Lassen wir die Frage nach Findlays Argumenten auf sich beruhen und wenden wir uns der differenzierteren und zurückhaltenderen Analyse Penelhums[28] zu. Penelhum hält Kants Einwand, daß der kosmologische auf dem ontologischen Gottesbeweis beruht, für richtig. ‚Gott ist ein notwendiges Seiendes' kann, so argumentiert er, sinnvoll nur als Aussage über eine Proposition verstanden werden. Dann bedeutet es: „Die Proposition ‚Gott existiert' ist notwendig." Eine notwendige Proposition kann nicht geleugnet werden; sie ist unter allen Umständen wahr. Wie aber kann eine solche notwendige Verbindung von Subjekt- und Prädikatsbegriff gezeigt werden? Penelhum sieht zwei Möglichkeiten: Die Proposition ist analytisch. Diese Möglichkeit scheidet aus, denn daß das durch einen Begriff Bezeichnete existiert, kann nicht Teil der Bedeutung dieses Begriffs sein. Es muß sich also um eine notwendige synthetische Proposition handeln. Wie aber läßt eine solche Notwendigkeit sich begründen? Kants Erklärung der synthetischen Urteile apriori ist, so hebt Penelhum mit Recht hervor, für den vorliegenden Zweck nicht ausreichend, da sie ausschließlich für Propositionen zutrifft, deren Geltung auf den Bereich möglicher Erfahrungen beschränkt ist.

27 Can God's Existence be Disproved, in: New Essays in Philosophical Theology (siehe Anm. 13), 47–56.
28 Religion and Rationality (siehe Anm. 23), 37–42.

Man muß Penelhum zugeben: Wenn die Rede von Gott als notwendigem Seiendem nur in der Weise verstanden werden kann, daß ,Gott existiert' ein analytischer Satz ist, so ist sie sinnlos. Denn ob einem Begriff Realgeltung zukommt, kann niemals allein aufgrund des Begriffes entschieden werden. Der Begriff des notwendigen Seienden kann daher nur dann ein sinnvoller Begriff sein, wenn er die Frage nach der Existenz eines solchen Seienden offen läßt. Gegen Penelhum bin ich der Ansicht, daß der Begriff in dieser Weise verstanden werden kann. Um das zu zeigen, möchte ich die mißverständliche Wendung ,notwendiges Seiendes' zunächst vermeiden und statt dessen von einem Seienden sprechen, das den Grund seiner Existenz in sich selbst und nicht in einem anderen hat. Die Frage, ob ein solches Seiendes existiert, ist sinnvoll. Es ist kein begrifflicher Widerspruch, zu leugnen, daß ein solches Seiendes existiert. Die Aussage, die die Existenz eines solchen Seienden behauptet, ist nicht analytisch. Geht man von diesem Begriff aus, so kann man ,notwendiges Seiendes' folgendermaßen interpretieren: Es ist ein Seiendes, das, wenn es existiert, durch sich selbst existiert. Ein solches Seiendes kann durch kein anderes verursacht sein. Daraus ergibt sich: Wenn es nicht existiert, kann es auch nicht existieren. Zu zeigen wäre: Wenn es existiert, sind keine Ursachen und kein Grund denkbar, die ein Ende seiner Existenz bewirken können. Wie aber ist dann die Frage der analytischen Philosophie nach dem logischen Status der Proposition ,Gott existiert' zu beantworten? Es handelt sich um eine notwendige Proposition; Sinn der Gottesbeweise ist es, zu zeigen, daß die Nichtexistenz Gottes nicht gedacht werden kann. Diese Notwendigkeit kann nicht darauf beruhen, daß die Proposition analytisch ist; sie ist also synthetisch. Wie aber ist dann Penelhums Frage nach der Begründung dieser Notwendigkeit zu beantworten? Die Notwendigkeit ergibt sich nicht aus dem Inhalt, das heißt den Begriffen der Proposition; insofern ist es ungenau, von einer notwendigen Proposition zu sprechen. Sie beruht vielmehr darauf, daß die Wahrheit der Proposition Bedingung der Möglichkeit für den Akt des Denkens oder Behauptens dieser Proposition ist. Die Behauptung ,Gott existiert nicht' ist widersprüchlich, weil der Inhalt ihrer Behauptung dem Akt der Behauptung widerspricht. Nach Auffassung des klassischen kosmologischen Gottesbeweises ist der Akt der Behauptung ein kontingentes Seiendes, das nur unter Voraussetzung der Existenz eines Seienden, das den Grund seiner Existenz in sich selber trägt, möglich ist.[29]

29 Vgl. *W. Brugger*, Theologia naturalis, Barcelona–Freiburg 1964, § 16.

III.

Sind aber, wenn man Metaphysik und Gottesbeweise ablehnt, Religionsphilosophie und Theologie noch möglich? Kann die religiöse Sprache dann noch eine Bedeutung haben? Wenden wir uns mit dieser Frage an D. Z. Phillips, der einen der bedeutendsten Versuche einer Religionsphilosophie auf der Grundlage der Spätphilosophie Wittgensteins vorgelegt hat. Die Aufgabe der Philosophie besteht nach dem späten Wittgenstein, wie wir bereits sahen, in der Beschreibung der Sprache. „Ich beschreibe nur die Sprache und erkläre nichts."[30] „Die Philosophie darf den tatsächlichen Gebrauch der Sprache in keiner Weise antasten, sie kann ihn am Ende also nur beschreiben. Denn sie kann ihn auch nicht begründen. Sie läßt alles wie es ist."[31] Der empiristische Zug dieses Philosophiebegriffs wird besonders deutlich, wenn Wittgenstein betont, er spreche von „dem räumlichen und zeitlichen Phänomen der Sprache", wenn auch nicht in der Weise, daß er ihre physikalischen Eigenschaften beschreibe, sondern so, „wie von den Figuren des Schachspiels, indem wir Spielregeln für sie angeben".[32] Entsprechend bestimmt Phillips das Verhältnis von Philosophie und Religion: Die Philosophie ist weder für noch gegen den religiösen Glauben. Ihre Aufgabe ist rein beschreibend. Sie hat die Sprache zu klären, die in den religiösen Vollzügen impliziert ist. Es ist nicht Aufgabe der Philosophie, festzustellen, was wir wissen können. Es kann folglich auch nicht ihre Aufgabe sein, festzustellen, ob wir wissen können, daß es einen Gott gibt. Auf die Frage nach der Existenz Gottes kann die Philosophie weder eine positive noch eine negative Antwort geben.[33]

Beschreibung und Klärung der Sprache haben nach Wittgenstein die Aufgabe, zu zeigen, daß philosophische Probleme auf einem Mißverständnis oder Mißbrauch der Sprache beruhen. „Wir führen die Wörter von ihrer metaphysischen, wieder auf ihre alltägliche Verwendung zurück."[34] Soll die Religion nicht Opfer dieser Metaphysikkritik werden, so ist zu zeigen, daß der religiöse Glaube keinerlei metaphysische Voraussetzungen impliziert.[35] Phillips ist der Auffassung, daß die Unterschiede zwischen Religion und Metaphysik tiefergreifend sind als ihre anscheinenden Gemeinsamkeiten. Betrachten wir einige seiner Argumente, die zeigen sollen, daß die Gleich-

---

30 *L. Wittgenstein*, Philosophische Grammatik, Frankfurt a. M. 1969, I § 30.
31 *L. Wittgenstein*, Philosophische Untersuchungen (siehe Anm. 20), I § 124.
32 Ebd. § 108.
33 Religion without Explanation (siehe Anm. 24), 4. 152. 181.
34 Philosophische Untersuchungen (siehe Anm. 20), I § 116.
35 *D. Z. Phillips*, Religion without Explanation (siehe Anm. 24), 100–121; zum folgenden vgl. bes. 111 ff.

setzung religiöser und metaphysischer Annahmen auf einer Konfusion beruht. Metaphysische und religiöse Äußerungen unterscheiden sich, so lautet ein erster Beweis, durch das Verhältnis, das sie zu der sie umgebenden Sprache haben. Werden die Beziehungen einer metaphysischen Behauptung zu ihrem sprachlichen Kontext explizit gemacht, so zeigt sich, daß diese Behauptung das Ergebnis einer grammatischen Konfusion ist. Dagegen erhält eine religiöse Äußerung durch den sprachlichen und lebensmäßigen Kontext erst ihr Leben und ihre Kraft. Durch ihn wird erst ihre eigentliche Bedeutung faßbar. Was zum Beispiel der Glaube an Gottes Vorsehung bedeutet, ändert sich mit den jeweiligen Umständen. Wenn ein Kind ins Wasser fällt und der Retter zu sich sagt ‚Spring! Vertrau auf Gott!‘, so braucht er deshalb nicht an ein übernatürliches Wesen zu glauben; er drückt damit vielmehr seine Entschlossenheit und selbstlose Einsatzbereitschaft aus. Die Metaphysik, so lautet ein anderes Argument, versucht die Grenzen der Sprache zu übersteigen. Die Religion bringt dagegen, wie noch näher zu zeigen sein wird, gerade die Grenzen sinnvollen Sprechens zum Ausdruck. Ein weiterer Unterschied wird schließlich an der Antwort auf die Fragen ‚Warum sagt er das?‘ oder ‚Was bedeutet das, was er sagt?‘ deutlich. Bei metaphysischen Behauptungen können diese Fragen durch den Hinweis auf ein Mißverständnis der Sprache beantwortet werden. Wie kommt jemand dazu, zu behaupten, man könne nur seiner eigenen Wahrnehmungen gewiß sein? Er weiß nicht, daß ‚Gewißheit‘ nur dort sinnvoll verwendet werden kann, wo man einer Sache auch nicht gewiß sein kann. Wir können ihn von seiner Behauptung dadurch abbringen, daß wir ihn über den Sprachgebrauch belehren. Bei religiösen Glaubensüberzeugungen sind beide Fragen dagegen sinnlos. Sie können keiner Analyse unterzogen werden, die dazu führen würde, die Überzeugung in ihrer ursprünglichen Form aufzugeben. Man kann religiöse Überzeugungen nicht dadurch kritisieren, daß man auf den Sprachgebrauch und die Grenzen der Sprache verweist. Religiöse Überzeugungen sind vielmehr selbst Ausdruck der Grenzen dessen, was sinnvollerweise gesagt werden kann. Fragt man, was diese Überzeugungen besagen, so ist die einzig mögliche Antwort: Sie sagen sich selbst. Was sie sagen, kann nicht erklärt werden. „Wir können es nur beschreiben und sagen: So ist das menschliche Leben.“[36]

Phillips’ Abgrenzung von Religion und Metaphysik beruht auf einem Metaphysikbegriff und auf einer Metaphysikkritik, die der Ausweisung im einzelnen bedürfen. Sie wird von Phillips, wenn wir von seiner Kritik an den Gottesbeweisen absehen, nicht erbracht und kann daher auch nicht Gegen-

36 Ebd. 120.

stand einer Auseinandersetzung sein. Die Auffassung des religiösen Glaubens, auf die die Unterscheidung sich stützt, bedarf, bevor wir kritische Fragen an sie richten können, zunächst eines ausführlicheren Referats.

In einer der neuesten Darstellungen seines Ansatzes knüpft Phillips an das letzte Werk Wittgensteins ‚Über Gewißheit'[37] an; Wittgenstein setzt sich dort seinerseits mit G. E. Moore auseinander. Moore[38] hat auf Sätze hingewiesen, von denen wir ein unbezweifelbares Wissen haben, zum Beispiel: ‚Ich habe zwei Hände'; ‚Es existiert im Augenblick ein lebendiger menschlicher Körper, der mein Körper ist'. Diese Sätze sind keiner Begründung fähig, denn alles, was wir als Begründung anführen könnten, hätte einen geringeren Grad der Gewißheit. Mit Moore ist Wittgenstein der Ansicht, daß diesen Sätzen eine außerordentliche Bedeutung zukommt. Er kritisiert, daß Moore bei ihnen von Wissen spricht; von Wissen könne nur die Rede sein, wo sinnvollerweise nach einer Begründung gefragt werden könne. Worin liegt nun die außergewöhnliche Bedeutung dieser Mooreschen Truismen? Fragen wir zunächst nach ihrem logischen Status. Es handelt sich nicht um analytische Sätze; andererseits unterscheiden sie sich auch von der Mehrzahl der empirischen Sätze. Gewöhnliche empirische Sätze können falsifiziert werden; bei den Mooreschen Truismen ist das nicht der Fall. Die Möglichkeit des Irrtums ist hier nicht gegeben. Es gibt keine Methode, anhand deren wir uns über die Wahrheit dieser Sätze vergewissern könnten. Wenn jemand bestreitet, daß er zwei Hände oder einen Körper hat, sagen wir nicht, daß er sich irrt, sondern daß er scherzt oder verrückt ist. Er begeht nicht einen Fehler innerhalb des Sprachspiels, sondern er zeigt, daß er das Sprachspiel überhaupt nicht beherrscht. Daß wir diese Sätze nicht bezweifeln können, ist nicht durch deren Inhalt, sondern durch ihre Stellung innerhalb der Sprache bedingt; die Sprache ist ihrerseits wiederum abhängig von dem Komplex der Aktivitäten, der die Kultur eines Volkes ausmacht. Wittgenstein bezeichnet die Gesamtheit dieser Propositionen als Weltbild. Für ein Weltbild ist es kennzeichnend, daß es ebensowenig wie die einzelnen Mooreschen Truismen begründet werden kann. Bei einem Weltbild ist es sinnlos, zu fragen, ob es richtig oder falsch ist. Diese Begriffe können sinnvoll nur innerhalb eines Weltbildes verwendet werden; das Weltbild stellt die Norm dessen dar, was sinnvoll behauptet werden kann. Das Weltbild

---

37 *D. Z. Phillips*, Religion without Explanation (siehe Anm. 24), 151–182; *L. Wittgenstein*, Über Gewißheit, Frankfurt a. M. 1971.

38 *G. E. Moore*, Eine Verteidigung des Common Sense (1925); vgl.: Beweis einer Außenwelt (1939); Gewißheit (1941); der deutsche Text dieser Aufsätze findet sich in: G. E. Moore, Eine Verteidigung des Common Sense, Frankfurt a. M. 1969.

beruht nicht auf Erfahrung; folglich kann es durch keine Erfahrung falsifiziert werden; jede Erfahrung setzt vielmehr das Weltbild voraus.

Phillips vergleicht den religiösen Glauben mit Moores Truismen. Er sieht folgende Gemeinsamkeiten: 1. Der religiöse Glaube ist ebensowenig wie Moores Truismen einer Begründung fähig. Er kann deshalb nicht als Wissen bezeichnet werden. Er ist keine Meinung oder Hypothese, die einer Begründung bedürfte. Wir können keine Gründe anführen für die Gewißheiten, daß Gott uns liebt, daß er unsere Sünden vergeben hat, daß wir uns im Gericht vor ihm verantworten müssen. 2. Wittgenstein sagt in seinen Vorlesungen über den religiösen Glauben: „Wenn man mich fragt, ob ich an das Jüngste Gericht glaube oder nicht, in dem Sinn, in dem religiöse Menschen daran glauben, dann würde ich nicht sagen, ‚Nein, ich glaube nicht, daß es so etwas geben wird‘. Es würde mir ganz verrückt vorkommen, das zu sagen."[39] Phillips interpretiert diese Aussage folgendermaßen: Der Gläubige und der Nichtgläubige unterscheiden sich nicht in der Weise, daß der Nichtgläubige das Contradictorium dessen glaubt, was der Gläubige glaubt. Der Gläubige und der Nichtgläubige nehmen nicht zu ein und demselben Sachverhalt in entgegengesetzter Weise Stellung. Das wäre nur möglich, wenn sie ein gemeinsames Weltbild hätten. Der Gläubige und der Nichtgläubige unterscheiden sich aber gerade darin, daß der Nichtgläubige das Weltbild des Gläubigen nicht teilt. Er kann mit jemand verglichen werden, der die Existenz seines eigenen Körpers bestreitet. Wer das tut, bestreitet nicht einen einzelnen empirischen Sachverhalt; er stellt sich vielmehr außerhalb des gemeinsamen Weltbildes.

Diese Gemeinsamkeiten schließen jedoch wichtige Unterschiede nicht aus. Wer einen Mooreschen Truismus bestreitet, ist verrückt. Das kann man nach Phillips von dem, der eine religiöse Weltsicht nicht teilt, nicht behaupten. Der Grund ist darin zu suchen, daß im Unterschied zu Glaubensgewißheiten die Mooreschen Truismen in vielfältigen Situationen und Tätigkeiten des täglichen Lebens vorausgesetzt werden. Dagegen kann man ohne religiösen Glauben am alltäglichen Leben teilnehmen. Einen zweiten Unterschied sieht Phillips darin, daß es gegenüber dem oder einem religiösen Weltbild Alternativen gibt, was beim natürlichen Weltbild im Sinne Wittgensteins nicht der Fall ist. Phillips betont, der absolute Anspruch des religiösen Weltbildes werde durch diese Tatsache nicht in Frage gestellt. Daraus, daß es Alternativen gibt, folgt für ihn nicht, daß die religiöse Weltsicht einen bloß hypothetischen Charakter hat.

Bevor ich zur Kritik übergehe, möchte ich die von Phillips selbst gezogenen

39 Vorlesungen und Gespräche über Ästhetik, Psychologie und Religion, Göttingen 1971, 90.

Folgerungen hervorheben, die sich aus diesem Verständnis des religiösen Glaubens für die Frage nach dessen Vernünftigkeit und Begründbarkeit ergeben. Im Anschluß an die Polemik des späten Wittgenstein gegen den Essentialismus und dessen These von der Familienähnlichkeit der Begriffe hebt Phillips hervor, daß die Annahme verfehlt sei, es gebe ein einziges Paradigma der Rationalität, an dem alle Sprachspiele zu messen seien. „Es ist folglich ein notwendiges Prolegomenon der Religionsphilosophie, die Verschiedenheit der Rationalitätskriterien zu zeigen; zu zeigen, daß die Unterscheidung zwischen dem Wirklichen und dem Unwirklichen nicht in jedem Kontext auf dasselbe hinausläuft."[40] Soll dieser Satz nur auf die Analogie oder die Familienähnlichkeit des Rationalitätsbegriffs hinweisen, so kann man ihm voll zustimmen. Phillips versteht ihn jedoch in der Weise, daß die Rationalitätskriterien des religiösen Sprechens ausschließlich diesem selbst entnommen werden dürfen. „Die Kriterien dessen, was sinnvoll über Gott gesagt werden kann, müssen *innerhalb* der religiösen Tradition gefunden werden."[41] Diese These begrenzt für Phillips die Aufgabe der Philosophie und Theologie. Sie können nicht anhand äußerer Kriterien beurteilen, was in der religiösen Sprache sinnvoll gesagt werden kann. Sie können diese Frage vielmehr nur dadurch entscheiden, daß sie die religiösen Begriffe innerhalb des Kontexts, aus dem sie ihre Bedeutung ableiten, untersuchen. Theologie ist „die Grammatik der religiösen Sprache".[42] Als solche kann sie eine interne kritische Funktion ausüben. Sie kann feststellen, was den Regeln der religiösen Sprache gemäß ist oder ihnen widerspricht. Die Frage nach der Rationalität des religiösen Glaubens als solchen ist dagegen sinnlos. Für die Auseinandersetzung zwischen Theismus und Atheismus ergibt sich aus diesem Ansatz: Der Streit darüber, ob Gott existiert oder nicht, ist nach Phillips sinnlos. ‚Gott existiert' bzw. ‚Gott existiert nicht' sind keine Sätze im Indikativ, in denen wir etwas behaupten und dafür eine Ausweisungsgarantie übernehmen. Der Streit zwischen Theismus und Atheismus läßt sich deshalb nicht mit philosophischen Argumenten entscheiden. Ebenso wie die Gottesbeweise beruht der Versuch, den Atheismus zu beweisen, auf einer logischen Konfusion; der theoretische Theismus und der theoretische Atheismus sind also beide in gleicher Weise unhaltbar. Das deutlich zu machen ist Aufgabe der Religionsphilosophie; darüber hinaus kann sie zeigen, daß sowohl das theistische als auch das atheistische Sprachspiel in sich konsistent sind. Der Atheist, der nicht glaubt, das theistische Sprachspiel als Ganzes widerlegen zu können, sondern sich auf die Position

40 Faith and Philosophical Enquiry (siehe Anm. 25), 17.
41 Ebd. 4; Hervorhebung des Originals.
42 Ebd. 6.

zurückzieht, die religiöse Sprache sei für ihn bedeutungslos, ist ebenso wie der Theist, der das religiöse Weltbild als Ganzes annimmt, unwiderlegbar. Phillips bezeichnet es als das Ziel seiner philosophischen Untersuchung, der nutzlosen Spekulation, die unter dem Namen der Religionsphilosophie betrieben werde, ein Ende zu machen. Der theoretische Theismus und der theoretische Atheismus sind für ihn, hier zeigt sich am deutlichsten der Agnostizismus seines Ansatzes, verschlossene Türen.[43]

Eine Kritik an Phillips kann ansetzen bei den beiden Unterschieden zwischen den Mooreschen Truismen und dem religiösen Glauben, die er selbst hervorhebt. Die Unbezweifelbarkeit der Mooreschen Truismen beruht darauf, daß sie in verschiedensten Bereichen der menschlichen Kommunikation und Interaktion vorausgesetzt werden. Das ist aber, wie Phillips zugibt, bei den Inhalten des religiösen Glaubens nicht der Fall. Mit welchem Recht kann Phillips dann deren unbezweifelbare Gewißheit behaupten? Eine Möglichkeit, seinen Ansatz konsequent weiterzuführen, wäre, aufzuzeigen, daß die verschiedensten menschlichen Vollzüge notwendig letzte religiöse Gewißheiten voraussetzen. Dann aber müßte man Phillips' These von der Unbegründbarkeit des religiösen Weltbildes modifizieren, denn das Aufzeigen letzter Voraussetzungen wäre ein Prozeß der Begründung. Phillips hebt hervor, daß es im Unterschied zum natürlichen gegenüber einem religiösen Weltbild Alternativen gibt. Dennoch möchte er am Absolutheitsanspruch des jeweiligen religiösen Weltbilds festhalten. Beide Forderungen scheinen mir schwer miteinander vereinbar zu sein. Sobald ein Mensch vor der Entscheidung zwischen alternativen Weltbildern steht, gibt es meines Erachtens nur zwei Möglichkeiten. Entweder fällt er eine begründete Entscheidung. In diesem Fall kann er einen Absolutheitsanspruch seines Weltbildes vertreten. Dann aber ist Phillips' These unhaltbar, daß von Rationalität nur innerhalb des religiösen Weltbildes sinnvoll gesprochen werden könne. Oder die Entscheidung ist rein willkürlich. Ich sehe nicht, wie in diesem Fall noch von einem Absolutheitsanspruch die Rede sein kann. Der Absolutheitsanspruch eines Weltbildes, das in Konkurrenz zu anderen steht, kann also nur sinnvoll vertreten werden, wenn ein begrifflicher Rahmen vorausgesetzt wird, der die verschiedenen Alternativen überspannt und eine begründete Entscheidung zwischen ihnen ermöglicht.[44] Dagegen versucht Phillips,[45] den Absolutheitsanspruch einer religiösen Überzeugung mit rein faktischen Kategorien zu beschreiben. Ein religiöser Glaube ist für ihn ein Bild, das die Lebensführung eines Menschen bestimmt. Der Verlust des

43 Religion without Explanation (siehe Anm. 24), 188–190.
44 Vgl. die Kritik von *K. Nielsen* (siehe Anm. 3), 109f.
45 Faith and Philosophical Enquiry (siehe Anm. 25), 111–121.

Glaubens besteht darin, daß ein anderes Bild an seine Stelle tritt; das Bild verliert seine Kraft, die Aufmerksamkeit und Energien des Menschen konzentrieren sich auf ein anderes Bild. Die Bilder sind der Beurteilung des Gläubigen entzogen; nicht er beurteilt sie, sondern sie beurteilen ihn. Die kritische Reflexion auf ein Bild ist bereits ein Zeichen dafür, daß das Bild seine Kraft für das Leben des Betreffenden zu verlieren beginnt. Liest man diese Ausführungen, so kann man sich nur schwer des Eindrucks erwehren, daß der religiöse Glaube bei Phillips die Züge eines schicksalhaften Ereignisses annimmt, das der Verantwortung des Menschen entzogen ist. Für Phillips ist ‚Gott existiert' kein indikativischer Satz, das heißt keine Behauptung. Auf der anderen Seite behauptet er, beim religiösen Glauben handle es sich um Bilder, die das Leben eines Menschen bestimmen. Inhalt dieser Bilder ist zum Beispiel die Liebe oder das Verzeihen Gottes. Es ist nicht einzusehen, wie diese Bilder ein Leben bestimmen sollen, wenn der betreffende Mensch nicht davon, daß Gott ihn liebt oder ihm verzeiht, überzeugt ist, das heißt diese Propositionen für wahr hält. Das ist aber wiederum nur möglich, wenn er die Proposition ‚Gott existiert' für wahr hält. Mit Recht wendet J. Hick gegen Phillips ein: „Die Frage, ob Gott existiert, als logisch unangemessen auszuschließen, heißt implizit zu bestreiten, daß die zentralen religiösen Aussagen wie ‚Gott liebt die Menschheit' oder ‚Gott führt das Universum zu dem Ziel, das er ihm selbst gesetzt hat' faktisch wahr-oder-falsch sind."[46]

IV.

Phillips' Position ist innerhalb der sprachanalytischen Religionsphilosophie von entgegengesetzten Richtungen her angegriffen worden. K. Nielsen hat für die von Phillips vertretene Richtung die Bezeichnung „Wittgensteinscher Fideismus" geprägt.[47] Er betont gegen Phillips,[48] daß dessen Konzeption der nicht mehr hinterfragbaren Weltbilder mit dem Absolutheitsanspruch des Christentums unvereinbar sei. Das Christentum könne nicht als isoliertes Sprachspiel unter anderen betrachtet werden; es erhebe den Anspruch, allgemeine Aussagen über das Wesen der Wirklichkeit als solcher zu machen; in diesem Sinne sei es eine metaphysische Religion. Nielsen greift die Religionskritik des logischen Positivismus auf und versucht zu zeigen, daß alle Versuche, sie zu widerlegen, gescheitert sind, so daß der religiöse Glaube jeder vernünftigen Grundlage entbehrt.[49] Ohne sich aus-

46 The Justification of Religious Belief: Theology 71 (1968) 100–107; 101; zitiert nach *Dalferth* (siehe Anm. 13), 230.
47 Wittgensteinian Fideism: Philosophy 42 (1967) 191–209.
48 Contemporary Critics (siehe Anm. 3), 103–111.   49 Ebd. 31–93. 135f.

drücklich auf Phillips zu beziehen, wendet sich auch A. Flew gegen den Fideismus. Er betont im Anschluß an die traditionelle katholische Apologetik, die im Ersten Vaticanum ihren amtlichen Ausdruck gefunden hat, die Forderung, daß der Glaube vor der Vernunft müsse verantwortet werden können. Auch für ihn ist Christentum ohne Metaphysik (natürliche Theologie) nicht möglich. Aber wie Nielsen ist er der Auffassung, daß die Forderung nach einer vernünftigen Begründung des christlichen Theismus bisher noch nicht erfüllt worden ist; die „Präsumtion des Atheismus" sei bisher noch nicht widerlegt.[50]

Wie Nielsen und Flew tritt J. Hick für den kognitiven Charakter der religiösen Sprache ein. Schrift, Liturgie, Glaubensbekenntnisse und die großen Theologen der christlichen Tradition meinen nach ihm, wenn sie von Gott sprechen, ein reales Seiendes, das unabhängig von uns existiert und mit dem wir in Gebet und Gottesdienst in eine persönliche Beziehung treten.[51] „Der transzendente Theismus macht Behauptungen, die logisch fähig sind, entweder wahr oder falsch zu sein."[52] Hick bestreitet also die phänomenale Basis der nonkognitiven Theorien. Sie analysieren und beschreiben nicht das tatsächliche Verständnis der religiösen Sprache, sondern sie machen Reformvorschläge, wie diese Sprache in Zukunft verstanden werden soll. Die negative Prämisse des Nonkognitivismus sei, daß die religiöse Sprache nicht die Bedeutung haben könne, die ihre Benutzer ihr bisher unterstellt haben. Hick wirft den Nonkognitivisten Etikettenschwindel vor; sie betreiben nach seiner Ansicht unter dem alten Firmenschild ein völlig anderes Geschäft.[53] Im Unterschied zu Nielsen und Flew ist Hick jedoch der Ansicht, daß es sich bei der christlichen Rede über Gott um sinnvolle Aussagen handelt. In jeder Aussage übernimmt der Sprechende aber eine Ausweisungsgarantie. Wie kann sie nach Hick, der mit Hume und Kant die Gottesbeweise ablehnt, eingelöst werden?

Fragen wir zunächst, wie Hick den Begriff der Gotteserkenntnis oder, was für ihn dasselbe bedeutet, des Glaubens an Gott bestimmt.[54] Grundlegend für seine Analyse des Glaubensbegriffs (er versteht sie als metatheologische, ausschließlich epistemologische Analyse, der nicht nur der Glaubende, sondern ebenso der Nichtglaubende, der Atheist oder Agnostiker, soll zustimmen können) ist die Unterscheidung zwischen der Erkenntnis eines

---

50 God and Philosophy (siehe Anm. 15), § 1.1–1.30; The Presumption of Atheism (siehe Anm. 14), 26f. 42–52.
51 God and the Universe of Faiths (siehe Anm. 11), 8.
52 Ebd. 14.   53 Ebd. 8f.
54 Die folgende Darstellung beruht auf *J. Hick*, Faith and Knowledge, Ithaca/N. Y. 1957, 109–191; *ders.*, God and the Universe of Faiths (siehe Anm. 11), 37–52; für eine ausführliche Darstellung des Ansatzes von Hick siehe *J. Meyer zu Schlochtern* (siehe Anm. 18), 118–149.

gegenwärtigen und der eines abwesenden Objekts. Die Erkenntnis eines gegenwärtigen Objekts beruht auf der Bekanntschaft mit diesem, die eines abwesenden besteht dagegen in einer Meinung, die wir über dieses Objekt haben. Hick markiert nun einen scharfen Einschnitt innerhalb der religiösen Sprache. Die Sprache der Bibel, des Gebets, der Predigt usw. betrachte den Glauben als Erkenntnis eines Gegenwärtigen, als persönliche Begegnung mit dem göttlichen Du; dagegen sei für die christliche Theologie der Glaube eine Zustimmung zu Propositionen. Hick sieht den Glaubensbegriff, den er entwickeln will, in bewußtem Gegensatz zur theologischen Tradition. Er möchte den Glauben mit der Bibel als Erkenntnis eines gegenwärtig Gegebenen verstehen. Die bekannteste Weise einer solchen Erkenntnis ist die Wahrnehmung. Gotteserkenntnis, das ist Hicks zentrale These, ist nach der Art der Wahrnehmung und nicht als Erkenntnis der Wahrheit einer Proposition zu verstehen. Damit will Hick nicht bestreiten, daß der Glaube und die Theologie es auch mit Aussagen zu tun haben. Aber diese beruhen, darauf kommt es ihm an, auf einer Art Wahrnehmung oder Erfahrung; sie ist Glaube im primären Sinn.

Wahrnehmung oder Erfahrung sind nach Hick aber immer Wahrnehmung oder Erfahrung als . . . Wir erfassen in der Wahrnehmung niemals bloße Sinnesdaten. Die Materie der Sinneseindrücke steht vielmehr immer schon unter einer Form; sie wird unter einer Ordnung oder Struktur erfaßt, die Hick als Bedeutung bezeichnet. Daß Sinneseindrücke eine Bedeutung haben, ist eine Leistung des Subjekts, das die Eindrücke interpretiert. Die Interpretation stellt eine Beziehung zu den Bedürfnissen und Zwecken des Menschen her. Etwas als Messer oder als Stuhl zu sehen bedeutet, disponiert zu sein, es in einer bestimmten Weise zu gebrauchen. Kriterium, ob eine Interpretation richtig ist, ist die Praxis, der Gebrauch der Sache. Zwei Unterscheidungen erlauben es Hick, den Begriff des Wahrnehmens als . . . auf die Gotteserkenntnis anzuwenden. Er unterscheidet zunächst zwischen dem Erfassen eines einzelnen Objekts und einer Situation. Eine Situation ist eine Gruppe von Objekten, der über die Bedeutung der einzelnen Objekte hinaus eine zusätzliche, eigene Bedeutung zukommt. Eine Situation disponiert folglich zu einem ihr entsprechenden Verhalten. Bei den Situationen unterscheidet er drei Ebenen der Bedeutung bzw. Interpretation: die physische, ethische und religiöse. Jede ethische Situation setzt eine physische voraus, stellt aber zugleich einen mit Hilfe der physischen Interpretation nicht faßbaren Anspruch dar. Der Schrei eines Ertrinkenden ist zunächst ein physisches Ereignis; die ethische Bedeutung dieser Situation wird nur von dem erfaßt, der die Verpflichtung erkennt, den Ertrinkenden zu retten. Einer der Unterschiede der religiösen gegenüber der ethischen Interpretation liegt darin, daß die religiöse Interpretation nicht bestimmte einzelne physische Situationen voraussetzt, sondern eine Interpretation der gesamten Wirklichkeit ist. Sie sieht die Welt als Ort der Gegenwart und Tätigkeit Gottes; sie interpretiert die verschiedenen Ereignisse des persönlichen Lebens und die Geschichte als von der göttlichen Vorsehung gelenkt, die das Heil der Menschen will. Religiöse Erfahrung unterscheidet sich von anderer Erfahrung nicht dadurch, daß eine andere Welt wahrgenommen wird, sondern dadurch, daß dieselbe Welt in einer anderen Weise erfahren wird. Die praktischen Verhaltensweisen, zu denen die religiöse Interpretation disponiert, sind Vertrauen und Gehorsam.

Stellen wir an Hick die in unserem Zusammenhang entscheidende Frage, ob die Interpretationen, die unsere Erfahrungen auf den verschiedenen Ebenen bestimmen, einer Begründung oder Rechtfertigung fähig sind. Bei der physischen und ethischen Interpretation unterscheidet Hick zwischen der Interpretation einzelner Situationen und einem basalen Akt der Interpretation, der den Einzelinterpretationen zugrunde liegt.[55] Wir sahen bereits, daß Einzelinterpretationen physischer Objekte oder Situationen sich anhand pragmatischer Kriterien rechtfertigen lassen. Diese Frage soll uns hier nicht weiter beschäftigen. Entscheidend ist, daß die basalen Akte der Interpretation keine Rechtfertigung zulassen. Basal für jede physische Interpretation ist die Annahme der Realität der uns umgebenden Welt, das heißt die Überwindung des Solipsismus. Dieser Schritt kann durch keine Erfahrung gerechtfertigt werden, denn jede Erfahrung setzt als Erfahrung als . . . immer schon diesen Gesamtrahmen voraus. Die Möglichkeit des Solipsismus kann durch keine philosophische Argumentation ausgeschlossen werden. Dennoch zeigen wir keinerlei Neigung, an der Realität der uns umgebenden Welt zu zweifeln. Wenn diese Interpretation auch nicht begründet werden kann, so ist sie doch nicht in unser Belieben gestellt. Ebensowenig könne der Standpunkt des moralischen Solipsismus widerlegt werden. Verantwortung für andere Menschen könne nicht bewiesen werden; ihr Fehlen ist für Hick ein der physischen Blindheit analoger Defekt. Im Unterschied zur Annahme der Realität der Welt zwingt die moralische Interpretation sich uns nicht auf. Wir erfahren eine innere Tendenz zur Verantwortung, aber wir sind ihr gegenüber frei; wir können uns ihr widersetzen.

Auch die theistische Weltsicht beruht nach Hick auf einem basalen Interpretationsakt, der die gesamte Wirklichkeit unter einem veränderten Vorzeichen erscheinen läßt. Hick verdeutlicht ihn durch den Unterschied zwi-

55 Faith and Knowledge (siehe Anm. 54), 122–127.

schen einer gelebten und einer nur gespielten Szene, zum Beispiel einer Verschwörung: die Ereignisse sind dieselben, die Bedeutung ist eine andere.[56] Im Unterschied zur Annahme einer realen Welt ist der basale religiöse ebenso wie der basale ethische Interpretationsakt frei. Die Wirklichkeit Gottes drängt sich nicht auf wie die der physischen Welt. Die Gottesbeziehung trägt personalen Charakter; sie bringt ein persönliches Engagement des Menschen mit sich. Deshalb muß sie frei sein; das ist aber nur möglich, wenn Gott ein Deus absconditus ist. Die Religionsgeschichte zeigt eine tief eingewurzelte Tendenz des Menschen, seine Erfahrung in religiösen Begriffen zu interpretieren. Ihr gegenüber ist der Mensch frei; der theoretische Atheismus beruht auf einer Unterdrückung dieser Tendenz. Wie ist Hicks basaler religiöser Interpretationsakt erkenntnistheoretisch genauer zu kennzeichnen? Hick betont, daß sich keinerlei auf empirischen Daten beruhende Wahrscheinlichkeitsargumente für die theistische Interpretation geltend machen lassen. Eine Interpretation, die sich auf die Gesamtheit der Daten bezieht, kann durch einzelne Daten weder bestätigt noch widerlegt werden, weil von ihr her das einzelne Datum erst seine Bedeutung erhält. Was die Einzelheiten in einem Puzzle bedeuten, kann ich erst entscheiden, wenn ich entdeckt habe, was das Puzzle als Ganzes darstellt. Die theistische Weltsicht kann also in keiner Weise verifiziert werden. Verfällt sie damit aber nicht dem vom metatheologischen Agnostizismus erhobenen Sinnlosigkeitsverdacht? Diesem Einwand begegnet Hick mit dem Begriff der eschatologischen Verifikation.[57] Das Christentum ist imstande, auf eine Situation zu verweisen, in der seine Aussagen sich verifizieren lassen. Es erwartet ein Leben nach dem Tod in der Anschauung Gottes. Dieser Anspruch des Christentums kann verifiziert, aber nicht falsifiziert werden. Denn wenn wir den leiblichen Tod überleben, wissen wir (wahrscheinlich), daß wir ihn überlebt haben; wenn wir ihn dagegen nicht überleben, wissen wir nicht, daß wir ihn nicht überlebt haben. Der eschatologischen Verifikation kann jedoch keinerlei Bedeutung für die Rechtfertigung der religiösen Interpretation zukommen. Das ist schon deshalb ausgeschlossen, weil in diesem Fall die religiöse Weltsicht lediglich den Status einer noch nicht verifizierten Hypothese hätte. Das aber will Hick in keiner Weise behaupten. Der Glaubende ist sich seiner Interpretation gewiß. Worauf aber gründet diese Gewißheit? Hick versucht einen Mittelweg zu gehen: Der basale Interpretationsakt der religiösen Weltsicht ist weder „ein Vernunftschluß

---

56 Ebd. 127 f.
57 Ebd. 149–161. Auf die Diskussion dieses Begriffs kann hier nicht eingegangen werden; vgl. dazu *Meyer zu Schlochtern* (siehe Anm. 18), 130–134.

noch eine nicht vernünftige Ahnung . . . Er ist vermutlich ein Erfassen der göttlichen Gegenwart in der menschlichen Erfahrung des Glaubenden."[58] Hick möchte einerseits an der Rationalität der Gewißheit des Interpretationsaktes festhalten; er verdient nach ihm die Bezeichnung „Wissen";[59] auf der anderen Seite lehnt er jede Form der Begründung ab. „Der theistische Gläubige kann nicht erklären, wie er weiß, daß die Gegenwart Gottes durch seine menschliche Erfahrung vermittelt wird. Er entdeckt sich einfach dabei, daß er seine Erfahrung in dieser Weise interpretiert. Er lebt in der Gegenwart Gottes, obwohl er unfähig ist, durch irgendeinen dialektischen Prozeß zu beweisen, daß Gott existiert."[60]

Aus der Ablehnung jeder Möglichkeit der Begründung ergibt sich für Hick, daß logisch gesehen zwischen der theistischen und der naturalistischen (atheistischen) Weltsicht kein Unterschied besteht. Die naturalistische These ist in sich ebenso konsistent wie die theistische. Auch sie kann zumindest grundsätzlich alle Fakten, auch die der religiösen Erfahrung, erklären.[61] Andererseits hebt Hick deutlich den ontologischen Anspruch der theistischen Interpretation hervor. Er wendet sich gegen ein nonkognitives Verständnis, nach dem ,Gott erkennen' ausschließlich die Bezeichnung einer Einstellung oder eines Gefühls ist, die sich auf die Welt als Ganzes beziehen. Die theistische Religion behauptet, „daß Gott als ein reales Seiendes existiert, das unsere Welt transzendiert und uns zugleich in ihr und durch sie begegnet . . . Für den Theisten bezeichnet das Wort ,Gott' keine logische Konstruktion, noch ist es einfach ein poetischer Ausdruck für die Welt als ein Ganzes; es bezieht sich auf den einzigen transzendenten persönlichen Schöpfer des Universums."[62] Damit stellt sich aber wiederum die Frage, wie diese ontologische Behauptung und mit ihr die theistische Weltsicht gerechtfertigt werden kann. Im Schlußkapitel seines Buches über die Gottesbeweise fragt Hick, ob ein rationaler theistischer Glaube ohne Beweise möglich sei.[63] Was verstehen wir unter einem rationalen Glauben? Hick fragt zunächst, wovon das Prädikat ,rational' ausgesagt werde. Propositionen können nach ihm sinnvoll oder sinnlos, sie können wahr oder falsch, aber sie können nicht rational oder irrational sein. Rational oder irrational sind nach Hick Menschen und ihr Verhalten, einschließlich der Zustimmung zu Propositionen. Die einzigen Propositionen, bei denen nach Hick die Frage nach der Vernünftigkeit der Zustimmung anhand des Inhalts der Proposition entschieden werden kann, sind die analytischen. Sie sind auf-

58 Faith and Knowledge (siehe Anm. 54), 129.
59 Ebd. 133.   60 Ebd. 132.   61 Ebd. 140–145.   62 Ebd. 188f.
63 Arguments for the Existence of God (siehe Anm. 26), 107–116.

grund der Bedeutung der in ihnen verwendeten Wörter wahr und verdienen folglich die Zustimmung eines jeden, der sie versteht. In allen anderen Fällen ist die Vernünftigkeit einer Zustimmung relativ auf die Person, die einer Proposition zustimmt. Es kann für A vernünftig sein, der Proposition p zuzustimmen, für B dagegen nicht, weil A über Erfahrungsdaten verfügt, die B nicht zugänglich sind. Hick wendet diesen Begriff der Rationalität auf den Glauben an die Existenz Gottes an. Ob es vernünftig ist, an die Existenz Gottes zu glauben, ist demnach in dieser undifferenzierten Form eine sinnlose Frage. Die Vernünftigkeit dieses Glaubens ist personenrelativ. Sie beruht auf der religiösen Erfahrung. Für den, der sie hat, ist es vernünftig zu glauben; für den, der sie nicht hat, vernünftig, nicht zu glauben. Es gibt also einen religiösen Agnostizismus, den auch der Gläubige als berechtigt anerkennen muß. „Denn wenn es für den einen auf der Basis seiner besonderen religiösen Erfahrung vernünftig ist, die Realität Gottes zu bejahen, so muß es für den anderen, dem jede Erfahrung dieser Art abgeht, vernünftig sein, die Realität Gottes nicht zu bejahen."[64]

Mit dieser These über die Rationalität des Glaubens an die Existenz Gottes schränkt Hick den kognitiven Charakter der religiösen Sprache, den er gegenüber Phillips betont, erheblich ein. Das Behauptungsmoment der Aussage ‚Gott existiert' darf nach Hick nicht so verstanden werden, als übernehme der Sprechende damit eine Ausweisungsgarantie gegenüber jedem vernünftigen und gutwilligen Gesprächspartner. Die Behauptung erhebt keinen Anspruch auf intersubjektive Geltung; man kann sich mit guten Gründen der Zustimmung zu ihr enthalten. Die Möglichkeit einer intersubjektiven Begründung wird ausgeschlossen. Einziges Kriterium ist eine private Erfahrung. Der Glaube an Gott wird ausschließlich zu einem Bekenntnis über eine persönliche Erfahrung; eine Diskussion über die Frage, ob Gott existiert oder nicht, ist sinnlos. Eine Ausweisungsgarantie wäre bei Hicks Ansatz in der Weise denkbar, daß er Situationen beschreibt, in denen die betreffende Erfahrung gemacht werden kann. Aber auch diesen Weg schlägt er nicht ein. Die erkenntnistheoretischen Prämissen dieses Rationalitätsbegriffs werden von Hick eindeutig benannt: Es gibt nur analytische und (in einem weiteren Sinn) empirische Propositionen. Die einzigen Möglichkeiten, die Wahrheit einer Proposition aufzuweisen, sind ihre Verifikation (in einer persönlichen Erfahrung) oder der Aufweis, daß sie analytisch ist.

Schwererwiegend sind die Fragen, die an Hicks Erfahrungsbegriff zu stellen sind. Hick betont, daß jedes Wahrnehmen oder Erfahren ein Wahrnehmen

64 Ebd. 115.

oder Erfahren als . . . ist. Jede Wahrnehmung, so möchte ich Hick inter-pretieren, kommt unter dem Einfluß eines Begriffs zustande; sie impliziert immer schon eine Deutung des (sinnlich) Gegebenen. Das besagt aber, daß jeder Wahrnehmungsakt eine Stellungnahme zu einer Proposition impli-ziert. ‚Etwas als etwas wahrnehmen' ist gleichbedeutend mit ‚wahrnehmen, daß x ein a ist'. Es besagt ferner, daß wir bei jeder Wahrnehmung zwischen dem (sinnlich) Gegebenen und dem deutenden Begriff unterscheiden müs-sen. Nun ist mir aus Hicks Ausführungen nicht deutlich geworden, ob er diese aus seiner These, daß alle Wahrnehmung Wahrnehmung als . . . ist, sich ergebenden Folgerungen bei der religiösen Erfahrung durchgehalten hat. Ich kann mich des Eindrucks nicht erwehren, daß Hick mit einem dop-pelten Begriff der religiösen Erfahrung arbeitet: 1. Die religiöse Erfahrung ist, vom Gegebenen her gesehen, keine eigene Erfahrung, sondern sie be-steht in der theistischen Deutung aller anderen Erfahrungen; die theistische Deutung ist das begriffliche Element. Fragen wir nach der Rechtfertigung dieser Deutung, so verweist Hick auf die religiöse Erfahrung. Jetzt verwen-det er aber einen anderen Begriff: 2. Religiöse Erfahrung ist die Erfahrung der Anwesenheit und des Wirkens Gottes in der Welt. Nach diesem Begriff ist religiöse Erfahrung von ihrem materialen Element her gesehen eine Er-fahrung eigener Art.[65] Gehen wir von diesem zweiten Begriff aus, so führt Hicks Ansatz zu einem regressus in infinitum: Die religiöse Erfahrung als Erfahrung sui generis rechtfertigt den basalen Akt der religiösen Interpreta-tion. Als Erfahrung ist aber die religiöse Erfahrung ihrerseits wiederum notwendig Erfahrung als . . .; das in ihr Gegebene bedarf seinerseits der In-terpretation. Wie kann diese gerechtfertigt werden? Wie komme ich zu der für die Interpretation dieses Gegebenen als theistischer Erfahrung erforder-lichen Begrifflichkeit? Nach Hicks eigener Voraussetzung ist eine Erfah-rung von ihrem materialen Element her niemals eine vollständige und ein-deutige Gegebenheit. Sie bedarf der Interpretation. Berufe ich mich für diese Interpretation auf eine andere Erfahrung, so kann diese ihrerseits wiederum nur eine gedeutete Erfahrung sein. Dann aber ist zu fragen, was die Interpretation einer Erfahrung als theistischer Erfahrung voraussetzt. Die Gewißheit, daß in einer Erfahrung Gott am Werke ist, impliziert die Gewißheit, daß Gott existiert. Die Bejahung der Proposition, daß Gott exi-stiert, ist also notwendig in jeder theistischen Erfahrung vorausgesetzt. Hier wird Hicks Entgegensetzung von perception und propositional belief[66] frag-würdig. Eine religiöse perception ist ohne den propositional belief, daß

65 Zu diesem zweiten Begriff vgl. z. B.: God and the Universe of Faiths (siehe Anm. 11), 44; Arguments for the Existence of God (siehe Anm. 26), 111 f.
66 God and the Universe of Faiths (siehe Anm. 11), 37 f.

Gott existiert, nicht möglich. Wie aber kann dieser belief gerechtfertigt werden? Hick könnte sich hier auf eine eindeutige Erfahrung berufen, das heißt auf eine Erfahrung, die von ihrer materialen Gegebenheit her so beschaffen ist, daß sie nur als Erfahrung Gottes gedeutet werden kann. Ist eine solche Erfahrung aber denkbar? Wenn Hick sich darauf beschränkt, auf die Erfahrungen der großen religiösen Gestalten zu verweisen, macht er sich die Sache zu einfach. Lassen diese Erfahrungen tatsächlich nur die theistische Interpretation zu? Gerät Hick damit nicht in einen Widerspruch zu seiner Behauptung, die theistische Interpretation der Welt könne durch keine Erfahrung bestätigt werden? In einer eindeutigen Gotteserfahrung müßte Gott als Gott erfahren werden. Kann aber das Unendliche als Unendliches Inhalt einer Erfahrung sein, die notwendig ein endliches Ereignis ist? Läßt nicht jede Erfahrung als endliches Ereignis die Frage offen, ob sie nicht auch anders als durch das Unendliche erklärt werden kann?[67]

---

67 Vgl. *C. H. Whiteley*, The Cognitive Factor in Religious Experience: Proceedings of the Aristotelian Society, Suppl. Vol. 29 (1955) 85–92; 91 f.

Heinz Robert Schlette

Vom Atheismus zum Agnostizismus

Der Titel ist eine These. Aber genügt nicht schon eine erste philosophie-historische Erinnerung, um sie zu widerlegen? Ist nicht Agnostizismus, der doch mit Skepsis vergleichbar ist, viel älter als Atheismus? Ist nicht Atheismus erst eine Position der Neuzeit? Ja, gibt es nicht in der Neuzeit selbst, vom 17. bis zum 19. Jahrhundert, eine ,Entwicklung' vom Agnostizismus zum Atheismus?[1] Man weiß zwar, daß ,Atheismus' bzw. ,Materialismus' da und dort schon in der Antike und selbst im alten Indien vorkamen – und manche legen Wert darauf, dies zu ihrem Erbteil zu zählen[2] –, aber als öffentlich-kulturelle Überzeugung kann Atheismus als sein gesichertes Geburtsdatum frühestens das 18. Jahrhundert angeben. Skepsis indes trat vorneuzeitlich erheblich häufiger auf,[3] so daß man durchaus eine Linie ,vom Agnostizismus zum Atheismus' aufzeigen könn-te. Die umgekehrt verlaufende Linie, von der hier gesprochen werden soll, kann offenbar nur in der jüngeren Vergangenheit beobachtet wer-den: als eine Entwicklung, die vom 19. Jahrhundert bis in die Gegenwart hinein zu verfolgen ist.

Diese Problematik wird hier jedoch nicht um theologischer Interessen wil-len aufgenommen (obwohl nicht zu verschweigen ist, daß die Theologie an

1 Vgl. *H. Kößler*, Neuzeitlicher Atheismus, philosophisch, in: RGG[3] I (1957) 673–675.

2 Vgl. *H. Ley*, Geschichte der Aufklärung und des Atheismus, I, Berlin 1966, bes. 100–128 sowie 231–518; s. auch: Marxistisch-leninistisches Wörterbuch der Philosophie, hrsg. v. *G. Klaus* u. *M. Buhr*, Reinbek 1972, 126; ferner: *F. A. Lange*, Geschichte des Materialismus und Kritik seiner Bedeutung in der Gegenwart (1866), hrsg. v. A. Schmidt, I, Frankfurt a. M. 1974, 7–147.

3 Zur Geschichte der Skepsis bzw. des Skeptizismus sei hier nur verwiesen auf: *R. H. Popkin*, Skepticism, in: The Encyclopedia of Philosophy, ed. by P. Edwards (= EPh), VII, New York–London 1967, 449–461 (Lit.). In sachlicher Hinsicht empfiehlt es sich, folgende Unterschei-dung zu beachten: „Während der allgemeine Skeptizismus grundsätzlich die Möglichkeit wah-rer Erkenntnis bezweifelt, ist Agnostizismus jener besondere Skeptizismus, der das Übersinnli-che für unerkennbar erklärt, also Metaphysik als Wissenschaft, besonders eine Erkennbarkeit Gottes leugnet" (*J. Splett*, Agnostizismus, in: Sacramentum Mundi. Theologisches Lexikon für die Praxis, hrsg. v. K. Rahner u. A. Darlap, I, Freiburg–Basel–Wien 1967, 52). – Unter aktuel-len Aspekten vgl. *F. Heer/J. Kahl/K. Deschner*, Warum ich Christ/Atheist/Agnostiker bin, hrsg. v. K. Deschner, Köln 1977; zum Verständnis des Agnostizismus bei Deschner s. bes. 139–144.

dieser Entwicklung in hohem Maße interessiert sein muß), vielmehr geht es allem anderen zuvor um eine *philosophische* Reflexion, näherhin um eine erkenntnistheoretische und religionsphilosophische, aber auch um eine anthropologische und kulturphilosophische Problematik, um eine sehr komplexe also, bei der, wie es in der Philosophie ‚normal‘ ist, wieder einmal alles mit allem zusammenhängt. Diese Interdependenz bringt es mit sich, daß wir eine gewisse Kürze in Kauf nehmen müssen. Es sollen in diesem Beitrag insbesondere nicht die Geschichte der Entwicklung oder des Trends vom Atheismus zum Agnostizismus lückenlos dargelegt[4] oder gar statistisch-quantitative Angaben zusammengetragen und evaluiert werden, vielmehr wird lediglich der Versuch unternommen, auf einen Wandel, einen Prozeß, eine ‚Bewegung‘ hinzuweisen, die, wie ich meine, außerordentliche Beachtung verdient.

Trotz Kants (skeptischer) Metaphysikkritik und Hegels titanischer Spekulation konnte sich der Atheismus, auf dem Hintergrund sowohl rationalistischer als auch empiristischer Ansätze des 18. Jahrhunderts, im 19. Jahrhundert voll entfalten. Der Atheismus mit der für ihn konstitutiven, ausdrücklichen Behauptung, „Gott“, „das Göttliche“ bzw. die „Transzendenz“ *existiere nicht*,[5] konnte zunehmend mehr das öffentliche Bewußtsein bestimmen, obwohl – wie auch ohne Statistik behauptet werden darf – auch im vergangenen Jahrhundert die Zahl derer, die nicht Atheisten waren, zweifellos die Mehrheit bildete. So ist es in den meisten Ländern, in denen dem Atheismus politisch nicht nachgeholfen wird – und vielleicht sogar auch in diesen –, auch heute noch, doch bräuchte man selbstverständlich Fragen wie die hier gestellten gar nicht erst für der Aufmerksamkeit wert zu erachten, würde man die Mehrheiten ins Feld führen. Offensichtlich geht es um etwas weit Wichtigeres und Fundamentaleres, nämlich darum, ob und welche metaphysische und religiöse Behauptungen philosophisch-rational[6] zu verantworten sind; und wenngleich ebenfalls nicht sicher ist, ob in *dieser* Perspektive, also mit der Prätention auf rationale Vertretbarkeit, die Mehrheit wirklich auf der Seite des Atheismus stünde, so gibt es doch seit dem 19. Jahrhundert in der Wissenschaft, in der Literatur, in der Öffentlichkeit und zum Teil auch in den Bereichen von Philosophie oder Theorie immer

---

4 Wichtige Positionen auf diesem Wege darzustellen, ist die Absicht der verschiedenen, in diesem Bande vorgelegten Beiträge.

5 Zu dieser ‚Definition‘ s. auch: *P. Edwards*, Atheism, in: EPh I, 175–177 u. 182f.

6 Daß es nicht leicht ist, zwischen ‚Rationalem‘ und ‚Nicht-Rationalem‘ stets einen klaren Trennungsstrich zu ziehen, dürfte sich inzwischen herumgesprochen haben. Ich verstehe die Formulierung ‚philosophisch-rational‘ hier im Sinne einer auf Verallgemeinerungsfähigkeit abzielenden methodischen Orientierungsbeschreibung, nicht als pauschale Denunzierung des Nicht-Rationalen.

mehr die fundierte, sich für rational, ja ‚wissenschaftlich' legitimiert halten-
de Überzeugung, ‚Gott' ‚existiere nicht' (was immer man sich im einzelnen
unter ‚Gott' und der ‚Existenz', die verneint wird, denken mag). Zu dem
metaphysik- und religionskritischen Rationalismus des 18. tritt im 19. Jahrhundert noch ausdrücklicher ein gesellschaftskritischer und politischer
Atheismus mit humanistischem und emanzipatorischem Anspruch,[7] aber
auch ein sich auf die Naturwissenschaft stützender Atheismus oder Materialismus, so daß – wie auch immer es sich mit der Schlüssigkeit der Argumente und mit der Berechtigung bestimmter Einordnungen verhalten mag – eine verbreitete und äußerst wirksame, vielfach militant und polemisch sich
zur Geltung bringende atheistische Grundstimmung entstehen konnte. Erst
recht seit neben den (natur-)wissenschaftlich-rational ansetzenden Atheismus derjenige des dialektischen (und doktrinären) Marxismus (-Leninis-
mus) getreten war, gewann der Atheismus noch mehr an Öffentlichkeits-
wirksamkeit und Diskussionswürdigkeit, während andererseits die religiösen Positionen – freilich aus sehr verschiedenartigen Gründen – immer
mehr in Verlegenheit und unter den Druck, sich rational und gesellschaftlich legitimieren zu müssen, gerieten. Obwohl es trotz zahlreicher Arbeiten
über den Atheismus und seine Geschichte keineswegs leicht fällt, bei bestimmten Autoren den Atheismus im genauen Sinn dieses Begriffs nachzuweisen, hat sich doch der Titel ‚Atheismus' als Kennzeichnung einer sich als
rational begründet und oft auch als ‚befreiend' verstehenden Theorie und
Lebenshaltung durchgesetzt.

Dies bestätigt nicht nur der Blick in einschlägige Lexika, die ausführlich
über Atheismus handeln und doch nur relativ wenige Namen zu nennen
vermögen,[8] sondern zum Beispiel auch das Verhalten der katholischen Kirche auf dem Zweiten Vatikanischen Konzil, auf dem der Titel ‚Atheismus'
anscheinend so selbstverständlich präsent war, daß man ihm längere Ab-
schnitte widmete, in denen alsdann versucht wurde, unterhalb dieses Begriffs gewisse Unterscheidungen vorzunehmen.[9] Demgegenüber spielte der

7 Vgl. *F. Mauthner*, Der Atheismus und seine Geschichte im Abendland, II–IV (1921, 1922,
  1923), Nachdruck: Hildesheim 1963; s. insbes. *M. Reding*, Der politische Atheismus, Graz–
  Wien–Köln 1957; *I. Fetscher*, Wandlungen der marxistischen Religionskritik, in: I. F., Karl
  Marx und der Marxismus. Von der Philosophie des Proletariats zur proletarischen Weltan-
  schauung, München 1967, 200–217; *H. R. Schlette*, Marxismus und Religionswissenschaft, in:
  Marxismus – ernstgenommen. Ein Universalsystem auf dem Prüfstand der Wissenschaften,
  hrsg. v. G. Szczesny, Reinbek 1975, 187–203 u. 247–250.
8 Vgl. z. B. *H. Kößler*, a. a. O. 672–677; *H.-W. Schütte*, Atheismus, in: Historisches Wörterbuch der Philosophie, hrsg. v. J. Ritter, I, Basel–Stuttgart 1971, 595–599; sehr sorgfältig wirkt
  demgegenüber der Beitrag ‚Atheism' von *P. Edwards*, a. a. O. 174–189 (Lit.).
9 Vgl. vor allem: Pastoralkonstitution über die Kirche in der Welt von heute (‚Gaudium et
  spes'), Nr. 19–21; dazu den Kommentar von *J. Ratzinger* in: LThK, Das Zweite Vatikanische

Titel ‚Agnostizismus‘ auf dem Zweiten Vaticanum praktisch keine Rolle.[10]
Dies muß um so mehr auffallen, als – gewiß nicht unbeeindruckt von der
Lehre des Ersten Vatikanischen Konzils über die sogenannte ‚natürliche
Erkennbarkeit Gottes‘ – Pius X. in der Enzyklia ‚Pascendi dominici gregis‘
vom 8. 9. 1907 gegen den Agnostizismus zu Felde gezogen war, da man offenbar in der agnostizistischen Denk- und Verhaltensweise den verderbli-
chen Kern des sogenannten ‚Modernismus‘ erblickte.[11] Das Erste Vaticanum hatte sich noch mit einer vergleichsweise undifferenzierten und
schlichten Verurteilung des Atheismus begnügt.[12] Es ist natürlich möglich,
daß man bis 1965 aus dem Modernismus-Drama einiges gelernt hatte, doch
läßt die Unterdrückung des Agnostizismus-Begriffs auf dem Zweiten
Vaticanum auch den Schluß zu, daß man aus bestimmten dogmatisch-politi-
schen und dogmatisch-semantischen Gründen das Agnostizismus-Problem
absichtlich als solches gemieden hat.[13] Augenscheinlich hielt und hält man
es in theologisch-kirchlichen Kreisen für eine Tatsache, daß eine Auffassung sich durchgesetzt hat, von der man meint, sie könne und müsse mit
dem Titel ‚Atheismus‘ bezeichnet werden und man müsse sich gerade unter
diesem (Ober-)Begriff mit ihr beschäftigen.[14] Mit dieser ‚Semantik‘ steht

Konzil, Dokumente und Kommentare, III, Freiburg–Basel–Wien 1968, 336–349; s. auch die
einschlägigen Texte in: Die Autorität der Freiheit. Gegenwart des Konzils und Zukunft der
Kirche im ökumenischen Disput, hrsg. v. *J. C. Hampe*, III, München 1967, 574–615.

10 Nach Ausweis des Registers in *K. Rahner/H. Vorgrimler*, Kleines Konzilskompendium (Her-
der-Bücherei 270–273), Freiburg–Basel–Wien ¹1966, 678, kommt der Terminus ‚Agnostizismus‘ in den Konzilstexten lediglich ein einzigesmal vor: Gaudium et spes, Nr. 57 (vgl. ebd.
510). An dieser Stelle ist äußerst vage die Rede von einem „gewissen Phänomenalismus und
Agnostizismus“. *R. Tucci* geht in seinem Kommentar zu dieser Stelle auf den Agnostizismus
überhaupt nicht ein, vgl. LThK, Konzil-Kommentarband III, 462f. Das Sachregister dieses
Bandes nennt auf S. 747 zwei Stellen zu Agnostizismus, doch ist dieser Hinweis falsch (vgl. S.
346) und frustrierend (vgl. S. 348); Gaudium et spes, Nr. 57, wird nicht einmal erwähnt! Auch
im „Index terminologicus“ (S. 735) kommt das Wort ‚Agnostizismus‘ nicht vor. Merke: Nicht
alles, was exakt aussieht, ist es auch.

11 Vgl. *H. Denzinger/A. Schönmetzer*, Enchiridion Symbolorum, Freiburg ³²1963, Nr.
3475–3479; s. auch unten Anm. 24.   12 Vgl. ebd. 3021–3025.

13 Dem die Konzilsdebatte wiedergebenden Kommentar *J. Ratzingers* (vgl. a. a. O. 339 u. 346)
muß man entnehmen, daß man sich mit der Frage einer philosophisch notwendigen Unterscheidung zwischen Atheismus und Agnostizismus faktisch nicht befaßt hat.

14 Dies gilt selbst für *H. Küng*, Existiert Gott? Antwort auf die Gottesfrage der Neuzeit, München–Zürich 1978. M. E. vertritt Küng durchaus die Position des Agnostizismus (vgl. S.
583–606), aber er scheint das Wort ‚Agnostizismus‘ zu fürchten wie der Teufel das Weihwas-
ser. Es wird zwar an einzelnen Stellen verwendet – z. B. S. 378, 388, 540, 592, 630, 635 –,
jedoch nur beiläufig und ohne Erläuterung. Dabei ergeben sich gerade vor den hier vertrete-
nen Unterscheidung aus sachlich begründete und existentiell klärende ‚Antworten‘ auf ‚die‘
neuzeitliche ‚Gottesfrage‘! – Daß die kirchliche Verurteilung des Agnostizismus eine eher
peinliche und klägliche Episode bildete, die aber leider eine qualifizierte Reflexion und Di-
stinktion in gewissen Kreisen bis heute blockiert, bestätigt die zeitgeschichtlich orientierte
Darstellung von *F. Padinger*, Das Verhältnis des kirchlichen Lehramtes zum Atheismus,
Wien–Salzburg 1973.

die Theologie indes keineswegs allein, vielmehr überwiegt auch in Philosophie und Religionsphilosophie weithin rein terminologisch der Atheismusbegriff; so bleibt selbst Wilhelm Weischedels „philosophische Theologie" noch ganz im Banne des Titels ‚Atheismus', wenn er auch für einen „offenen Atheismus" plädiert.[15]

Nun wäre es zweifellos unrichtig und naiv, wollte man den Titel ‚Atheismus' heute generell für obsolet oder für vermeidbar erklären; dies wäre nicht nur sprachlich ein illusionistisches Unterfangen, sondern auch ‚sachlich' nicht zu rechtfertigen, denn es kann ja nicht behauptet werden, Atheismus sei heutzutage verschwunden. Es mag, vom staatlich geförderten Atheismus abgesehen, hier nur an Sartre erinnert werden, der sich mehrfach ausdrücklich als Atheisten bezeichnet hat[16] und von dem man annehmen darf, daß seine Äußerungen im präzisen Sinn dieses Titels aufzufassen sind. Ungezählt ist die Zahl jener, die auf verschiedenen Niveaus und aus vielfältigen Gründen den Atheismus weiterhin vertreten. Daß als ein äußerst wirksames, ja vielleicht als zentralstes Motiv des neuzeitlichen Atheismus das Theodizeeproblem gelten muß und daß der Atheismus im 18. Jahrhundert dazu dienen sollte, ‚Gott' von dem Vorwurf, er sei der Täter von Untaten, zu entlasten, wurde von Odo Marquard eindrucksvoll dargelegt.[17] Es wäre schon sehr verwunderlich, wenn das Leiden am Theodizeeproblem in einem Jahrhundert der Kriege und des Terrors wie dem unsrigen nicht mehr zu der Konsequenz des Atheismus führte. Jean Améry hat die Ansicht vertreten, daß dieses das „Jahrhundert ohne Gott" sei, in dem die qualifiziertesten Zeugen und Interpreten der Gegenwart sich als „Atheisten", als „religionsfrei" oder auch als agnostisch bekannt hätten.[18] Es ist also keine Frage, daß Atheismus in diesem Jahrhundert nach wie vor präsent ist.

Und doch gibt es eine Vielzahl von Beobachtungen und Indizien, Reflexionen und Zeugnissen dafür, daß inzwischen längst ein Weg vom Atheismus zum Agnostizismus erkennbar geworden und von vielen auch beschritten

15 Vgl. *W. Weischedel*, Der Gott der Philosophen. Grundlegung einer philosophischen Theologie im Zeitalter des Nihilismus, II, Darmstadt 1972, 159f.; dasselbe gilt für die (im übrigen höchst wertvollen und anregenden) Werke von *C. Fabro*, God in Exile. Modern Atheism, New York–Amsterdam–Toronto 1968 (zuerst: italienisch 1964), und *Cl. Tresmontant*, Les problèmes de l'athéisme, Paris 1972.

16 Vgl. *J.-P. Sartre*, Ist der Existentialismus ein Humanismus? In: Drei Essays (Ullstein Buch 304), Frankfurt a. M.–Berlin, mehrere Auflagen, 9–11 u. 35f.; *ders.*, Die Wörter (rororo 1000), Reinbek 1968, 56–59 und 142f.

17 Vgl. *O. Marquard*, Wie irrational kann Geschichtsphilosophie sein? In: O. M., Schwierigkeiten mit der Geschichtsphilosophie, Frankfurt a. M. 1973, 66–82.

18 Vgl. *J. Améry*, Das Jahrhundert ohne Gott, in: Die Zukunft der Philosophie, hrsg. v. H. R. Schlette, Olten–Freiburg 1968, 13–33, bes. 28–32.

worden ist. Jean Améry hatte für die damit anvisierte Problematik eine besondere Sensibilität, weil er sich philosophisch dem logischen (Neo-)Positivismus des Wiener Kreises, besonders Moritz Schlicks, aber auch der existentialistisch-marxistischen Position Sartres verpflichtet wußte; das Positivistische führte ihn zu der Einsicht, daß in Sachen der Metaphysik Enthaltsamkeit zu üben sei, weil ‚Scheinprobleme' bereits unberechtigterweise gestellt würden und folglich auch nicht lösbar seien, während Sartre – nicht minder als Marx und Freud – ihn in seiner Neigung, zugunsten des Atheismus Stellung zu nehmen, zusätzlich bestärkt haben dürfte.[19] Noch in dem Fernsehgespräch mit Ingo Hermann (gesendet am 30. 10. 1978 im ZDF) betonte Améry nachdrücklich, daß er sich philosophisch nicht anmaße, die Existenz Gottes zu bestreiten. Mit anderen Worten: Améry erkannte den Unterschied zwischen Agnostizismus und Atheismus durchaus an, wenn auch für ihn selbst Agnostizismus zum Atheismus tendierte. Entsprechend konnte er sich sowohl als Agnostiker wie auch als Atheisten bezeichnen, ohne sich zu widersprechen.[20]

In der Tat sind ja Agnostizismus und Atheismus ebensowenig unvereinbar wie Agnostizismus und – beispielsweise – Judentum oder Christentum. Es ist eben nicht daran vorbeizukommen, daß die explizite Verneinung der Existenz Gottes, des Göttlichen bzw. der Transzendenz nicht nur graduell, sondern logisch und ‚sachlich' etwas anderes, ja ich sage bewußt: etwas ganz anderes ist als die rationale Einsicht, über dieses Problem sei ein Urteil nicht möglich.

Für die agnostizistische Position lassen sich nicht wenige Argumentationen und Zeugnisse anführen. Die Erkenntnis der Unterschiedlichkeit von Agnostizismus und Atheismus, die begrifflich keinerlei Schwierigkeiten bereitet, scheint sich indes nur allmählich durchzusetzen, wie die erwähnte vorherrschende Verwendung des Titels ‚Atheismus' bestätigt. Agnostizismus wird anscheinend von manchen für eine vage und verwaschene Angelegenheit gehalten; andere erklären, man könne in der Schwebe des Sich-nicht-Entscheidens – insbesondere hinsichtlich der sogenannten ‚Gottesfrage' – nicht *leben*. Christen mögen dieser Ansicht den (exegetisch freilich unpassenden) Hinweis auf Apk 3,16 – „weil du lau bist und weder warm noch kalt, will ich dich aus meinem Munde ausspeien" – oder auf Pascals „il faut parier"[21] hinzufügen. Diese existentielle, ‚lebenspraktische' Schwierigkeit scheint insbesondere auch der These entgegenzustehen, es gebe eine Bewe-

---

19 Vgl. *H. R. Schlette*, Jean Améry, in: Religionskritik von der Aufklärung bis zur Gegenwart, hrsg. v. K.-H. Weger (Herder-Taschenbuch), Freiburg 1979, 25–27.

20 Vgl. *J. Améry*, Provokationen des Atheismus, in: Wer ist das eigentlich – Gott? Hrsg. v. H. J. Schultz, München 1969, 209–219, bes. 210f. (ebenso in dem nur leicht geänderten Abdruck dieses Artikels in: J. A., Widersprüche, Stuttgart 1971, 23 f.).

21 Vgl. *B. Pascal*, Pensées Fr. 233, Ed. L. Brunschvicg, bzw. Fr. 451, Ed. J. Chevalier.

gung vom Atheismus auf den Agnostizismus hin. Wie immer es sich hiermit verhalten mag (es handelt sich um ein sehr persönliches Problem, über das, auch in Anbetracht der terminologischen Unschärfen, Schiefheiten und Unwissenheiten, statistisch quantifizierende Auskünfte wohl nur schwer zu erlangen sind), ich möchte hier mit einigen Erwägungen ‚begründen' oder jedenfalls wahrscheinlich machen, daß es heute legitim und wichtig geworden ist, die Entwicklung vom Atheismus zum Agnostizismus zu erkennen und ernst zu nehmen.

Daß diese ‚Bewegung' nicht an allen Orten der Welt und überall in gleicher Intensität sich zeigt, braucht uns nicht zu stören; indem wir uns über diesen Einwand hinwegsetzen, verfahren wir nicht etwa nach der Devise ‚Fiat philosophia, pereat mundus', wohl jedoch insistieren wir darauf, daß Philosophie nicht als die ‚Zusammenfassung' oder gar als eine Art ‚Zusammenfassungswissenschaft' all dessen zu verstehen ist, was in einer Gegenwart (und womöglich auch noch in der Vergangenheit) faktisch vorkommt. Gerade wenn Philosophie sich ihrer Geschichtlichkeit oder, wenn man lieber will: des ‚Zeitkerns der Wahrheit' bewußt geworden ist, wird sie sich nicht beschreibend und widerspiegelnd auf das Vorliegende und Vorkommende, auf das, was jetzt ist, fixieren, vielmehr das Gegenwärtige in seiner Prozessualität und/oder in seiner Dialektik zu begreifen suchen. Insofern kann im Rahmen einer Problemdiskussion, wie sie sich in der europäischen Philosophie der letzten hundert Jahre abgespielt hat, sehr wohl auch dann über Veränderungen von Positionen und (auch außer-philosophischen) Weltinterpretationen gesprochen werden, wenn diese Wandlungen nicht überall und von allen in gleicher Klarheit zu sehen sind.

Überblickt man die in der heutigen Philosophie und Wissenschaft anzutreffenden (religionsphilosophischen) Auffassungen, so fällt auf, daß Atheismus im allgemeinen nicht mehr mit derselben Selbstsicherheit, Militanz und Polemik vertreten wird, wie es seit dem 19. Jahrhundert oft zu konstatieren war. Wir müssen hier freilich den politisch-weltanschaulich propagierten Atheismus des Marxismus-Leninismus wiederum ausklammern (über dessen Festigkeit und Effizienz gewiß verschiedene Meinungen möglich sind) und außerdem im Gedächtnis behalten, daß gerade auch im 19. Jahrhundert ‚Agnostizismus' bzw. ‚agnostisches Denken' eine nicht unwichtige Rolle spielte.[22] Aber trotz dieser Einschränkungen und Vorbehalte zeigt sich doch, daß sich die Szene gewandelt hat: Es sieht so aus, als hätten das philosophische Interesse am ‚Atheismus' und das zugehörige Engagement an

---

22 Vgl. hierzu die demnächst erscheinende Habilitationsschrift von *K.-D. Ulke*, Agnostisches Denken im viktorianischen England, Freiburg–München 1980. S. auch: *R. W. Hepburn*, Agnosticism, in: EPh I, 56–59.

Vehemenz ganz erheblich verloren. Abgesehen von den sogenannten ‚Religionsphilosophen' scheinen sich die heutigen Philosophen für das Thema ‚Atheismus' allenfalls noch beiläufig zu erwärmen; insbesondere wird im Kontext des Funktionsverlustes von Religion in der intellektuellen Öffentlichkeit und in bestimmten gesellschaftlichen Kreisen oder Gruppen auch über den Atheismus nicht oder kaum mehr geredet. Man scheint des Themas überdrüssig geworden zu sein, und zwar, wie ich vermute, nicht zuletzt deshalb, weil man zu viel darüber gehört, gelesen, diskutiert hat und folglich die Frustration ob der Unklärbarkeit des Problems nur zu deutlich empfindet. Aber nicht nur diese Unlust, sondern auch die Meinung, Fragen der Metaphysik und der Religion seien philosophisch überhaupt nicht reflexionsfähig, wie es ja der logische Positivismus längst behauptet hatte, dürfte zum Desinteresse daran beitragen, sich heute noch für den Atheismus stark zu machen. Offenkundig haben sich die Argumentationen zugunsten des Atheismus ebenso erschöpft, wie sich die Versuche, die Existenz Gottes zu beweisen, als theoretisch labil und faktisch ohnehin unwirksam erwiesen haben.[23] Auch und gerade die doktrinale Verknüpfung von Marxismus(-Leninismus) mit Atheismus trägt auf ihre Weise zur Stabilisierung der Skepsis gegenüber dem Atheismus bei. Aber auch gewisse ‚Rahmenbedingungen' jenes seiner selbst sicheren Atheismus haben sich inzwischen verändert: Die (Natur-)Wissenschaften sind sich ganz allgemein der Problematik ihrer Methode und Sicherheitsansprüche bewußter geworden; Religionen und Theologien stellen sich nicht mehr in dem Maße als weltabgewandt, politisch einseitig und in ihren eigenen Theorien intransigent dar, wie es einmal war; und die ‚Öffentlichkeit' hat mehr und mehr erkannt, daß andere, praktische Fragen (die Erhaltung des Weltfriedens, die Situation in der Dritten Welt, die Überwindung des Terrors, die Bedrohungen des Ökosystems usw.) derart absorbierend und bedrängend sind, daß deren gemeinsame Lösung nicht ohne Grund für wichtiger gehalten wird als die Fortsetzung alter ideologischer Querelen, die zudem keiner überzeugenden Lösung zugeführt werden können. Es mag hinzukommen, daß das Bewußtsein oder doch der bestimmte Eindruck, der Atheismus löse die Probleme des öffentlichen und privaten Lebens und Leidens letztlich ebensowenig, ja vielleicht noch schlechter oder jedenfalls nicht eindeutig besser als die religiösen Weltinterpretationsangebote, zu einer generellen Resignation gegenüber rational-reflektierender Beschäftigung mit derartigen Grenz- und Grund-

---

23 Zu der Unmöglichkeit von Gottesbeweisen vgl. (im Kontext des ‚Modernismus') etwa: Der Katholizismus. Sein Stirb und Werde. Von katholischen Theologen und Laien, hrsg. v. *G. Mensching*, Leipzig 1937, 46–48 (mit besonderen Hinweisen auf Fr. Sawicki, J. Hessen und J. Geyser); s. auch: *H. Küng*, a. a. O. bes. 562–582 und 585–590.

fragen geführt hat, einer Resignation, mit der man wiederum auf verschiedene Weise ‚fertig‘ werden kann, etwa dadurch, daß man sich erneut kopfüber und durchaus ‚irrational‘ in Religion hineinstürzt (wie es heute bei vielen Jugendlichen der Fall zu sein scheint), oder aber durch das mehr oder weniger bewußt vollzogene Auf-sich-beruhen-Lassen oder ‚Verdrängen‘ der religiösen und religionsphilosophischen Problematik überhaupt.

Wenn diese Kennzeichnung der religiös-geistigen Situation und Entwicklung zutrifft, so ist damit unsere These ‚Vom Atheismus zum Agnostizismus‘ bereits bestätigt, denn die neue, sich abzeichnende Haltung gegenüber Metaphysik und Religion ist die einer Verunsicherung, die auf der Überzeugung beruht, hier sei nun einmal nichts zu *wissen*. Da wir hier keine Apologetik betreiben, ist es nicht erforderlich, die Kritik zu referieren, die von theologischer Seite gegenüber dem Agnostizismus vorgetragen wurde[24]

---

24 Es sei hier jedoch als ‚Dokument‘, aber auch als Kuriosum ein längerer Text angeführt. 1908 erschien in Regensburg ein Büchlein ‚Der Modernismus nach der Enzyklika Sr. H. Papst Pius X. Pascendi dominici gregis‘ von J. B. Lemius. Dieser ‚Verfasser‘ stellt hier den Inhalt jener Enzyklika in Katechismus-Form dar, d. h., er formulierte Fragen, auf die er mit Zitaten antwortete. Wie üblich trägt das Büchlein allerlei kirchliche Empfehlungen, darunter ein Schreiben des Kardinals Merry del Val an den Verfasser, in dem dieser „Katechismus“ als „herrliches Bändchen“ und „äußerst nützliches Werk“ bezeichnet wird; der Heilige Vater sei „sehr erfreut über Ihre geniale und fruchtbare Arbeit“ usw. (p. III s.) Man sollte derartige Zeiten zwar vergessen, aber Erinnerung mag auch hier nicht schaden! Deshalb zitiere ich „§ 1. Der Agnostizismus“ aus dem 1. Kapitel: „Die religiöse Philosophie der Modernisten“ des 1. Teils des Buches: „Die modernistischen Irrtümer“ (S. 7–9):
„19. ‚Um mit dem Philosophen zu beginnen‘, welche Grundlage haben die Modernisten für ihre Philosophie?
‚Als Grundlage der religiösen Philosophie betrachten die Modernisten jene Lehre, die man allgemein den *Agnostizismus* nennt.‘
20. Worin besteht die Lehre des Agnostizismus?
‚Nach ihr ist die menschliche Vernunft ganz auf die *Phänomene* beschränkt, d. h. die Dinge, welche äußerlich erscheinen und wie sie erscheinen; diese Grenzen kann und darf sie nicht überschreiten. Deshalb kann sie sich nicht bis zu Gott erheben, noch Gottes Dasein aus den sichtbaren Dingen erkennen.‘
21. Welche Folgerungen ziehen die Modernisten hieraus?
‚Hieraus folgern sie, daß Gott nicht direkt Gegenstand der Wissenschaft sein kann; und in Bezug auf die Geschichte, daß Gott keineswegs als geschichtliche Person betrachtet werden kann.‘
22. ‚Wenn dem aber so ist, was wird dann aus der natürlichen Theologie, was aus den Gründen der Glaubwürdigkeit, was aus der äußeren Offenbarung?‘
‚Das ist leicht einzusehen. Dies alles setzen die Modernisten vollständig beiseite und verweisen es an den *Intellektualismus*, dieses lächerliche und längst veraltete System, wie sie es nennen.‘
23. Lassen sich die Modernisten wenigstens durch die Verurteilung seitens der Kirche aufhalten?
‚Sie lassen sich keineswegs dadurch aufhalten, daß die Kirche solche Ungeheuerlichkeiten ganz offen verurteilt hat.‘
24. Was lehrt das Vatikanische Konzil gegen solche Ansichten?
‚Das Vatikanische Konzil bestimmte folgendes: ‚Wenn jemand behauptet, der eine und wahre Gott, unser Schöpfer und Herr, könne aus den geschaffenen Dingen durch das Licht der

und auch heute, wenn auch unter einer anderen Terminologie, vorgetragen wird; ich lasse deswegen auch die Meinung undiskutiert, der heutige Atheismus sei gewissermaßen entmutigt, zumal ich fürchte, daß hier bereits christliche Posaunen ein neues Triumphlied anstimmen könnten. Hilfreicher und auch philosophisch angemessener erscheint mir, sich zu vergegenwärtigen, wie sich jener Agnostizismus darstellt, der im skizzierten Sinne mehr und mehr an die Stelle des Atheismus tritt.

Auf der Seite der entschieden rational oder (sprach-)logisch einsetzenden Philosophie wird man, so scheint mir, von einem *analytischen Agnostizismus* sprechen dürfen. Dieser ist das Resultat eines ‚streng‘ logischen Denkens, das seine Begrenztheit erkennt und akzeptiert. Die Annahme dieser Begrenztheit hat dabei, dies sei unterstrichen, einen rein rationalen Charakter, während sich von hier aus alle nicht rational zu begründenden Behauptungen als irrational oder auch als ideologisch beurteilen und bewerten lassen. Was immer man gegen eine solche, sich ihrer selbst erstaunlich sicher gebende Anwendung des ratio-Begriffs vorbringen mag, faktisch ist davon auszugehen, daß es philosophische Richtungen dieses Ansatzes gibt und, wichtiger noch, eine zugehörige Mentalität, die also auf einen analyti-

natürlichen menschlichen Vernunft nicht mit Gewißheit erkannt werden, so sei er im Banne‘; ebenso: ‚Wenn jemand behauptet, es sei nicht möglich oder nicht nützlich, daß durch göttliche Offenbarung der Mensch über Gott und den ihm schuldigen Kult unterrichtet werde, so sei er im Banne‘; endlich: ‚Wenn jemand behauptet, die göttliche Offenbarung könne nicht durch äußere Zeichen glaubwürdig gemacht werden, und deshalb könne man nur durch die eigene innere Erfahrung oder durch eine besondere Erleuchtung zum Glauben bestimmt werden, so sei er im Banne.‘

25. ‚Wie können nun die Modernisten vom *Agnostizismus*, der nur in Nichtwissen besteht, zum wissenschaftlichen und historischen *Atheismus*, der im Gegenteil eine positive Leugnung ist, übergehen; mit welchem Rechte können sie daher, die doch nicht wissen, ob Gott in die Weltgeschichte eingegriffen habe oder nicht, den Schluß ziehen, daß die Geschichte so erklärt werden müsse, als habe Gott tatsächlich nicht eingegriffen?‘

‚Das begreife, wer es vermag. Das steht jedenfalls für sie ganz fest, daß Wissenschaft und Geschichte keinen Gott anerkennen dürfen; auf diesen Gebieten gibt es ja nur Platz für die *Phänomene* und deshalb muß Gott und Göttliches davon gänzlich ausgeschlossen sein.‘

‚Was nach dieser vernunftwidrigen Lehre von der heiligsten Person Christi, von den Geheimnissen seines Lebens und Todes, von seiner Auferstehung und Himmelfahrt zu halten ist, das werden wir gleich deutlich erkennen.‘‘‘

Die aggressive Sprache solcher Texte läßt noch heute die Empfindungen spüren, die man gegenüber dem sogenannten ‚Modernismus‘ und speziell gegen den Agnostizismus als dessen philosophische Basis mobilisieren zu müssen meinte. Immerhin wird zwischen Atheismus und Agnostizismus unterschieden . . . Für den, der es nicht wissen sollte, sei notiert, daß Enzykliken nicht unfehlbar sind (auch wenn manche vielleicht gern hätten, es wäre so).

Es ist nicht ohne Pikanterie, heute zu lesen, wie sich ‚Modernisten‘ dadurch verteidigten, daß sie darlegten, sie hätten einen Agnostizismus (im Sinne von Kant und Spencer) nie vertreten, ihn vielmehr mit Newman (!) überwunden. Vgl. die anonyme Schrift: Programm der italienischen Modernisten. Eine Antwort auf die Enzyklika Pascendi dominici gregis (In der Reihe ‚Reformkatholische Schriften‘, besorgt von der Krausgesellschaft, verlegt bei Eugen Diederichs), Jena 1908, 84–89. (Die Kenntnis dieses Buches verdanke ich Herrn Dr. Klaus Bernath, Bonn.)

schen Agnostizismus im Sinne einer emotionsfreien Registrierung der Erkenntnisgrenzen hinausläuft. (Natürlich kann es vorkommen, daß einzelne Verfechter dieses analytischen Agnostizismus die Lage als beengend und schmerzvoll empfinden, aber dies ändert prinzipiell nichts an dem rationalen Rigorismus dieser Position.)

Der analytische Agnostizist (oder Agnostiker) kann sich konkret gegenüber religiösen Behauptungen und Ansprüchen sehr unterschiedlich verhalten: achselzuckend, überheblich, gleichgültig, tolerant, politisch kalkulierend, zynisch, vielleicht aber auch resignativ und demütig, und entsprechend sind ihm religiöse Zustimmungen ebenso möglich wie der Schritt zum Atheismus. An dieser Stelle ist methodisch festzuhalten, daß jede positive oder negative Stellungnahme zu den Wahrheitsbehauptungen und Heilsansprüchen von Religion (und Metaphysik) die Ebene des analytischen Agnostizismus immer schon überschritten hätte, das heißt auf einer ‚Entscheidung‘ oder ‚Wahl‘ beruhte, die rational nicht mehr auszuweisen ist. Diese erkenntnistheoretische Situation deutlich bewußtzumachen und bewußtmachen zu können, wäre freilich ein beachtlicher Beitrag (einer betont rational auftretenden Philosophie und) des analytischen Agnostizismus zu der oft methodisch und ‚existentiell‘ verworrenen Fundamentalproblematik der Religionsphilosophie.

Von dem analytischen soll nunmehr eine Variante des Agnostizismus abgehoben werden, die ich den *aporetischen,* den *änigmatischen* oder auch den *aporetisch-änigmatischen* Agnostizismus nenne. Wesentlicher als ein Streit über diese Bezeichnungen wäre es, diese Spielart des Agnostizismus überhaupt in den Blick zu bekommen und als solche neben der schon geschilderten gelten zu lassen.

Es kann nicht schaden, die Charakterisierung dieses Agnostizismus mit der Versicherung zu beginnen, daß es sich auch hier um wirklichen Agnostizismus handelt und nicht doch um etwas anderes bzw. um mehr als Agnostizismus. Auch für den aporetischen Agnostizismus gilt also, was für jeden Agnostizismus gilt und was Günther Patzig auf die treffende Formulierung gebracht hat: „Grundsatz des Agnostizismus ist die Forderung, das Gebiet sicheren Wissens nicht mit Behauptungen zu überschreiten."[25] Diese Bestimmung mag anzeigen, daß auch die hier angezielte Variante des Agnostizismus nicht als irrational, emotional oder ähnlich zu verstehen ist, vielmehr als eine Position, die sich als das *Resultat rationaler Einsicht* begreift (und insofern freilich auch von den Schwierigkeiten der Unterscheidung zwischen Rationalität und Nichtrationalität ebenso betroffen wird wie die erst-

25 *G. Patzig,* Agnostizismus, philosophisch, in: RGG³ I, 175.

genannte Variante). Was jedoch für den aporetischen Agnostizismus kennzeichnend ist, obwohl seine Gemeinsamkeit mit dem analytischen so weit reicht, wie es hier konzediert wird, läßt sich in einem ersten Zugang durch einen Hinweis auf die Problem- und Motivgeschichte verdeutlichen, in deren Kontext das Thema Agnostizismus gehört. Während der analytische Agnostizismus sich an Geschichte weder methodisch noch faktisch interessiert zeigt und sich von ihr ernstlich nicht tangieren läßt, erkennt der aporetische Agnostizismus einen geschichtlichen Zusammenhang, ja eine humane Solidarität an, die ihn mit all jenen verbindet, die in der Geschichte um die Gottes- oder Transzendenz-Problematik sich abgemüht haben: leidend, fragend, klagend, verstummend, revoltierend, sich unterwerfend. Der aporetische Agnostizismus setzt also eine Hauptlinie des Philosophierens, aber auch die Tradition des bewußten und leidvollen Existierens fort, indem er jene geschichtlichen Erfahrungen zuläßt, präzisiert, ja radikalisiert, die man als Leiden an Gott, Leiden an der Welt, Leiden am Problem des Bösen bezeichnen kann, jedoch auch als das Verlangen, daß dieses Leiden enden, Klarheit und Versöhnung wirklich werden, Hoffnungen und Sehnsüchte nicht unerfüllt bleiben mögen. Der aporetische Agnostizismus endet zwar, und ist sich dessen bewußt, in Ausweglosigkeit, die nicht durchschritten werden kann (‚Aporie‘), und vermag das Rätsel, das die Welt im ganzen darstellt (‚aenigma‘), nicht etwa zu lösen, sondern im Gegenteil noch schärfer und schmerzhafter bewußt zu machen, so daß die menschliche condition in ihrer Ausgesetztheit und Unklarheit als ‚absurd‘ erscheinen kann,[26] und ist insofern als wirklicher rationaler Agnostizismus mit dem analytischen identisch, aber es läßt sich nicht verkennen, daß der aporetische Agnostizismus als lebensnäher, konkreter, reicher, nuancierter, differenzierter und damit wohl auch als vertrauenswürdiger und aufrichtiger sich erweist als jener analytische Agnostizismus, mit dem man die Adjektive kalt, glasklar, abstrakt, rationalistisch verbinden kann. Es mag sein, daß Vertreter des analytischen Agnostizismus den aporetischen als Variante des Agnostizismus nicht gelten lassen, weil sie hier nur eine Differenz auf der Ebene des Emotionalen, Psychologischen, Existentiellen usw. wahrzunehmen vermögen. Dem sei abermals entgegengehalten, daß der Unterschied, der uns zu der Annahme beider Varianten von Agnostizismus veranlaßt, sich zunächst ergibt aus der historischen Kontinuität der Problematik, um die es ‚sachlich‘ geht; daß der rationale Charakter des aporetischen Agnostizismus keineswegs aufgegeben wird; und daß wir das Leiden an der Ausweglosigkeit und

---

26 Vgl. *A. Camus*, Der Mythos von Sisyphos (1942) (rororo/rde 90), Reinbek, zahlr. Aufl., bes. S. 8–58; *ders.*, Der Mensch in der Revolte (1951) (rororo 1216–1217), Reinbek 1969, 7–13.

die Sehnsucht, sie wäre nicht, keineswegs als ‚nur' irrational und emotional auffassen, sondern als durchaus vernünftige Reaktionen in einer unvernünftigen Welt.[27] Denken wir schließlich an lebendige Menschen und nicht nur an logisch-rationale Argumentationsketten, so wird die Unterscheidung der beiden Varianten des Agnostizismus geradezu notwendig, um der konkreten Realität gerecht zu werden. Auch die Tatsache, daß philosophische Probleme nicht nur in einer bestimmten Art von Philosophie behandelt werden, sondern durchaus auch im vorphilosophischen Bereich der Alltagserfahrungen und in (scheinbar) ‚außerphilosophischen' Bereichen wie Literatur und Kunst, Mythos und Religion, trägt dazu bei, die Unterscheidung innerhalb des Agnostizismus als berechtigt, nützlich und glaubhaft zu erweisen. Ja, sollten die uralten Fragen nach dem Warum[28] in dem, was sich als ‚Philosophie' präsentiert, nicht mehr zugelassen werden und kein Gehör mehr finden, so würden nach aller geschichtlichen Erfahrung die Menschen andere Weisen der Artikulation dieses Fragens entwickeln, und sie würden nach wie vor stumm oder aufschreiend und sich empörend an jenen Fragen leiden, die letztlich nach der Rechtfertigung nicht nur ‚Gottes', sondern nach der Rechtfertigung dessen verlangen, daß überhaupt etwas ist und nicht nichts. (Es darf wohl hinzugefügt werden: Was wäre das für ein Philosophieren, das die konkrete Humanität derart ignorierte? Wäre dieses Philosophieren irgendeiner Unterstützung wert?)

Nur kurz sei hier das Problem aufgeworfen, ob von einer Religion wie dem Buddhismus und dem neu erwachten ‚westlichen' Interesse an ihr eine Wirkung ausgeht, die als eine weitere Bestätigung für die These ‚Vom Atheismus zum Agnostizismus' in Anspruch genommen werden darf. Daß Buddhismus, insbesondere der frühe und strenge, nicht Atheismus bedeutet, wurde inzwischen oft genug hervorgehoben; manche Autoren verwenden in diesem Zusammenhang den Titel ‚agnostisch'.[29] Der Grund hierfür liegt in dem auf den Buddha selbst zurückgeführten Unbehagen gegenüber metaphysischen Behauptungen und Spekulationen.[30] Dazu schreibt Hajime Nakamura in seiner sehr dichten und klaren Darstellung der Grundlehren des

27 A. Camus, Der Mythos von Sisyphos, 45.

28 Vgl. P. Edwards, Why, in: EPh VIII, 296–302.

29 Vgl. etwa E. Conze, Der Buddhismus. Wesen und Entwicklung, Stuttgart 1953, 35; T. Ling, Die Universalität der Religion. Geschichte und vergleichende Deutung, München 1971, 145, sowie bereits: L. de la Vallée Poussin, Agnosticism (Buddhist), in: ERE I (1908, [2]1925) 220–225. – In dem ‚Wörterbuch der Religionen' (begr. v. A. Bertholet, 2. Aufl. hrsg. v. K. Goldammer, Stuttgart 1962, 14) findet sich ein kurzer Artikel ‚Agnostizismus', in dem auf den Buddha verwiesen wird, jedoch auch auf die Upanishaden, Lao tse und „die Sophisten" (speziell Protagoras).

30 Vgl. die Ausführungen von A. Govinda, in: Die Antwort der Religionen auf einunddreißig Fragen von G. Szczesny, München 1964, 106f. Govinda erklärt, die „Lehre des Buddha" sei „weder Agnostizismus noch Atheismus". Die Frage, ob in dem Mißtrauen des Buddha gegen,

Buddhismus: „Bis zur Zeit des *Buddhas* war kein so radikaler Angriff auf die metaphysischen Spekulationen in Philosophie und Religion erfolgt. Der Angriff enthält zwei Punkte. Erstens: Erörtere nichts, was wir nicht mit Sicherheit wissen können; zweitens: Erörtere nichts, was zu wissen für uns unnütz und wertlos ist! Doch liegt hinter dem bewußten Schweigen des *Buddhas* eine feste Überzeugung verborgen. Der *Buddha* weigerte sich nicht nur zu antworten, sondern sogar über diese Punkte zu diskutieren. Alles muß ausgeräumt werden, was nicht der Erlangung von Ruhe, Erkenntnis, höchster Weisheit und Nirvāna dient."[31] Auch wenn der Terminus ‚Agnostizismus' hier nicht verwendet wird und er in der Literatur über den Buddhismus nur in einem wenig präzisen Sinne vorkommt, so wird man dennoch vermuten dürfen, daß die buddhistische Distanzierung von aller ‚Metaphysik' und jedem Versuch, über das ‚Göttliche' zu sprechen – obwohl wir hier im Grunde eine ‚negative Theologie' vor uns haben,[32] wie auch Nakamura andeutet –, bezogen auf unsere Alternative Atheismus / Agnostizismus in der Tat den Agnostizismus in seiner aporetisch-änigmati- schen Variante theoretisch begünstigt.

Wenn wir nunmehr auf die skizzierten, verschiedenartigen Gründe und In- dizien, die für unsere These sprachen, zurückblicken, besteht durchaus An- laß, über die Implikationen der beiden Varianten des Agnostizismus hin- sichtlich des Verständnisses des Menschen von sich selbst und hinsichtlich des Verhältnisses des Menschen zu Religion im allgemeinen und Christen- tum im besonderen nachzudenken. Es wurde schon angedeutet, daß der Agnostizismus die Bedingung der Möglichkeit freier positiver oder negati- ver Entscheidung bedeutet, ja diese Bedingung als solche als philosophisch- rational erst in vollem Umfange bewußt werden läßt. Diese Entscheidungs- möglichkeit darf man sich indes weder dezisionistisch vorstellen noch als ei- ne Wahl zwischen zwei gleichermaßen plausiblen Angeboten. Eine dezisio- nistische Entscheidung würde die Unvernünftigkeit der religiösen Position und damit deren Privatheit und Unverbindlichkeit unter Beweis stellen (und speziell in bezug auf das Christentum eine extrem dialektische Theolo- gie favorisieren), was freilich mutatis mutandis auch für die atheistische Po- sition sich ergibt. Sollen nach allen Seiten krasse Irrationalitäten vermieden

Metaphysik' nicht doch auch ein agnostischer Zug liegt, wird in dieser Form von Govinda nicht gestellt, in sachlicher Hinsicht indes eher bejaht.

31 *H. Nakamura*, Die Grundlehren des Buddhismus, in: Buddhismus der Gegenwart, hrsg. v. H. Dumoulin, Freiburg 1970, 10.
32 Vgl. *H. Dumoulin*, Östliche Meditation und christliche Mystik, Freiburg–München 1966, 98–126; s. auch: *H. Waldenfels*, Absolutes Nichts. Zur Grundlegung des Dialogs zwischen Buddhismus und Christentum, Freiburg–Basel–Wien 1976, 173–189.

werden, so muß die Entscheidung, mit der der einzelne über den philosophisch haltbaren Agnostizismus sich hinauswagen würde, in gewissem Maße doch motiviert oder animiert werden können[33] – freilich nur im Sinne einer Argumentation, die subjektiv bzw. psychologisch die Überschreitung jener Erkenntnis- oder Aporie-Grenze verantwortbar macht. Über derartige Motivationsmöglichkeiten kann an dieser Stelle im einzelnen nicht gesprochen werden, es sei lediglich bemerkt, daß sie in bezug auf eine ‚religiöse‘ Affirmation ihre Anhaltspunkte im Historisch-Kulturellen, im Ethisch-Praktischen, im Personalen und Existentiellen, im Ästhetischen und Künstlerischen, vielleicht auch – was immer diese seien – in sogenannten „religiösen Erfahrungen"[34] finden mögen. Wiederum darf hier nicht unterschlagen werden, daß selbstverständlich auch für die Annahme des Atheismus und des Nihilismus argumentative Motivationsmöglichkeiten bestehen, man denke zum Beispiel an die rationalen und praktischen ‚Zumutungen‘ des Christentums, die gesellschaftlich retardierende Rolle religiöser Systeme, das Übermaß des Bösen und des Leidens in der Welt. Es wäre also ein logischer Fehler, würde man die Entscheidungsmöglichkeit, die der Agnostizismus einräumt, triumphalistisch als einen ersten Sieg der Religion über den Atheismus interpretieren.

Auch darf man die Entscheidungsmöglichkeit, von der hier die Rede ist, nicht so denken, als sprächen gleich starke Argumente für diese wie für jene Stellungnahme,[35] denn dadurch bliebe die zu treffende Wahl eben doch dezisionistisch. Lassen wir die psychologischen, soziologischen und sonstigen, die konkrete Freiheit der Menschen einschränkenden Faktoren beiseite, die bedingen, daß eine derartige Entscheidung faktisch nur äußerst selten vollzogen wird,[36] so macht sich sehr deutlich noch eine weitere Schwierigkeit

33 Vgl. *H. R. Schlette*, Skeptische Religionsphilosophie. Zur Kritik der Pietät, Freiburg 1972, 23–42.

34 Vgl. *H. R. Schlette*, Zur Metamorphose der religiösen Erfahrung – Philosophische Erwägungen, in: Religiöse Grunderfahrungen. Quellen und Gestalten, hrsg. v. W. Strolz, Freiburg–Basel–Wien 1977, 155–181.

35 Dies ist die Auffassung von *B. Brömmelkamp*, Weder – Noch. Traktat über die Sinnfrage, Münster 1978, 71–151 und 159–167. Brömmelkamps Arbeit zeichnet sich aus durch sympathisches intellektuelles und existentielles Engagement für das, was er unter „aporetischem Agnostizismus" versteht (vgl. 168), und verdient m. E. besondere Aufmerksamkeit.

36 Dies macht selbstverständlich Reflexionen wie die hier skizzierten nicht überflüssig, handelt es sich doch darum, eine aller Praxis, allem Verhalten zugrundeliegende, rational ausweisbare Erkenntnisgrenze als solche zu erkennen und anzuerkennen und von ihr aus die eigene (religiöse, weltanschauliche, ‚ideologische‘) Position und die eigene Praxis klarer zu begreifen und bewußter zu übernehmen. (Vgl. *B. Brömmelkamp*, a. a. O. 177.) Daß sich von diesem Ansatz aus material-ethische Konsequenzen abzeichnen, die politisch, psychologisch und pädagogisch von grundlegender Bedeutung sind, vermag Brömmelkamp ebenfalls aufzuzeigen (vgl. 174–187).

bemerkbar, die sich gleichzeitig allerdings als Voraussetzung jener (nicht-dezisionistischen) Entscheidungsmöglichkeit erweist, die Schwierigkeit nämlich, klar zu bestimmen, ob und inwieweit für eine Seite gewichtigere Argumente sprechen als für die andere, wie dies zu erkennen sei und was sich daraus für die Art und Weise der Entscheidung selbst ergibt.

Der Einwand, eine Entscheidung sei nicht mehr möglich, wenn das Gewicht der Begründung nach einer Seite hin überwiege, verfängt nur dann, wenn man Entscheidung immer schon als Wahl zwischen zwei gleichgearteten Möglichkeiten auffaßt; damit würde die Entscheidung in der Tat zu einem reinen Glücksspiel. Eine durch Motive qualifizierte Entscheidung setzt also eine unterschiedliche Gewichtung der Argumente pro und contra voraus. Wenn aber das argumentative Gewicht für eine der Seiten spricht, wird dann die Entscheidungsmöglichkeit nicht doch aufgehoben? So scheint es zu sein, aber dieser Schein trügt. Denn es ist nicht nur schwer, das Gewicht der Argumente exakt auszutarieren, sondern es gibt auch Argumente unterschiedlicher und schwer vergleichbarer Art, zum Beispiel logisch-rationale, ästhetische, existentielle Argumente. Erinnern wir uns aber daran, daß alle diese Argumente hier auf eine eigenartige Argumentationssituation zu beziehen sind: es handelt sich um die an der Erkenntnis- oder Aporie-Grenze gegebene Situation, in der Argumente nicht mehr überführend, sondern nur noch motivierend im Sinne von animierend und subjektiv rechtfertigend wirksam werden können. Mag also in dieser Situation der Anschein entstehen, daß das Übergewicht etwa der rationalen Argumente für eine bestimmte Entscheidung spricht, so ist dieses Übergewicht niemals ein die Entscheidung erzwingendes und damit als freie Stellungnahme aufhebendes, so daß folglich auch die entgegengesetzte Entscheidung als eine durchaus noch motivierte sehr wohl möglich bleibt.

Mit diesen Überlegungen folge ich in mancher Beziehung Peter Wust. In einem vergleichbaren Zusammenhang spricht er den Gedanken aus, daß eine Entscheidung sich auch gegen ein „Maximum" von Gründen stellen und also für die nur geringer motivierte Position Partei ergreifen kann.[37] Ja, er stimmt mit wichtigen Zeugen der Tradition christlichen Denkens darin überein, daß jenes Zwielicht, das Entscheidung erst ermöglicht, diese Entscheidung zugleich als einen meritorischen Akt konstituiert, in dem der Mensch seine Würde und Freiheit verwirklicht. Von hier aus ergibt sich offensichtlich die Vereinbarkeit von Agnostizismus und Religion im allgemeinen sowie Christentum im besonderen, worauf hier nicht weiter eingegan-

---

37 Vgl. *P. Wust*, Ungewißheit und Wagnis (1935), in: Gesammelte Werke, hrsg. v. W. Vernekohl, IV, Münster 1965, 273–286, bes. 281, sowie 159–175.

gen werden soll; daß freilich auch ein atheistisches Wagnis möglich ist, soll wiederum nicht verschwiegen werden, zumal unsere Absicht nicht primär religionsbegründend oder aber ‚fundamentaltheologisch' war, sondern eben ‚philosophisch'.

Kommen wir jetzt noch einmal auf die These ‚Vom Atheismus zum Agnostizismus' zurück, und vergewissern wir uns abschließend der Relevanz dieser These für das Verständnis des Menschen von sich selbst bzw. für einen heute vertretbaren Humanismus. In ethischer Beziehung fällt die Abwehr bestimmter Fehlhaltungen wie Fanatismus, Intoleranz, Dogmatismus, Rechthaberei, Verteufelung des Andersdenkenden, Freund-Feind-Denken von der agnostizistischen Position aus zweifellos leichter als von der atheistischen (oder auch einer ‚religiösen'). Weittragender noch ist die Einsicht, daß Humanismus, der sich nur auf das allen Menschen *Gemeinsame* und sie deshalb nicht Trennende, sondern *Verbindende* zu stützen sucht, sich mehr und mehr als ein agnostischer Humanismus zu erkennen gibt, während demgegenüber eben alle auf Entscheidung oder Zustimmung beruhenden Positionen stets schon separierend wirken und entsprechend nicht geringe Anstrengungen zur Überwindung der Gräben verlangen, Anstrengungen, um deren Erfolg es, wie man weiß, nicht gut bestellt ist. Da aber zur Verwirklichung des Humanen immer auch die Verstrickung in Geschichte und Geschichten, die Situierung in gesellschaftliche und psychologische Konstellationen, ja auch der von Jaspers beschriebene Aufenthalt in Grenzsituationen gehört, entspricht der aporetische Agnostizismus dem wahrhaft humanen Humanismus mehr als der analytische. Damit soll indes nicht prognostiziert sein, der Weg führe vom Atheismus zum aporetischen Agnostizismus. Eine solche Prognose könnte heutzutage bereits als leichtfertiger Optimismus eingeschätzt werden, denn es gibt nicht wenige Züge unserer Kultur und Gesellschaft, die, wie der späte Horkheimer sagte, fürchten lassen, es könne dahin kommen, daß schon in nicht zu ferner Zeit die fundamentalen Fragen nach Sinn, wie sie bislang erörtert wurden, nicht einmal mehr gefragt werden.[38] Wie auch immer es sich hiermit verhalten mag, es zeichnet sich ab, daß Menschsein künftig davon tangiert sein wird, wie es sich zu der Problematik des Agnostizismus stellt: ob es ihn als humanistische Basis akzeptiert, ob es ihn verdrängt, ihn sich nicht einmal bewußtmacht, ob und wie es sich auf Entscheidungen atheistischer oder religiöser Art einläßt oder den Schmerz des Aporetischen auszuhalten versucht.

38 Vgl. *M. Horkheimer*, Die Sehnsucht nach dem ganz Anderen. Ein Interview mit Kommentar von H. Gumnior, Hamburg 1970, 88 f.; s. auch den sehr pessimistischen, aber immerhin noch die „Kunst" empfehlenden Beitrag von *W. Bröcker*, Europäologie: Allgemeine Zeitschrift für Philosophie 3 (1978) 1–22, bes. 21 f.

Namenregister

Die Autoren dieses Bandes

Birgit Heiderich, geboren 1947, studierte Philosophie, Theologie und Pädagogik in Bonn und arbeitet an einer Dissertation über Karl Löwith. Seit 1978 ist sie Redakteurin der Internationalen Ökumenischen Bibliographie in Tübingen.

Michael Lauble, geboren 1945, hat in Mainz, Frankfurt/St. Georgen und Münster katholische Theologie studiert und war Wissenschaftlicher Mitarbeiter am Seminar für Dogmatik und Fundamentaltheologie der Universität Mainz. Er arbeitet als Verlagslektor in Düsseldorf und schreibt an einer Dissertation über Albert Camus. Er hat Camus' Schrift 'Métaphysique chrétienne et Néoplatonisme' übersetzt und ist Herausgeber des Bandes: Der unbekannte Camus. Zur Aktualität seines Denkens (1979).

Reinhard Leuze, Dr. theol., geboren 1943, ist Privatdozent für Systematische Theologie an der Universität München. Buchveröffentlichungen: Die außerchristlichen Religionen bei Hegel (1975); Theologie und Religionsgeschichte. Der Weg Otto Pfleiderers (1980).

Werner Müller, Dr. theol., geboren 1945, studierte in München und Lyon Philosophie, Theologie und Soziologie; zunächst als Wissenschaftlicher Mitarbeiter an der Katholischen Akademie in Bayern tätig, ist er seit 1975 Wissenschaftlicher Mitarbeiter im Fach Katholische Theologie an der Pädagogischen Hochschule Rheinland, Abteilung Bonn. Buchveröffentlichung: Etre-au-monde. Grundlinien einer philosophischen Anthropologie bei Maurice Merleau-Ponty (Studien zur französischen Philosophie des 20. Jahrhunderts, Band 6) (1975).

Rupert Neudeck, Dr. phil., geboren 1939, studierte Philosophie, Soziologie, Slawistik und katholische Theologie in Bonn, Paderborn, Salzburg und Münster. Von 1972 bis 1977 war er Redakteur am Katholischen Institut für Medieninformation in Köln. Seit 1977 ist er Redakteur beim Deutschlandfunk. Buchveröffentlichungen: Die politische Ethik bei Jean-Paul Sartre und Albert Camus (Studien zur französischen Philosophie des 20. Jahrhunderts, Band 4) (1975); als Herausgeber: Den Dschungel ins Wohnzimmer. Auslandsberichterstattung im bundesdeutschen Fernsehen (1977).

Werner Post, Dr. phil., geboren 1940, hat Philosophie, Theologie, Pädagogik und Sozialwissenschaften studiert. Er ist apl. Professor für Philosophie an der Pädagogischen Hochschule Rheinland, Abteilung Bonn. Buchveröffentlichungen: Kritik der Religion bei Karl Marx (1969; spanisch 1972); Verdirbt Religion den Menschen? (Zusammen mit Iring Fetscher) (1969; spanisch 1971); Kritische Theorie und metaphysischer Pessimismus. Zum Spätwerk Max Horkheimers (1971); Was ist Materialismus? Zur Einführung in die Philosophie (Zusammen mit Alfred Schmidt) (1975; spanisch und italienisch 1976). In Vorbereitung: Emanzipation und Krise. Studien zur junghegelianischen Philosophie (1980).

Friedo Ricken, Dr. phil., Lic. theol., geboren 1934, studierte Klassische Philologie und Philosophie in Frankfurt, Tübingen, Pullach und Heidelberg und Theologie in Frankfurt/St. Georgen. Seit 1978 ist er Professor für Geschichte der Philosophie an der Hochschule für Philosophie/Philosophische Fakultät S. J. in München und Lehrbeauftragter Professor für allgemeine Ethik in Frankfurt/St. Georgen. Buchveröffentlichung: Der Lustbegriff in der Nikomachischen Ethik des Aristoteles (1976).

Heinz Robert Schlette, Dr. phil., Dr. theol., geboren 1931, studierte Philosophie, Theologie und Religionswissenschaft in Münster und München. Er ist Professor für Philosophie an der Pädagogischen Hochschule Rheinland, Abteilung Bonn. Seine Hauptarbeitsgebiete: Religions- und Geschichtsphilosophie. Buchveröffentlichungen u. a.: Epiphanie als Geschichte. Ein Versuch (1966); Das Eine und das Andere. Studien zur Problematik des Negativen in der Metaphysik Plotins (1966); Aporie und Glaube. Schriften zur Philosophie und Theologie (1970); Skeptische Religionsphilosophie (1972).

Lucia Sziborsky, Dr. paed., studierte Philosophie, Erziehungswissenschaft und Musikpädagogik an der Pädagogischen Hochschule Rheinland, Abteilung Neuss, und an der Universität Düsseldorf. Seit 1977 ist sie Wissenschaftliche Assistentin am Seminar für Pädagogik und Philosophie der Abteilung Neuss. Buchveröffentlichung: Adornos Musikphilosophie. Genese – Konstitution – Pädagogische Perspektiven (1979).

Karl-Dieter Ulke, Dr. phil., geboren 1934, studierte Philosophie, Theologie und Pädagogik in Erfurt, München, Tübingen und Köln, war fünfzehn Jahre lang Verlagslektor in Leipzig, Düsseldorf und Köln. Ab 1973 Wissenschaftlicher Assistent an der Pädagogischen Hochschule Rheinland, Abteilung Bonn, seit 1978 dort Privatdozent für Philosophie. Buchveröffentlichungen: Der Mensch unter dem Gericht der Wirklichkeit. Der Habitus als anthropologische Schlüsselkategorie im Denken von J. H. Newman (Newman Studien VIII) (1970); Agnostisches Denken im Viktorianischen England (1980).